読む ミクロ経済学

井上 義朗 著
Yoshio Inoue

MICROECONOMICS

新世社

はじめに

　本書は，初めてミクロ経済学を学ぶ人のための，大学講義用テキストである。ミクロ経済学に初めて接する大学生や社会人を想定しているので，予備知識はいっさい必要ない。何気なく読み始めてもらい，経済学の言葉遣いなどに慣れてもらいながら，少しずつ，ミクロ経済学という学問を，知ってもらえればと思う。あまり構えることなく，気軽に読み進めていってほしい。

　本書は，筆者が大学で行っている，ミクロ経済学の入門講義をもとにしている。入門講義用のテキストは，すでに無数と言っていいくらい出されており，それぞれに工夫と趣向を凝らした，いい本が多い。筆者が学生の頃は，何といっても P. A. サムエルソンの『経済学』が，絶対的な存在として君臨していたが，今では，J. E. スティグリッツ『ミクロ経済学』，N. G. マンキュー『ミクロ経済学』，H. R. ヴァリアン『入門ミクロ経済学』など，世界的に評価されている本が何冊もあって，読者はそのなかから，自分の好みに合う本を，自由に選ぶことができる。日本人の手になる書物も，それぞれに味わいがあり，どれを選んだとしても，読者は着実に，経済学の手ほどきを受けることができるだろう。

　ただ，これらのテキストは，講義用であると同時に，独習用としても使えるように書かれており，1冊のなかに，ミクロ経済学のほとんどすべてを，万遍なく収めようとしているものが多い。そのため，入門書としてはいささか大部のものになり，その圧倒的なボリュームを見て，経済学の学習に躊躇を感じる初学者も多いと聞く。実際，これらの書物を講義用テキストにした際，その大部分を割愛しなければならなかった経験が，筆者にもある。すべてが書かれているテキストは，持っているだけでも安心できるものだが，入門講義の受講生にとって，授業内容と教科書内容が一致していないというのは，いささか不便であり，どこか心配なものでもあろう。

　そこで，本書では，筆者が実際に大学で行っている講義内容に，内容と分量をほぼ一致させる方針をとった。ミクロ経済学のすべてを盛り込むのではなく，実際に授業時間で消化できる範囲内に，内容を思い切り厳選した。したがって，

i

割愛した部分も相当にあるが，それでも，基礎的なミクロ経済学を学ぶうえでは，必要十分と思われる範囲をほぼカバーしたと思う．読者には，本書を足がかりに，より詳細な，さらにはより高度なレベルのテキストに，ぜひ進んでいってほしい．

　本書の基本方針は，次のようなものである．
　第1に，本書の構成について．本書は，1セメスター（半期）15時間の講義を念頭においている．そのため，構成としては，数学補論を含め全14章とし，おおむね1章を，講義1回分の内容に当てている．内容上の区切りから，多少分量が多くなっている章もあるが，その場合には，次の章をやや少なめにしてあるので，適宜調整しながら，読み進めてほしい．
　それでも本書の構成は，他の教科書と，かなり違う印象を与えるかもしれない．まず，本書ではあえて，効用価値論から話を始めている．詳しくは本文でお話しするが，ミクロ経済学は，19世紀の終わりに効用価値論を基礎として始まり，その後，基礎部分を無差別曲線論に転換した．そのため，いまではほとんどの教科書が，無差別曲線論から話を始めている．
　しかしながら，無差別曲線論の発想は，初学者にとってささかピンと来ない部分があり，筆者の経験では，ここから話を始めると，その大事な最初の時間に，学生の意識がいっせいに遠のいてしまうことが何度もあった．他方で，効用価値論は古い理論とは言いながらも，消費者余剰などの実践的な議論では，いまでもマーシャルの三角形（つまり，効用価値論）が使われることが多く，また限界代替率という重要な概念についても，いったん効用価値論に話を戻して説明している教科書が，いまになって増えてきている印象もある（実際，そうしなければ，限界代替率はほとんど意味がわからないだろう）．
　こうした事情を踏まえ，本書では，効用価値論のまま独占理論まで進み，再び冒頭に戻って無差別曲線論を導入し，そこで議論を一気に標準レベルにまで引き上げる形をとっている．このような順序にすることで，読者は，ミクロ経済学の体系を視野に収めながら，なぜ無差別曲線論なるものが必要とされるのかについて，深く理解することができるだろう．
　次に，本書では，最適化理論と，（ゲーム理論に基づく）戦略的行動理論を，半々に扱うかたちはとらず，最適化理論に重点をおいている．これは，分量上の問

題もさることながら，戦略的行動理論を学ぶうえでも最適化理論の知識は不可欠であることと，ミクロ経済学の根底を流れる思想は，最適化理論の方に強く現れることから，まずは最適化理論を優先した方がいいと判断したことによる。ただし，ゲーム理論にまったく触れないということはありえないので，そもそもの活躍舞台であった独占論・寡占論を扱うなかで，ゲーム理論の基本的な考え方を解説するようにした。

　また，経済学を学ぶうえで，最小限の数学の知識は，やはりどうしても必要になる。高校で数学を選択しなかった方は，ここで最初のハードルを感じることが多いと聞くが，基礎的な経済学を学ぶのに必要な数学は，基礎的な微分法くらいで差し当たり十分なので，必要な内容については，補論の章ですべて扱うことにした（それ以外にも，基礎的な集合論や線形代数も必要になるが，それらは適宜，本文中で補足してある）。

　数学補論は，巻末に置かれることが多いが，本編が全部終わってから，その理解に必要な道具を説明するというのは順序として不自然であり，本編と巻末付録をその都度行ったり来たりするのは，ずいぶんと読みにくいことなので，本書では，補論という位置づけではあるものの，本編中のしかるべき場所に位置づけた。読者のみなさんは，どうかここをスキップしないで，この順番通りに，読み進めてほしい。

　第2に，本書の学習方針について。本書は，ミクロ経済学の基礎を扱うものだが，「基礎（foundation）」とは，単に簡単ということではなく，ミクロ経済学が根差す（found）ところの根幹という意味を持っている。そのため，本書は経済学のテクニカルな部分については最小限度におさえ，その分，ミクロ経済学の基礎概念について，十分な理解が得られるように記述を心がけた。

　そもそも経済学とは，それ自体は目で見ることも，手で触れることもできない「経済」という対象に，思考可能な姿と形を与えるための学問である。経済に姿と形を与えるために，さまざまな「概念」が考え出されたのである。

　だから，最初の段階であればあるほど，経済学の「概念」について，正しく理解する必要があるのである。「概念」への正しい理解があって初めて，テクニカルな分析にも，意味のある内容が備わってくるのである。その意味で，初級段階の学習には，中級以上への準備ということとは別に，それ独自の意義と

目的があると考える。本書は,こうした認識に基づいて,経済学の基礎概念について,読みながら,じっくりと考えられるように配慮した。本書の表題を『読む ミクロ経済学』としたゆえんである。

　概念を修得するには,ふだん自分が使っている日常表現に置き換えてみるのが一番いい。読者のみなさんは,できれば各章の内容を,専門用語を使わず,自分のふだんの言い回しで再現できるかどうか,文章にして試してほしい。それができれば,概念と基本理論の修得はほぼ完璧になったものと思ってよく,まだ理解していない箇所があれば,そこに差し掛かったとき,おのずと筆が止まって,自分がどこを補強すべきかを教えてくれるだろう。

　第3に,そうはいっても,初級段階でのテクニカルな学習が,まったく不必要になるわけではない。最小限の数学的な展開や,仮想的な経済で,ひとつの答えを導き出していくような思考訓練を行うことは,概念の理解を深めるうえでも,おおいに役に立つ。そのため本書では,各章に 練習問題 を設け,また,各節ごとに 確認問題 を設けた。 確認問題 は,おもに,概念や専門用語の理解を確認するためのもので,その節で説明された知識の範囲内で,簡単に答えられるものになっている。 練習問題 では,概念の理解も確認しつつ,各章の知識で解答できる計算問題を設けている。計算問題を解くことは,各章の内容を自分のものにするうえで,非常に有益である。読者のみなさんは, 練習問題 も本文の一部と考えて,かならず取り組んでみてほしい(実際, 練習問題 に,本文相当の内容を含めている場合もある)。

　本書の企画は,新世社編集部の御園生晴彦氏のお声がけによるものである。授業内容と一致している教科書が必要であることを,筆者に教示してくれたのも御園生氏である。ミクロ経済学の教科書は,すでに数多く存在するので,始めは躊躇もしたのだが,授業内容と教科書の,いろいろな意味でのズレについては,受講生からも年々改善を求められていたので,改めて御園生氏のご指摘に溜飲が下がる思いをし,屋上屋を架すことになるのを承知のうえで,筆者なりの観点から執筆を試みた。結果として,一般的なミクロ経済学の教科書とは,少し趣きの異なるものになったが,本書がもし,何ほどか参照に耐える1冊になっていたとしたら,それはすべて,執筆の機会を与えてくださった御園生氏

と，執筆の動機づけを与えてくれた学生諸氏のおかげである。記して感謝申し上げたい。また，実際の編集作業においては，新世社編集部の谷口雅彦氏と彦田孝輔氏のお世話になった。あわせて感謝申し上げる。

　本書を通じて，読者がミクロ経済学の世界に，興味と可能性を感じてくれたなら，筆者としてこれ以上の喜びはない。

2016 年 5 月

井上　義朗

目 次

第1章　ミクロ経済学とは何か　　1

- 1-1　経済学とは何か ……………………………………………………… 1
- 1-2　ミクロ経済学とマクロ経済学 ……………………………………… 3
- 1-3　ミクロ経済学の歴史 ………………………………………………… 6
- 　　　練習問題 ……………………………………………………………… 12

第2章　消費者均衡の理論（1）―効用価値論の基礎―　　13

- 2-1　市場メカニズム論の概要 …………………………………………… 13
- 2-2　感覚的な理解から理論的な理解へ ………………………………… 18
- 2-3　水とダイヤモンドのパラドックス ………………………………… 22
- 2-4　効用価値論 …………………………………………………………… 25
- 　　　練習問題 ……………………………………………………………… 30

第3章　消費者均衡の理論（2）―需要曲線はなぜ右下がりか―　　32

- 3-1　需要理論の3段階 …………………………………………………… 32
- 3-2　消費者均衡の理論 …………………………………………………… 34
- 3-3　需要曲線はなぜ右下がりか ………………………………………… 37
- 3-4　複数財の需要法則 …………………………………………………… 39
- 3-5　効用価値論の意義と限界 …………………………………………… 43
- 　　　練習問題 ……………………………………………………………… 46

補論 経済学と微分法　47

- 補-1　消費者余剰と微分 …………………………………………… 47
- 補-2　微分と曲線の傾き …………………………………………… 50
- 補-3　接線の傾きと微分法 ………………………………………… 55
- 補-4　さまざまな微分公式 ………………………………………… 58
- 補-5　微分法と最大化 ……………………………………………… 63
- 　　　練習問題 ……………………………………………………… 67
- 【補論の補論】…………………………………………………………… 68

第4章 生産者均衡の理論（1）─費用理論の基礎─　71

- 4-1　企業と費用 ……………………………………………………… 71
- 4-2　限界生産力と限界費用 ………………………………………… 75
- 4-3　限界費用と供給量の決定 ……………………………………… 79
- 4-4　限界費用曲線は供給曲線か？ ………………………………… 82
- 　　　練習問題 ……………………………………………………… 86

第5章 生産者均衡の理論（2）─供給曲線はなぜ右上がりか─　87

- 5-1　総費用・限界費用・平均費用 ………………………………… 87
- 5-2　費用曲線から供給曲線へ ……………………………………… 98
- 　　　練習問題 ……………………………………………………… 105

第6章 市場均衡の理論 ―完全競争と効率性― 106

- 6-1 改めて市場メカニズムとは？ ……………………………… 106
- 6-2 完全競争市場の条件 ………………………………………… 112
- 6-3 完全競争の帰結と効率性 …………………………………… 114
- 練習問題 ………………………………………………………… 122

第7章 余剰分析とその応用 ―市場の失敗と政策介入― 123

- 7-1 短期均衡と社会的余剰 ……………………………………… 123
- 7-2 市場介入と超過負担 ………………………………………… 127
- 7-3 市場の失敗 …………………………………………………… 132
- 7-4 環境税について ……………………………………………… 138
- 練習問題 ………………………………………………………… 142

第8章 弾力性とその応用 143

- 8-1 弾力性とは何か ……………………………………………… 143
- 8-2 弾力性と曲線の傾き ………………………………………… 148
- 8-3 弾力性と租税の帰着 ………………………………………… 154
- 練習問題 ………………………………………………………… 158

第9章　不完全競争の理論 ―独占理論とゲーム理論―　159

- 9-1　完全競争と不完全競争 ……………………………………… 159
- 9-2　独占企業と限界収入 ………………………………………… 161
- 9-3　独占均衡と独占利潤 ………………………………………… 167
- 9-4　寡占市場と囚人のジレンマ ………………………………… 172
- 　　　練習問題 ………………………………………………………… 180

第10章　無差別曲線分析（1）―序数的効用理論への発展―　182

- 10-1　基数的効用理論から序数的効用理論へ …………………… 182
- 10-2　無差別曲線とは？ …………………………………………… 185
- 10-3　無差別曲線の基本性質 ……………………………………… 190
- 10-4　基数的効用理論は無用になったか ………………………… 195
- 　　　練習問題 ………………………………………………………… 198

第11章　無差別曲線分析（2）―再び，なぜ需要曲線は右下がりか―　199

- 11-1　予算制約の明示化 …………………………………………… 199
- 11-2　予算制約の下での効用最大化 ……………………………… 201
- 11-3　最適配分と機会費用 ………………………………………… 205
- 11-4　再び，需要曲線は右下がりか ……………………………… 207
- 11-5　等量曲線分析 ………………………………………………… 211
- 　　　練習問題 ………………………………………………………… 217

第11章への補論 ―収穫法則について―　218

第12章　無差別曲線分析（3）——所得効果と代替効果——　222

- 12-1　名目所得と実質所得 …………………………………… 222
- 12-2　スルツキー分解 ………………………………………… 225
- 12-3　ギッフェン・パラドックス …………………………… 229
- 12-4　労働供給論への応用 …………………………………… 232
- 　　　練習問題 ………………………………………………… 239

第13章　無差別曲線分析（4）——効率と公平——　240

- 13-1　交換の世界 ……………………………………………… 240
- 13-2　パレート効率 …………………………………………… 242
- 13-3　厚生経済学の第1定理 ………………………………… 249
- 13-4　効率と公平 ……………………………………………… 253
- 　　　練習問題 ………………………………………………… 260

参考文献 ………………………………………………………… 261
問題解答 ………………………………………………………… 262
索　引 …………………………………………………………… 280

第 1 章

ミクロ経済学とは何か

これから，ミクロ経済学をめぐる 14 日間の旅に出よう。ミクロ経済学とは何か。ミクロ経済学は，どのような考え方や思想を持つ学問なのか。そして，ミクロ経済学の基本的な理論とは，どのようなものか。急ぎ旅ではないから，その1つひとつをゆっくり，ときには寄り道もしながら，ていねいに探訪してみよう。旅は楽しい方がいい。楽しい旅の思い出は，いつでも思い出すことができる。ミクロ経済学をめぐるこの旅も，きっとそういう旅になるだろう。

では，さっそく出かけることにしよう！

1-1 経済学とは何か

経済とは　　人間は，ひとりだけでは，生きていけない。人間は本来，他の動植物よりも，生命力に乏しい生物である。だから人間は，集団を作り，不足する力をたがいに補い合うことで，自らの生命を守ってきた。

人間ははやくから，自分たちが生きるのに必要な物資を，自然からとってくる以上に，自分たちで作り出すことを覚えた。人間は，そうやって自分たちが生産した物資を集団のなかで分け合い，その分配の仕方の試行錯誤が，やがて文明へとつながる道を拓いた。自分たちではどうしても作り出せないものは，遠くの集団と交換すれば手に入れられることも，人間はその最初期の頃から知っていた。集団は物資を蓄積することも覚え，必要な分だけ消費することが許された。このような，生産→分配→交換→蓄積→消費へといたる一連の過程を，今日われわれは経済と呼んでいる。

経済は，自分ひとりだけでは生きていけない人間にとって，生命の基盤になるものである。その「経済」に関するありとあらゆる事柄について，あくまで論理的に考え抜こうとする努力，それを人々は，経済学と呼ぶようになった。

　古代からの関心　　経済は，人間の生命を支える基盤だから，経済への関心は，われわれが想像する以上に，古い時代から存在した。洞窟壁画のなかには，一種の「経済」を描いているように見えるものがたくさんあるし，古代のさまざまな文書にも，経済学への萌芽を垣間見せてくれるものがたくさんある。古代ギリシャともなれば，経済はすでに，ひとつの立派な哲学の課題になっていた。たとえば，プラトンの『国家』や『法律』といった大著には，あの時代に特有の，集権型経済の性質がこと細かに描かれているし，『カルミデス』や『リュシス』といった短編には，「経済」の語源にも通じる節欲という概念が，例の「汝自身を知れ」という格言と同じ意味の言葉だったことが記されている[1]。アリストテレスの『ニコマコス倫理学』は，ものの配分と分配の違いをていねいに説明し，それはだいたいそのまま，いまの経済学に引き継がれている。

　古代・中世の経済　　経済の仕組みもまた，人類の歴史とともに，さまざまな変遷を繰り返してきた。人類が群れの段階から進んで次第に部族を作るようになり，それが集まって部族国家を作る頃には，すでに相応の規模の「経済」ができていた。それは文字通り，全員が労働する経済であり，収穫物は部族のものとして，だいたいは部族の長のものになった。古代ギリシャやローマ帝国の時代では，働いたのはもっぱら奴隷であって，彼ら・彼女らの労働に支えられて，市民や哲学者の生活が成り立っていた。いわゆる中世封建時代においては，誰が作ったかわからない貨幣などより，土地の方がはるかに確かな財産だった。土地を持つ者が権力を持つ者であり，農民は奴隷ではなかったけれども，与えられた土地を離れることはできなかった。しかし，そうしたなかから，少しずつ自分の土地を持つことのできる農民が現れ，誰もがそれを目指すようになって，近代社会への道が開かれた。

　近代の経済　　そして現在，われわれは，市場経済という枠組みのなかで，毎日の生活を営んでいる。市場経済とは，誰もが自分の財産を持つことができ，それを自分で増やしたり，処分したりすることのできる経済を言う。個人は，

---

[1] プラトンの哲学は，ストア派を経由して，アダム・スミスに届くひとつの流れを生み出すことになる。この点については井上義朗『「二つ」の競争』（講談社現代新書，2012 年）参照。

自分の得意・不得意に応じて自らの生業を選び，その仕事ひとつに専念する。一人ひとりの仕事が違うから，これは社会全体で分業していることになる。自分が作っていないものは，他の誰かが作っている。それをたがいに交換すれば，たがいの不足を補い合うことができる。それはまるで，初めから協力を約束していたような風景である。そうやって結果的に，社会がひとつの分業と協業のシステムになっていく。それが市場経済の原理である。

　しかし，これは考えてみれば，じつに不思議な話である。部族社会や封建社会のように，権力の中心がどこかにあって，社会がバラバラにならないように，常に監視の目を光らせているというのならともかく，一人ひとりが自由に勝手にモノを作り，勝手に交換し，勝手に消費を繰り返しているだけなのに，なぜ，社会も経済もバラバラにならずに済んでいるのか。これは，いままでがたまたま幸運だっただけなのか，それとも，一人ひとりが自由であるにもかかわらず，いやむしろ，一人ひとりが自由であるからこそ，それがめぐりめぐって，ひとつの秩序をもたらしているのか。そして，それは絶対に，壊れない仕組みなのだろうか，それとも，ひとつ間違えると簡単に壊れてしまうような，頼りないものなのだろうか。

　経済学とは，こうした問いの1つひとつに，取り組んでいかなくてはならない学問なのである。

　確認問題 1-1　「配分」と「分配」の違いとは，どのようなものか。考えてみよう。

1-2　ミクロ経済学とマクロ経済学

　2つのアプローチ　　経済学は，大きく，ミクロ経済学とマクロ経済学に分けられる。この2つは，言わば車の両輪のような関係にあって，どちらか一方が欠けても，市場経済を正しく理解することはできない。

　市場経済とは，市場を最小の構成単位とする，じつに複雑で巧妙なシステムである。市場経済を1個の人体になぞらえれば，市場は人体を構成する1個1個の細胞に相当する。それが集まってある特定の役割を果たすようになると，

産業と呼ばれる臓器になる。血管やリンパ管は，流通や金融と呼ばれる機能をになし，そのなかを絶えず物資や貨幣が行き来している。最近では，情報を伝える神経組織が，いささか肥大気味なほどに発達している。経済の体温は安定を保つことが望ましいが，景気と呼ばれる元気の度合いが度を過ぎると，インフレやバブルを引き起こして高血圧の状態になり，逆に体調を崩すと，デフレや不況といった低血圧の状態になる。高血圧も低血圧も，あまり長引かせると，健康によくない。

　市場とは，われわれの生活に必要な物資を，どのような価格で，どれだけ生産するかを決める仕組みである。青果市場や魚市場は，そこでのやり取りを実際に見ることができる，典型的な市場である。一般の工業製品には，目で見ることのできる市場は存在しないが，青果市場などと同じメカニズムが，売り手と買い手のあいだに働いて，作り過ぎや，品不足を防いでいる。われわれの生活は，こうした目に見えないメカニズムのなかにあるのである。

　ミクロ経済学は，この細胞のような「市場」について，あらゆる角度から研究していく学問分野である。ミクロ（micro）とは，文字通り「小さい」という意味であり，市場経済を構成する最小単位である市場を研究することから，そのように呼ばれている。そのため，以前は微視的経済学などと呼ばれていたこともある。

　これに対して，マクロ経済学は，マクロ（macro）という言葉が連想させる通り，経済を大きく捉える姿勢，すなわち，「経済全体」の性質や動き方を，ちょくせつ捉えようとする経済学の分野である。そのため，以前は巨視的経済学などと呼ばれることもあった。景気の変動，失業率の変動，物価の動向，景気予測や財政・金融政策など，いわゆる一般的な経済論議は，多くの場合，マクロ経済学に関連する。そのため，ややもすると，マクロ経済学さえあれば十分だ，というような考えを持つ人がいるが，マクロ経済学は，ミクロ経済学の知識を身につけてからでないと，その内容を正しく理解することができない。

　したがって，一言でいえば，市場経済を探求するにあたり，まず「市場」について理解を深めるのがミクロ経済学であり，そのうえで，「経済全体」について理解を深めるのがマクロ経済学であると考えればよい。ミクロ経済学には，市場構造や独占問題，課税や補助金が価格や生産量に及ぼす影響，消費者や企業の行動分析，さらには，経済効率と所得格差の関係など，それ独自のテーマ

や政策課題が山ほどある。現代経済学を理解するためには，まず，ミクロ経済学をしっかりと，理解する必要があるのである。

市場の性質＝経済全体の性質か　それにしても，なぜ，ミクロとマクロの2つが必要なのか。その理由がいまひとつ判然としないという人も多いかもしれない。市場経済が，無数の市場の集まりだとしたら，市場の性質がそのまま，市場経済全体の性質になるのではないか。そう思う人もいるかもしれない。そこで，ひとつ例をあげて考えてみよう。

いま，あなたが映画を見に，映画館に行ったとしよう。最近の映画館ではあまりないことかもしれないが，古い映画館などに行くと，前の席にからだの大きな人が座ったりすると，その人の頭がじゃまになって，映画の画面がよく見えないことがある。このままでは，何も見えないまま映画が終わってしまう。そこで，あなたは肚を決め，えい！と椅子から立ち上がって，映画を見ることにした。そうすると，確かに何にもじゃまされることなく，あなたは十分に，映画を楽しむことができた。そこであなたは，ここからひとつの命題を導き出した。すなわち，「映画とは，立って見れば，よく見えるものなのだ！」。

これは，あなたにとっては，自身の経験に裏打ちされた，文字通り正しい命題であるといってよい。すなわち，これはあなた個人にとっては，まさしく真理といってよい命題である。しかし，それを他の人々が見ていて，「そうか！映画は立って見れば，よく見えるのだ！」とばかり，観客の全員がいっせいに立ち上がったとしたらどうなるか。やはり，全員についても「映画は，立って見れば，よく見えるものなのだ」という命題が成り立つだろうか。答えは明らかに「否」であろう。「個」については正しかった命題が，「全体」についてはまったくの誤りになってしまう。こういうことが，社会現象においては，しばしば起こるのである。

合成の誤謬　同様のことを，もう少し経済学的な話題で考えてみよう。もし，あなたが，月々の収入から貯金する割合を増やしたら，あなたの貯金は間違いなく増えるだろう。これは，「個」については，まさしく妥当する命題である。では，世の中のすべての人が貯金する割合を増やしたら，全員の貯金が増えることになるだろうか。

全員が貯金を増やすということは，全員が消費を減らすということである。世の中の人々全員が消費を減らしたらどうなるかと言えば，すべての企業の売

上が減り、利益も減って、働いている人々の給料が下がるだろう。給料が下がってしまったら、いま増やしたばかりの貯金を崩しでもしない限り、生活を維持することができなくなるだろう。したがって、貯金は結局、増えないのである。「個人」の行動についてはまさしく妥当する命題が、「全員」が同じ行動をとると、今度は妥当しない命題に変わってしまうのである。「部分」については正しい考え方が、「全体」については間違った考え方になることがある。このような性質を、経済学では合成の誤謬と表現する。

したがって、「個」の市場に関するミクロ経済学の知見を、経済「全体」に関するマクロ経済学の知見としてそのまま当てはめようとすると、時として、この合成の誤謬に陥る危険があるのである。ゆえに経済学には、ミクロとマクロの2つの視点が必要なのである。

　確認問題 1-2　　みなさんの身の回りの出来事から、「合成の誤謬」を発見してみよう。

1-3　ミクロ経済学の歴史

　限界原理の研究に始まる　　経済学が、ミクロとマクロの2つの視点を身につけるようになったのは、じつは比較的最近のことである。そこには、経済学として、忘れてはならない苦い経験もある。ある学問の歴史を知ることは、その学問の理解を深めるうえで、すこぶる有益なことが多い[2]。

ミクロ経済学が誕生したのは、19世紀後半、1870年代の初頭である。じつは、経済学の歴史をさかのぼっていくと、ある不思議な偶然にたびたび出くわすことがある。ミクロ経済学の誕生もそのひとつで、これは3人の経済学者によって始められたものと言ってよいのだが、この3人は、おたがいの名前はおろか、その存在すらまったく知らなかった。にもかかわらず、この3人は、ほぼ同じ内容の新しい学説を、ほぼ同時に発表していたのである。

---

[2] 経済学には、経済学史という独立した研究分野がある。これは、経済学を、その歴史的背景や、根底にある思想とともに理解しようとする、経済学に独特の研究分野である。経済そのものの歴史を研究する経済史とは異なるものなので、注意が必要である。経済学史については、井上義朗『コア・テキスト経済学史』（新世社、2004年）などを参照してほしい。

まず，イギリスのW. S. ジェヴォンズが，1871年に『経済学の理論』という本を出版した。次に，フランス人で，スイスのローザンヌ大学で教鞭をとっていたレオン・ワルラスが，1874年から1876年にかけて，2分冊の形で『純粋経済学要論』という本を出版した。さらに，オーストリアのウィーン大学教授であったカール・メンガーが，ジェヴォンズとまったく同年の1871年に『国民経済学原理』という本を出版した。しかし，この3人は，自身の書物とほぼ同年に，これらの書物が出されていたことを，まったく知らなかった。だが，その内容は，記号の使い方にいたるまで，そっくりと言っていいほどよく似ていた。そして，そこで展開されていた内容こそ，これからわれわれが検討していくミクロ経済学の基本原理，すなわち，限界原理に他ならなかった。

　限界革命までの流れ　　経済学は，アダム・スミスの『国富論』（1776年）に始まり，D. リカード，T. R. マルサス，J. S. ミルにいたるまで，イギリスを中心に展開されていた。この18世紀末から19世紀半ばにいたる，スミスからミルにかけてのイギリスの経済学を，古典派経済学という。古典派経済学は，資本主義の勃興期にあって，その先進国であったイギリスを舞台に，イギリス経済が資本主義経済に転換し，急速に成長しながら，資本主義経済の基礎を確立していく過程を対象にしたものだった。したがって，その視野は今日的に言えば，基本的にマクロ的なものであり，イギリス社会が地主，資本家，労働者の3階級に分解し，経済全体を成長させながら，その成果が3つの階級にどのように分配されていくかを，長期的な観点から解き明かそうとするものだった。これを一言で言うと，古典派経済学の関心は，資本蓄積論にあったと言うことができる。

　しかし，19世紀後半になると，資本主義はもはや勃興期の段階を終え，その基盤を確立して安定期に入っていた。資本主義経済は，見た目には大きな変動を見せなくなり，19世紀半ばまであれほど頻繁に起こっていた恐慌も，19世紀後半からは，ほとんど見られなくなった[3]。しかし，だからといって，資本主義経済が，誰にとっても暮らしやすい社会になったわけではなかった。社会のすみずみに目を凝らしてみれば，人々の貧富の差はますます激しくなり，経

---

[3] ただし，イギリスでは，激しい恐慌こそなかったけれども，1870年から90年代にかけて，輸入物価の下落を主な原因とする，長期のデフレーションに見舞われた。他方で，英，仏，独をはじめとする当時の先進国は，この同じ時期に，帝国主義とも言われる積極的な植民地獲得競争を展開した。新古典派経済学の，もうひとつの時代背景といえる。

済全体では安定しているように見えても，市場単位，産業単位で見てみれば，商品価格の変動はむしろ不規則的に，かつ激しくなっていき，倒産する企業も，失業する労働者も，後を絶たなかった。確かに，比較的短期間で次の仕事は見つけられたものの，労働者の生活は常に貧しく，都市のあちこちにはスラムが形成され，治安も衛生状態も年々悪化していった。若々しき勃興期を終えた資本主義経済は，安定期に入るとともに，さまざまな弊害や矛盾を見せるようになった。それが，19 世紀後半のヨーロッパ社会の姿だった。

こうした状況を背景に，経済学にも新しい問題意識が芽生えてきた。古典派時代のような，経済全体の資本蓄積を問題にするよりも，むしろ，個々の商品の価格変動はなぜ生じるのか，階級間・個人間の所得分配はどのようにして決まるのか，さらには，価格変動や所得格差をおさえるためにはどうしたらよいのかといった，どちらかといえば，小さな単位で生じる問題を考える傾向が出てきた。

しかしながら，こうした小さな問題の探求に，古典派経済学の理論は，かならずしも適した内容を持つものではなかった。事態はますます深刻化し，経済学全体に，一種の手詰まり感が漂い始めた。そこに現れたのが，あの 3 人だったのである。そのため，あの 3 人による新しい学説の提唱を，その学説の名称にちなんで，今日では限界革命と呼んでいる。

マルクス経済学と近代経済学　限界革命によって，経済学は新たな段階に入った。ただ，ここにもう一人，限界革命の同時代人で，決して忘れてはならない存在がいる。限界革命の経済学は，資本主義の諸矛盾を認識しながらも，これを資本主義の枠内で解決していこうとする点に特徴があるが，このもう一人の人物は，資本主義の矛盾は資本主義の原理にちょくせつ由来する根本的なものだから，資本主義自体を葬らない限り，問題の根本的解決ははかれないとする学説を提唱した。その人物とは，言うまでもなく，K. H. マルクスである。マルクスの『資本論』（第 1 巻）が出版されたのは 1867 年だから，じつは，限界革命と（これも）ほぼ同時であったことがわかる。以後，経済学は，このマルクスを開祖とするマルクス経済学と，広い意味で限界原理を共有していく近代経済学の，2 つの潮流を持つことになる[4]。

---

[4]「近代経済学」という名称は，日本にほぼ固有のものである。1870 年代以降の，非マルクス経済学を全部ひっくるめて表現したもので，限界原理を共有しない学派まで含む場合もある。欧米で

近代経済学を築いた3人　近代経済学は，3人の人物がそれぞれ独自に始めたものだが，その後もそれぞれ独自の学派を築いて，その学風を深めていった。近代経済学とは，そうした諸潮流の総称であって，近代経済学という1つの学問，あるいは1つの学派が存在するわけではない。

ワルラスは，自身の後任に，イタリアのV. パレートという人物を得て，ここにローザンヌ学派という学派が形成された。ローザンヌ学派は，市場メカニズムだけで経済全体の安定がはかれるとする一般均衡理論という理論を発展させた。また，本書の第10章から登場する無差別曲線分析も，その基礎は，このローザンヌ学派に発している。

メンガーは，ウィーン大学に，自身の教え子を中心にウィーン学派，もしくはオーストリア学派と呼ばれる学派を作った。この学派からは，E. v. ベーム=バベルク，F. v. ヴィーザーといった重要な人物が何人も輩出した。後に，アメリカのシカゴ大学に拠点を移して，1980年代以降のいわゆる新自由主義の開祖になる，L. v. ミーゼスやF. A. v. ハイエクも，この学派の出身である[5]。オーストリア学派は，この後すぐ見ることになる限界効用という概念を，もっとも深く掘り下げた学派であるといってよい。

ジェヴォンズは，若くして亡くなってしまったために，彼自身の学派というものは形成されなかった。しかしながら，これもわれわれが後に検討する，ミクロ経済学の主題を稀少資源の最適配分に求めようとする発想は，もともとジェヴォンズに由来するものと言ってよい。ジェヴォンズにおいて萌芽的であったこの発想をP. H. ウィクスティードという経済思想家が発展させ，これをさらにロンドン大学のL. ロビンズが洗練させて，今日のミクロ経済学の基本テーマを確立することになる。

新古典派経済学　イギリスでは，ジェヴォンズとは別に，ケンブリッジ大学のA. マーシャルの下に形成されたケンブリッジ学派が重要である。マーシャルは限界革命の3人とほぼ同世代なのだが，まとまった形の書物が『経済

---

modern economicsと言うと，近代以降の経済学という意味になり，アダム・スミスも含まれることになるから，注意が必要である。

[5] ミーゼス，ハイエク以降のアメリカのオーストリア学派は，新オーストリア学派と呼ばれる。彼らとメンガー時代のオーストリア学派には，時間概念や資本概念において確かに共通する一面があるものの，資本主義に対する評価などには，そうとうの違いもあるので，人的なつながりがあるとはいえ，新オーストリア学派をオーストリア学派の直系と見ることには問題があるとする見解もある。

学原理』（1890年）と少し遅かったため，限界革命の第2世代として扱われることが多い。しかしながら，限界革命の成果を集大成したと言われるこの本の影響力は絶大であり，彼の存在によって，限界原理の経済学が定着したと言っても過言ではない。マーシャルはまた，限界原理の経済学を，リカード以来の古典派経済学と連続的なものとして捉えようとし，この点で，古典派との断絶を強調したジェヴォンズの姿勢に，マーシャルは当初，批判的であった。供給曲線を生産費用によって基礎づけようとする発想は，古典派以来のものと言ってよく，われわれはこれを後に，供給理論の章で実際に見ることになる。また，マーシャルは貧困対策をはじめとする，経済学の実践的応用に極めて熱心な人物で，これもわれわれが後に見る，余剰分析や弾力性分析などは，おおむねマーシャルが開発したものと言ってよい。

　マーシャルの出現によって，近代経済学はいったん統合されたかに見えた。そして，いましがた述べた通り，マーシャルは古典派経済学との連続性を強調したため，ケンブリッジ学派のことを新古典派経済学と呼ぶこともあった。限界原理に基づく経済学を，一般に新古典派経済学と呼ぶようになったのは，このためである[6]。こうして，1890年代から1920年代いっぱいまで，新古典派経済学は，最初の成熟期を迎えることになる。

　世界恐慌とケインズ経済学　　しかしながら，1930年代に入ると状況が一変する。すなわち，1929年10月にアメリカから始まった世界恐慌によって，それまでの豊かな経済が一気に崩壊した。失業率はアメリカで最高25パーセント，イギリスでも最高20パーセントを記録した。25パーセントといえば，4人に1人ということだから，4人に3人は安泰かといえばそうではなく，今日たまたま仕事があっても，明日どうなるかは，誰にもまったくわからなかった。経済学にはとうぜん，説明と解決のための処方箋が求められた。もはや完成したかに見えた新古典派経済学は，かならずや有効な解決策を示してくれるものと誰もが期待した。しかし，新古典派経済学は，これに答えることができなかったのである。

　なぜ，できなかったのか。新古典派経済学の理論に，どこか大きな欠陥があったのだろうか。そうではなく，このとき，経済学は，先にわれわれが学んだ言

---

[6] ただし，第2次大戦後は，経済学の中心がアメリカに移ったため，新古典派といってもケンブリッジ大学とのちょくせつの関わりはなくなっている。

葉で言えば，典型的な合成の誤謬を犯したのである。しかしこの当時，経済学には新古典派経済学しか存在しなかった。つまり，経済全体の動きをちょくせつ説明できるような，市場理論の範囲を超える経済理論など存在しなかったのである。このことを鋭く見抜き，新古典派経済学とは別に，経済全体の動きをちょくせつ解明する経済学を打ち立てたのが，マーシャルの教え子でもあったJ. M. ケインズの『雇用・利子および貨幣の一般理論』（1936年）である。この瞬間，近代経済学には，市場原理を解明しようとする新古典派経済学と，経済全体の動きを解明しようとするケインズ経済学という，2つの経済理論が現れたのである。

経済学の2つの体系　　そして第2次世界大戦後，資本主義と経済学の中心がアメリカへ移ると，それまでの新古典派経済学をミクロ経済学，ケインズ経済学をマクロ経済学と称して，2つの経済理論の統合化がはかられ，これによって近代経済学は，20世紀の経済学として，生まれ変わることになった。ミクロ経済学，マクロ経済学という名称は，このときから使われるようになったのである。このミクロ＝マクロ体系は，以後，さまざまな風雪にさらされることになるけれども，近代経済学の基礎理論としては，いまだに現役の地位にあると言ってよい。したがって，経済学の世界に入るためには，まず，このミクロ経済学，マクロ経済学の基礎理論をしっかりと身につけることが必要なのである。

それでは，いよいよ，ミクロ経済学の世界に入っていくことにしよう。

確認問題 1-3　　ミクロ経済学の歴史を1枚の図表に整理してみよう。

第 1 章　練習問題

問題 I　次の文章の空欄に，適当な語句を入れなさい。

1. 市場経済は，個人の自由な経済活動の結果として，社会的な分業と（　　　）のシステムを作り上げている。
2. 市場を分析対象にするのが（　　　）経済学，経済全体を分析対象にするのが（　　　）経済学である。
3. 部分については正しい認識が，全体については誤った認識になることがある。これを（　　　）という。
4. ミクロ経済学の端緒となった，3人の人物による新しい学説の提唱を（　　　）という。
5. 限界革命を起こしたのは，イギリスの（　　　），フランスの（　　　），オーストリアの（　　　）の3人である。
6. ワルラスから始まる学派を（　　　），メンガーから始まる学派を（　　　）という。また，イギリスのマーシャルによって始められた学派を（　　　）という。
7. オーストリア学派は限界効用理論を，ローザンヌ学派は（　　　）を，ジェヴォンズの系統は（　　　）をそれぞれ発展させた。
8. （　　　）という名称は，もともとケンブリッジ学派のことを指していたが，いまでは，近代経済学一般の名称になっている。
9. 古典派経済学とは，アダム・スミスから（　　　）にいたる，イギリスの経済学をいう。
10. 古典派経済学の基本的な課題は（　　　）にあった。

問題 II　次の問いに答えなさい。

「賃金を引き下げれば，企業の利潤が増えて，景気は全体的によくなる」。これは一般的に成り立つ正しい命題と言えるだろうか。「合成の誤謬」を参考にして，あなたの見解を述べなさい。

問題 III　次の問いに答えなさい。

1871年から1929年にいたる世界史上の重要な出来事を書き出し，その下に，本章に登場した経済学の古典的著作を，出版年ごとに並べてみよ。その対比から，どのようなことが言えそうか。検討してみよ。

第2章

消費者均衡の理論（1）
－効用価値論の基礎－

第1章では，ミクロ経済学の目的とその誕生の経緯について学んだ。第2章からいよいよ，ミクロ経済学の本題に入ることになる。第2章ではまず，中学・高校で学んだ市場メカニズム論の概要について復習し，そのなかのどこに，ミクロ経済学への入り口が隠されているかを検討する。そしてわれわれは，その最初の入り口をくぐり，ミクロ経済学の基盤ともいえる効用価値論という学説に出会うことになる。

2-1　市場メカニズム論の概要

　　「いちば」と「市場」　　われわれの生活を取り巻く市場経済は，市場メカニズムによって営まれている。市場メカニズムの役割を正しく理解すること，これがミクロ経済学の目標である。

市場は「いちば」と読むこともあり，青果いちばや魚いちばなどは，その営みの様子を実際に観察することができる。中学や高校の社会科見学などで，実際に青果いちばや魚いちばを訪れたことのある人も多いだろう。しかし，本書が取り上げる「市場」は，あくまで「しじょう」であって「いちば」ではない。「しじょう」は「いちば」を起源にするものの，もはや特定の場所や特定の人々の営みとして，その様子を観察できるものではない[1]。「しじょう」は，市場経

---

[1] もちろん具体的な「いちば」を観察することは，抽象的な「しじょう」を考えるうえで非常に有益である。その見事な実例として J. マクミラン『市場を創る』（瀧澤弘和・木村友二訳，NTT 出版，2007年）を参照。

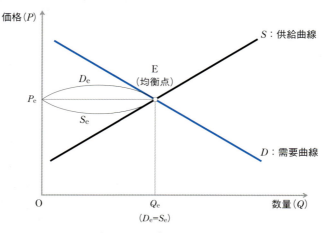

図 2-1　市場メカニズムと需要・供給の均衡

済の営みをつかさどる，目に見えない仕組みである。「しじょう」は，われわれ一人ひとりの経済活動が合成された結果として，その都度発生するものであり，われわれが経済活動をやめれば，その瞬間「しじょう」も消滅する。だから，「しじょう」について考えるためには，まず「しじょう」に何らかの姿と形を与え，これを考察できる対象に変えなければならない。こうして「しじょう」に姿と形を与えたもの，それをわれわれは市場メカニズムと呼んでいる。

「市場」を図に表す　　市場メカニズムは，通常，図2-1のように描かれる。市場とは，ちょくせつには，われわれの生活に必要な財やサービス[2]の価格と取引数量を決める仕組みである。ひとつの財・サービスについて，ひとつの市場が存在する。したがって，経済には，この世に存在する財・サービスと少なくとも同じ数だけの市場が存在することになり，それは莫大という言葉がむなしく聞こえるほどに膨大な数に昇るだろう。しかも，市場はそれぞれ独立して存在するわけではない。自動車市場とガソリン市場は差し当たり別々の市場だが，ガソリン代が高騰すれば，自動車の販売台数は減少するだろう。コーヒー市場

---

[2] 近代経済学では「商品」という表現を使わない。商品のうち，モノの形で取引されるものを財，美容院やタクシーなど，モノの形ではなく，髪を切ってもらうとか，車で連れて行ってもらう等の用益が取引される場合をサービスという。ここでいうサービスは，無料奉仕という意味ではない。

と緑茶市場も別々の市場だが，緑茶の価格が高くなれば，食後の一服を緑茶からコーヒーに変える人が現れて，コーヒーへの需要が増加するかもしれない。自動車とガソリンのような関係を補完財，コーヒーと緑茶のような関係を代替財と表現するが，こうした直接的な関係だけでなく，間接的な影響関係も含めて考えれば，市場はたがいに，じつに複雑な相互依存関係を結んでいることがわかるだろう。

需要曲線とは　図2-1は，そうした市場のひとつを代表的に表したものである。差し当たり，他の市場との関係は考えないことにしよう。こうした図では，縦軸に価格をはかり，横軸に数量をはかるのが一般的である。右下がりの曲線は，この財・サービスを求める側，すなわち需要者の行動を表したもので需要曲線[3]と呼ばれる。一般の消費財の場合は，われわれ消費者が需要者になるが，生産用の原材料とか労働力の場合は，生産者あるいは企業が需要者になる。需要曲線が右下がりになるのは，財・サービスの価格が高いときはあまり多くを買うことができず，価格が安くなれば，それだけたくさん買うことができる，という日常経験に照らして，まずは理解しておいていいだろう。

供給曲線とは　一方の右上がりの曲線は，この財・サービスを提供する側，すなわち供給者の行動を表したもので供給曲線[4]と呼ばれる。消費財市場では生産者または企業が供給者になるが，労働市場で労働力を供給するのは，われわれ一般市民である。何が取引される市場かによって，需要者・供給者がそれぞれ入れ代わることに注意する必要がある。供給曲線が右上がりになるのは，提供しようとする財・サービスの価格が安いと，あまり儲けを期待できないことから供給できる量も少なくなり，価格が高くなると，今度は儲けを期待して供給量を増やそうとする，という日常経験に照らして，こちらもまずは理解しておいていいだろう。

均衡状態とは　需要曲線が右下がりで，供給曲線が右上がりであれば，両者はかならずどこかで交わるはずである。図2-1では，その交点をE点として示している。このE点はすこぶる重要な役割を持つ点である。E点に対応する価格を P_e とする。価格が P_e のとき，需要量は D_e になり，供給量は S_e

---

[3] 需要曲線（Demand curve）は英語の頭文字をとって D 曲線と表記されることが多い。また，市場全体の需要を表すときは大文字の D，個人の需要を表すときは小文字の d を使うことが多い。
[4] 供給曲線（Supply curve）も頭文字をとって S 曲線と表記されることが多い。市場全体の供給を表すときは大文字の S，個人や一企業の供給を表すときは小文字の s を使うことが多い。

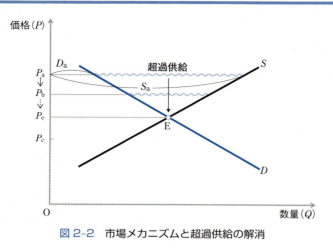

図 2-2 市場メカニズムと超過供給の解消

になる。そして明らかに $D_e = S_e$ である。すなわち，価格が需要曲線と供給曲線の交点で決まれば，その下で生じる需要量と供給量はちょうど等しくなって，売れ残りも品不足も発生しないのである。ミクロ経済学では，このような状態に市場があるとき，市場は均衡状態[5]にあると表現する。そして，市場を均衡状態にする価格 P_e を均衡価格，その下での取引数量 Q_e ($= D_e = S_e$) を均衡数量（または均衡量）と表現する。

　市場メカニズムの姿　　この均衡状態は，どのようにして現れるものだろうか。注意深い政府が，あらかじめ均衡価格を計算して，これを法的に守らせているのだろうか。計画経済ではそのようにするだろうが，市場経済の原理はそうではない。

　そこで，いま仮に，市場に現れた価格が均衡価格よりも高かったものとしてみよう。その価格を図 2-2 の P_a で表そう。このとき，市場はどのような反応を見せるだろうか。消費者側，すなわち需要曲線を見てみると，価格 P_a は P_e よりも高いので，消費者は D_e ほどの量を求めることはできず，需要量は D_a にまで減少している。ところが逆に供給曲線を見てみると，価格が P_e よりも

---

[5] 均衡は英語で Equilibrium なので，頭文字をとって E 点と表記する。ちなみに価格 P は価格（Price）の，Q は数量（Quantity）のそれぞれ頭文字である。

高い P_a になったので，これは儲かるぞとばかり，供給量は S_a にまで増加している。したがってこの場合，需要量と供給量は一致しない。図2-2 を見れば，このとき波線で示されるような，不一致部分が現れることがわかる。これは，供給量が需要量を上回る部分として現れるものである。すなわち，俗にいう売れ残りが発生しているのである。経済学では，こうした売れ残り部分を**超過供給**と表現する。

　超過供給が生じるとどうなるか。企業は，このままでは売れ残りを抱えるだけになるので，仕方なく価格を引き下げて，売れ残り部分を失くそうとするだろう。実際，価格を引き下げてみれば，その価格なら買おうという消費者が現れて，売れ残りの一部が消化されるだろう。それを見た他の企業は，これも仕方なく，同じように価格を引き下げて，売れ残り部分の消化をはかろうとするだろう。この状態が図2-2における価格 P_b の状態である。

　だが，この程度の価格引き下げでは，初めほどではないにせよ，依然として超過供給が発生する。売れ残りが出てくる以上，各企業は引き続き，価格を引き下げざるを得ず，価格は P_b からさらに下方へと低下していくだろう。では，どこまで低下するか。超過供給が存在する限り価格が低下し続けるとすれば，価格はどんどん下がって行って，やがて P_e に到達するだろう。そして，価格が P_e に到達すれば，需要と供給は再び一致するようになり，その結果，もはや超過供給は発生せず，価格のさらなる低下は必要なくなるだろう。かくして，価格は，売れ残りをなくしたいという企業の**利己的**な動機（そして，他より安いなら買おうという消費者の**利己的**な動機）に導かれて，おのずと均衡価格へ引き寄せられていくのである。このように，価格は誰の命令・指令によることなく，自動的に均衡価格へと導かれていく。これが，もっとも標準的な**市場メカニズム**の姿である。

　資源の効率的利用　　市場メカニズムは均衡状態を，すなわち均衡価格と均衡数量をおのずと実現するメカニズムである。そして均衡状態とは，先にも確認したように，人々が欲する財・サービスの量と，人々が提供したいと考える財・サービスの量が一致して，不足も余りも出ない状態である。これは見方を変えれば，この財・サービスの生産と消費に必要とされる**資源**を，もっとも無駄なく使用している状態と考えていいだろう。限られた資源を無駄なく適切に利用することは，これからの時代において，ますます求められる条件になる

だろう。限りある資源を無駄なく適切に用いること，これを経済学では資源の**効率的**な利用と表現する。したがって，市場メカニズムは，ただ単に需要と供給を一致させるから優れているのではなく，資源のもっとも効率的な利用に，市場をおのずと導くがゆえに，優れたメカニズムであると評価されるのである。経済学が市場メカニズムを評価する基本的理由は，じつはこちらにあると言ってよい。

確認問題 2-1 最初の価格が均衡価格よりも低い場合（この価格を P_c としよう），市場はどのような過程を経て，価格を均衡価格へと導くか。図 2-2 を用いて解答せよ。

2-2 感覚的な理解から理論的な理解へ

「経済学」の水準に引き上げる ここまでの議論については，中学・高校ですでに学んだ人も多いだろう。そして，以上のような理解が，市場メカニズムへの理解として，基本的に間違っているというわけでは決してない。ただ，以上のような理解の仕方では，経済学としてはいささか単純に過ぎ，部分的には誤りと言わざるを得ない箇所も含まれているのである。したがって，この先われわれが行うべきことは，この市場メカニズム理解を，経済学の水準にまで引き上げることである。

では，そのための入り口は，どこにあるのだろうか。前節の説明で，われわれは「まずはこのような理解でよい」という表現を，2度用いたことを思い出してほしい。すなわち，需要曲線の形状と，供給曲線の形状について述べた部分である。なぜ需要曲線は右下がりになるのか。同じく，なぜ供給曲線は右上がりになるのか。2つの曲線がこのような形のものであれば，市場メカニズムが前節のような機能と成果を見せることは，ほぼ自明のことと言っていいだろう。では，それぞれの曲線の説明は，先の説明で十分と言えるだろうか。

先の説明は，それはそれで，われわれの日常経験に沿うもので，感覚的には，特に問題を感じることはないだろう。しかしながら，感覚的に抵抗がないということと，論理的に納得できるということとは，まったく別の事柄である。た

とえば，財の価格が安くなれば，人々は需要量を増やすというけれども，たとえばダイヤモンドの指輪が高価な品でなくなったとき，果たして人々はこれまで通り，ダイヤの指輪を欲しいと思うだろうか。あるいは，価格が高くなれば儲けも増えるというので企業は供給量を増やすというが，供給量を増やすのであれば，生産コストもいっしょに増加するはずだから，利益が本当に増えるかどうか一概には何とも言えないのではなかろうか。

理論に基づいて考える必要性　少し落ち着いて考えてみれば，容易に思いつくこうした素朴な問いに，感覚的な理解はほとんど答えることがない。なぜなら，そこには経験を超える理論がないからである。なぜ需要曲線は右下がりになるのか，なぜ右上がりにはならないのか，右上がりにならないのは論理的にありえないからなのか，それとも論理的にはありうるが現実にはめったに生じないという話なのか。こうした，経験を超えた次元の問いに答えるもの，それが理論である。需要曲線が右下がりになる理由を，論理的に説明できる理論があれば，需要曲線が右上がりになる可能性の有無も，論理的に判断できるようになるだろう。そして，右上がりになる理由が，かなり特殊な条件を要するものであれば，それが論理的にはありえても，現実にはめったに生じない現象であることに，われわれは確信を持つことができるようになるだろう。このような知識を得て初めて，われわれは一般的に「需要曲線は右下がりである」と，自信を持って言うことができるようになるのである。

　供給曲線も同様である。供給曲線を右上がりのものと確信するためには，そうなることを論理的に説明する理論が必要である。そして，そうした理論を持てば，どのような場合に，供給曲線が右上がり以外の形，たとえば右下がりとか水平といったような，別の形をとることがあるのかについて推測できるようになる。じつは，後に見るように，供給曲線の場合は，需要曲線よりもはるかに現実的に，ということは頻繁に，右上がり以外の形を示すことがあるのである。いや，現代の市場経済においては，むしろ右上がり供給曲線が現れることの方が，よほど珍しい事態であるとすら言っていいのである。

　ところがそうなると，市場では大変なことが起きる。たとえば供給曲線が右下がりになっている図2-3を見てみよう。供給曲線が右下がりになっても，需要曲線との交点は存在する。この交点においては，需要と供給はやはり一致するから，この場合も交点が均衡点になることに変わりはない。しかし，先ほ

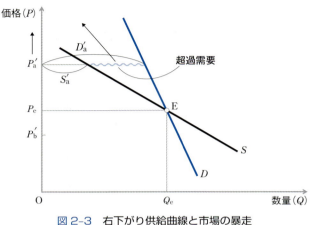

図2-3　右下がり供給曲線と市場の暴走

どと同じように，均衡価格よりも高い P'_a という価格が現れた場合，市場は先と同様のメカニズムを発揮するだろうか．価格 P'_a の下で，需要量は D'_a となり，供給量は S'_a となる．すなわちこの場合も，先と同様，需給の不一致が生じるが，この場合，量が超過するのは需要量の方である．つまり，いま発生しているのは<u>超過需要</u>であって，超過供給ではない．需要が供給を上回っているということは，品不足が発生しているということだから，買いそびれた消費者たちは店先に列をなして，「もっと売れ！」と怒りの声をあげているかもしれない．

　ではこの場合，価格は先と同様，均衡価格まで低下していくだろうか．この財をどうしても必要としている消費者のなかには，その財が手に入らないよりは，少し高くてもいいから売ってくれと言い出す人が出てくるかもしれない．企業は，そうした消費者が出てきそうであれば，試しに価格を少し高くしてみるかもしれない．そして案の定，高い価格で買っていく消費者が出てくれば，企業はみなこぞって価格の引き上げを始めるだろう．かくして，超過需要が発生した場合，価格は上昇を開始するのである．ということはしかし，市場は均衡点へ向けてではなく，均衡点から遠ざかる方向へ，自らを駆り立てていくことになる．価格が上昇することで超過需要はさらに拡大し，そのことが価格をさらに上昇させ，それが超過需要をさらに拡大させて…と続いて行って，価格

は果てしなく上昇していくことになるだろう。市場は言わば暴走を始めてしまうのである。

　確かに財・サービスの価格が高騰しても，人々の賃金・給料がそれと同じペースで上昇できれば問題ないだろう。しかし，年金生活をおくっているような定額所得の人々にとって，価格の高騰はそのまま生活の破たんを意味するかもしれない[6]。高齢社会化をますます強めていく日本にとって，これがどれほどの脅威になるか。これから経済学を学ぶ人が，決して忘れてはならない問題である。

　　市場メカニズムの意義と限界　　ここで注意する必要があるのは，これは市場メカニズムが壊れたことを意味しているわけではないということである。超過需要が発生したときに価格が上昇するのは，市場メカニズムとして正しい反応である。たまたま市場の条件がこのようなものであったために，市場メカニズムは，市場を均衡点からさらに引き離すものとして，機能してしまったのである。市場メカニズムがわるいのではなく，供給曲線が右下がりの形状を示しているときに，市場をただただメカニズムに任せきりにしたことが間違いなのである。ではなぜ，供給曲線が右下がりになったのか。その答えはしかし，直観や感覚のみに頼っていて，得られるものではないだろう。われわれはどうしても，経済学の理論の次元で，需要曲線の形，供給曲線の形，市場メカニズムの意義と限界を，それぞれ理解していく必要があるのである。その次元で市場を理解することなく，市場が何でも解決してくれるような流言に頼って，われわれの生活を市場メカニズムに無造作に預けてしまうことが，いかに危険な賭けになるか。図2-3 はそれを示しているのである。

　　確認問題 2-2　　①　図2-3 において，最初の価格が均衡価格よりも低い場合（この価格を P_b' としよう），市場メカニズムはどのような結果をもたらすか。解答せよ。
②　供給曲線が右下がりであっても，需要曲線より傾きが急であれば，暴走は食い止められる。このことを図に描いて確かめてみよ。

---

[6] 確かに公的年金には，マクロ経済スライドという，物価に合わせて年金額を調整する仕組みがある。しかし，この方式では，物価上昇分に年金上昇分が約1％及ばず，実質的には減額になると言われている。

2-3　水とダイヤモンドのパラドックス

　財の使用価値　　需要曲線，供給曲線の背後には，われわれの感覚的な理解を超える理論が隠されている。ミクロ経済学の目的は，これらの理論を明らかにし，これらをよく理解し，市場メカニズムの本来の意義を理解することにある。これから先の議論はすべて，この課題の探求にあてられる。需要曲線，供給曲線のどちらから始めてもよいのだが，まずは，われわれにとってより身近な，需要曲線の理論から見ていくことにしよう。

　需要曲線は，財・サービスの価格もしくは価値[7]と，需要量との関係を表したものである。しかし，そもそも財の価値とは何だろうか。経済学の探求は，この素朴な問いから始められたと言ってよい。そして，ここには古来，ひとつの難問とされる問題があったのである。

　一般的に言って，人はどのような財に価値を感じるだろうか。まず，たちどころに思いつくのは，その財が，われわれの生活にとってどれだけ必要か，あるいは有用かによって，価値の大小を判断するというものだろう。このような価値，すなわち，われわれにとっての必要性・有用性に基づく価値のことを，経済学では使用価値と表現する。使用価値の高い財は価格も高く，使用価値の乏しい財は価格も低くなるだろう，とわれわれは思う。これは一見もっともな感覚であり，現実の価格もとうぜん使用価値を反映しているものと，われわれは思う。

　労働時間による価値の判断　　しかし，使用価値がそのまま価格になるという考え方には，実際には無理がある。たとえば，1個のパンも，1枚の上着も，われわれの生活にとってはともに必要な，また有用な財に違いない。パンに代表される食糧がなくなったらわれわれは生きていけないし，上着に代表される衣類がなくなったら，われわれはそれこそ一冬すら越せないだろう。したがって使用価値で判断する限り，パンと上着はほぼ同等の価値を持つものと考えられる。ならば，取引価格についてもほぼ同等と認められてよいはずだが，ここ

---

[7] 近代経済学では，価値と価格をほぼ同義のものとして扱う。強いてニュアンスの違いをあげるとすれば，価値は，個人的な評価を含んだ主観的ニュアンスの強いものであり，価格は，円とかドル等の通貨単位で示される，文字通り客観的な値段の意で用いられる。この節における「価値」は，この主観的なニュアンスの強い意味で用いられている。

で，1個のパンを作るのに3時間の労力を必要とし，1枚の上着を作るのに9時間の労力を必要としたことが知らされたとしたら，人は，パンと上着を同等の価値を持つものとして，すなわち1個対1枚の割合で交換できるものとして，考えるだろうか。1枚の上着は，1個のパンの3倍の労力をつぎ込んでようやく得られたものなのだから，使用価値的には同等であっても，この場合，1枚の上着と3個のパンを交換するのが妥当な線と考えるのではないだろうか。このように，財の生産に要した労力，もう少し形式的に言えば，財の生産に投下した労働時間によって，財の価値を判断しようとする考え方を労働価値説という。

　労働価値説の意義　　使用価値も労働価値も，基本的には第1章で見た古典派経済学における価値概念である。使用価値が欲望の生じる由縁を説明し，労働価値が実際の取引価格（これを交換価値という）を説明するものと考えられた。労働価値説は，特にリカード以降の古典派経済学において基本的な価値論の座を占め，それはその後のマルクス経済学にも受け継がれていく。

　もっともマルクスにおける労働価値説には二重の意味合いがあり，これは近代経済学を学ぶわれわれもぜひ知っておく必要がある。マルクスは確かに，財の価格を投下労働時間で説明するという論理を展開している。つまり商品の「価値」を「労働」で説明するというものである。ところがマルクスは他方で，労働価値説をむしろこの語順通りに読み，「労働」の「価値」説とでも言うべき議論を展開している。これは，「労働」が（正しくは「労働力」が）「価値」を持つものになっているという事実それ自体に，人々の注意を喚起することを目的とする議論である。

　「労働」に「価値」が認められるのはいいことではないか，と現代人は一瞬思ってしまうが，「価値」とは本来「商品」が持つべきもの，言い換えれば「商品」の属性として考えるべきものである。それと同じ属性を，人間の「労働力」が持つようになったということは，人間の「労働力」が「商品」と同様の存在になったことを意味する，とマルクスは考えた。ここで商品になったのはあくまで労働力であって，労働者ではない点に注意する必要がある。労働者がちょくせつ商品になるのは奴隷制社会である。近代社会は，そうした時代から人間を解放したはずだった[8]。では文字通り，人間は自由になったのか。マルクスは，

---

[8] むろん，近代初頭の欧米社会は，この「人間」に有色人種や無産者を含めるつもりはなかった。

近代社会は人間を自由にしたはずなのに，資本主義経済では，多くの労働者が奴隷同然の働き方をさせられていることに，根本的な疑問を感じた。なぜ，近代社会が，人々に奴隷のような処遇を強いることになったのか。

<u>社会認識論としての労働価値説</u>　「商品」の使い方や処分の仕方は，その「商品」の所有者に決める権利がある。それは，財産の私的所有を認める，近代社会の大原則と言ってよい。したがって，労働力が「商品」であるとしたら，労働力の使い方も処遇の仕方も，その労働力を買った資本家の裁量にゆだねられたとして，ルール的には何も問題ないことになる。だが，ひとつ忘れてならないことは，「労働力」と個々の「労働者」を物理的に分離することはできないということである。これが通常の商品であれば，商品とその生産者は物理的に別個の存在だから，商品が乱暴に扱われたとしても，それでもって生産者がケガをすることはない。しかし，労働力を供給するためには，労働者自身が現場に行って，作業を行わなければならない。そこで「労働力」を乱暴に扱えば，それはそのまま「労働者」を乱暴に扱うことになる。しかし，それがいくら過酷な処遇であっても，それを「労働力」の所有者の正当な権利として認めざるをえないのが，「労働力」が「商品」になる経済，すなわち資本主義経済の宿命なのである。ここにマルクスは，資本主義経済の根本的矛盾を見出し，資本主義とは異なる経済のあり方を追求する決意を固めたのである。労働価値説とはしたがって，単に価値を説明するだけの理論ではなくて，むしろ経済や歴史の見方を根本的に変えさせる，社会認識論としての意味合いを持つ価値論であったことを，近代経済学を学ぶわれわれも，ぜひ知っておく必要がある。

<u>水とダイヤモンドのパラドックス</u>　さてしかし，マルクスの話はここまでにしよう。経済学における価値概念には，長らくこの使用価値と労働価値の2つしか存在しなかった。ところが，それらではうまく説明できない現象がいまここにひとつあるのである。

いまここにコップ1杯の水があるものとしよう。そしてその傍らに，1個のダイヤモンドの指輪があるものとしよう。コップ1杯の水と，ダイヤモンドの指輪と，みなさんはどちらをより高価なものと考えるだろうか。おそらく100人中99人くらいまでは，水よりもダイヤモンドを高価なものと考えるだろう。

▣しかし，いったん「人間はみな自由だ」と形式的に宣言してしまえば，その形式に矛盾するつもりや思惑は結局通用しなくなる。形式による表現，形式として表現される「法」の効力がここにある。

そして，現実においても，まず間違いなくそうなっているだろう。しかし，ではなぜそうなるのか。みなさんはこの問いに，十分な答えを用意できるだろうか。

たとえば，使用価値の観点から，これに答えることができるだろうか。水は，われわれの生存にとって，なくてはならないものである。われわれにとって水の必要性・有用性は絶対的なものだといってよい。ではダイヤモンドはどうか。確かにダイヤなしでは1日も生きられないという人もなかにはいるだろうが，ダイヤはわれわれの生存に必要不可欠な物質とはやはり言えないだろう。つまり，使用価値で考えれば，水の方がダイヤモンドより高価であってしかるべきなのだが，現実はまさしくその逆になっている。

では，労働価値説ではどうか。確かに，ダイヤモンド原石を光り輝く指輪に変えるためには多大な労働力が必要である。しかし，蛇口をひねればいつでも飲める水が出てくるようにするためには，貯水から殺菌まで，膨大な労働力が必要である。正確な比較こそできないものの，投下労働量の観点から，水1杯の価格とダイヤモンド1個の価格の，途方もない開きを説明するのは困難に思われる。

このように，古典派までの価値論では，水1杯の価格とダイヤモンド1個の価格の大きな違いを，体系的に説明することはできなかった。この問題は古来指摘されてきたもので，いつの頃からか，水とダイヤモンドのパラドックスと言われるようになった。

2-4 効用価値論

財の稀少性に注目　水とダイヤモンドのパラドックスを解消できるかどうか。それが次の世代の価値論の基本的な課題になった。そして，ここに突破口を開いたのが，第1章で見たメンガー，ワルラス，ジェヴォンズなのである。彼らの価値論を総称して，今日ではこれを効用価値論と呼ぶ。効用価値論は，使用価値でも労働価値でもない，しかし，人々が価値の基準としてまさしく認めているある要素に着眼したものだった。それは何か。それは財の稀少性である。

われわれの生存に必要不可欠な財，その生産に多大な労働力を必要とする財，

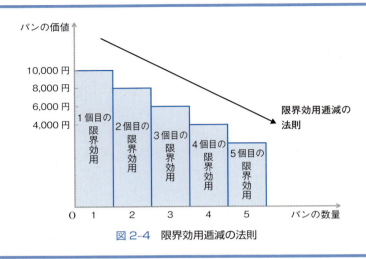

図 2-4　限界効用逓減の法則

　そうした財がしかし，大量に存在する場合と，わずかしか存在しない場合とを比べたとき，人はどちらでも財の価値に違いはないと判断するだろうか。それとも，わずかしか残されていない場合に，その財を高い価値があるものと感じるようになるだろうか。効用価値論が問うたのは，このような問いなのである。

　稀少性は変化する　　例を用いて考えてみよう。ある人（仮に，トピア君と呼ぶことにしよう）がいま，大変な空腹状態にあるものとしよう。そして，ようやく 1 個のパンにありついたものとしよう。そのパンはトピア君にとって，何物にも代えがたい稀少な価値を有するものに見えるだろう。すなわち，ふだんなら 100 円の価値も認めようとしない 1 個のパンに，1,000 円でも 10,000 円でも払ってよい，いや，場合によってはダイヤの指輪と交換しても惜しくないとすら思うかもしれない。この様子を図 2-4 で示していこう。ここでは仮に，その最初のパンに 10,000 円の価値を認めたものとして話を進めよう。つまり，そのパンを手に入れるためなら 10,000 円払っても惜しくない，とトピア君は判断したわけである。

　パン 1 個だけで空腹が満たされるはずもなく，トピア君はとうぜん 2 個目のパンも求めようとするだろう。さてしかし，トピア君はこの 2 個目のパンに対して，先と同様の価値をそのまま認めようとするだろうか。依然として空腹が

続いているとはいえ，1個目のパンによって，何はともあれ人心地ついたトピア君は，2個目のパンに対しては，1個目のときのような切羽詰まった欲望をもはや感じなくなっているのではないだろうか。言い換えれば，2個目のパンは，1個目のパンよりも，いくらか稀少性が劣るものに見えるのではないだろうか。だとすれば，2個目のパンに認める価値は，1個目のパンに認めた価値よりもいくらか低く（たとえば8,000円程度に）なるのではなかろうか。この推測が正しく，同様の傾向が続くとすれば，トピア君は，3個目のパンに対しては，2個目のパンよりもさらに低い6,000円の価値しか認めず，4個目，5個目となれば，それよりもさらに低い価値しか認めなくなっていくだろう。

「効用」の登場　　ここで，いくつか言葉を導入しよう。まず，パンを食べるたびに人が感じる満足感，「うまい！」と言って思わず頬を緩めるときに感じている満足感のことを，経済学では効用と表現する。人が財・サービスを消費するときに感じる満足感のことを，経済学では効用と表現するのである。

　経済学で言う効用は，あくまで消費者の主観的な満足感を言うのであって，「薬の効用」のような，財・サービスに備わっている機能や効能を意味するものではない。財・サービスには，われわれを満足させる機能や効能が備わっているわけだが，それがそのまま効用になるわけではない。その機能や効能がわれわれのなかで発揮されたとき，それに対するわれわれの評価として下されるものが効用なのである。

　効用の起源はあくまでわれわれ消費者の側にあるのであって，財・サービスの側にあるのではない。効用は，われわれ消費者が財・サービスに対して与えるもの，言い換えれば付与するものであって，財・サービスから受け取るものではないのである。だから，いまでもたびたび見かける「効用を享受する」という表現は，それがいくら自然な表現であっても，経済学的には正しい表現ではないのである。

限界効用　　そして，効用が主観的に付与されるものだからこそ，同じ財に対して，異なる効用を感じることができるのである。1個目のパンも，2個目のパンも，味や形はまったく同じである。にもかかわらず，トピア君は2個目のパンには，1個目のパンよりも低い効用しか感じなかった。効用を付与するのがトピア君だから，同じ財に異なる効用を与えることができたのである。効用が財の属性で決まるのなら，何個食べても，同じパンは同じ効用を与える

はずである。

　そこで，この過程を表現する新たな言葉を与えよう。2個目のパンに感じる効用を，経済学では限界効用[9]と表現する。これは経済学に特有の極めて特徴的な概念であり，この章のなかでももっとも重要な概念であると言ってよい。

　この先，経済学で「限界」という表現が現れたならば，それはすべて「追加的」という意味に頭のなかで翻訳してよい。2個目のパンに感じる効用は，1個目のパンに感じた効用に追加される効用になるから，限界効用になるのである。ただし，1個目のパンに感じた効用も，0個のパンに追加された1個目のパンの効用と考えて，1個目のパンの限界効用と表現してよい。3個目を食べたときに感じる効用は3個目のパンの限界効用であり，4個目を食べて，もはやそれほど感動しないなと思ったとしても，それはそれで4個目のパンの限界効用である。

　限界効用は低下していく　　このように，限界効用の大きさは決して一定ではない。われわれの日常経験は，ほとんどの財・サービスにおいて，限界効用が，消費する量の増加とともに，低下していくことを教えている。この傾向を限界効用逓減の法則（または傾向）と表現する。したがって，図2-4は，パンの限界効用逓減の法則を表すグラフであると言ってよい。

　さらに，4個食べ終わった時点でのいわゆる満腹感，あるいは総満足感のことを総効用[10]と表現する。総効用の大きさは，やや図式的な定義になるが，限界効用の総和として定義する。すなわち，パンを1個ずつ食べるごとに，われわれはパンの限界効用を感じ，その限界効用はパンを食べ進めるにしたがい次第に低下していき，4個食べ終わった時点では，4個目までの限界効用の総和として，4個分の総効用を感じている，ということになるのである。

　効用価値論によるパラドックスの解消　　さて，以上の話と，水とダイヤモンドのパラドックスとは，どのような関係にあるのだろうか。水は確かにわれわれの生存にとって必要不可欠のものである。その意味で，水の使用価値が大きいことに疑問の余地はない。しかし，同時に水は（幸いにも）大量に存在する。すなわち，水はいくらでも追加分が現れるのである。それゆえ，人はコッ

---

[9] 限界効用は英語でMarginal Utilityという。そのため頭文字をとって，MUで限界効用を表すことがある。Marginalとは末端とか，ヘリにあるものを意味する単語である。

[10] 総効用は英語でTotal Utilityなので，頭文字をとってTUで表すこともある。

プ1杯の水に対して稀少性を感じることが乏しく，それだけ限界効用も小さくなるので，わずかな価値しか認めないのである。一方でダイヤモンドの場合は，何の役に立つのかはともかく，数だけは少ないものとされている。ゆえに稀少性が高く，稀少性が高いものは限界効用も高くなるので，1個目のパンのときと同様，人はそれに高い価値を認めるのである。だから，効用価値は，水とダイヤモンドの本質的な存在意義とはまったく関係ないものであることに，注意する必要がある。

効用価値論は，稀少性に着眼することによって，水とダイヤモンドのパラドックスを解消した[11]。これにより，経済学は学問として新たな段階へと踏み出すことになった。だがしかし，限界効用を基軸とするこの新たな学説は，われわれの課題である需要曲線が右下がりになる理由とは，どこでどのように関係するのだろうか。次章では，この問題に決着をつけることにしよう。

確認問題 2-4　図2-4で，水とダイヤモンドはそれぞれどのように位置づけられるかを示し，効用価値論が水とダイヤモンドのパラドックスを解消していることを確認せよ。

---

[11] もっともアダム・スミスは次のように言っている。「水がくみあげるだけで得られるほど安いのは，それが豊富であるからにすぎないし，ダイアモンドがこれほど高価なのは，それが稀少であるからにすぎない（それのほんとうの用途はまだ発見されていないように思われるので）」（『法学講義』水田洋訳，岩波文庫，264ページ）。このようにアダム・スミスは，水とダイヤモンドのパラドックスをすでに解き明かしていたのだが，『国富論』以下，古典派経済学は基本的に労働価値説の立場をとった。これを古典派の未熟さや欠陥として片づけてしまうのではなく，なぜ労働価値説を選択したのかを，古典派経済学の問題意識との整合性のなかで読み解くことが，経済学説の理解の仕方として重要になる。

第2章 練習問題

問題Ⅰ 次の文章の空欄に適当な語句を入れなさい。

1. ランチメニューのパンとライスのように，両方同時には消費せず，一方が他方の代わりになるような関係にあるとき，この2財は（　　　）の関係にあるという。
2. 食後のコーヒーとミルクのように，両方を同時に消費しないと，財としての機能が発揮されないような関係にあるとき，この2財は（　　　）の関係にあるという。
3. 市場で売れ残りが生じる場合を経済学では（　　　）という。逆に，品不足が生じる場合を（　　　）という。
4. 市場が資源を無駄なく使用しているとき，その市場は（　　　）といわれる。
5. 財・サービスを消費したとき感じる満足感のことを（　　　）という。
6. ミカンをもうひとつ食べたとき，この追加されたミカンに感じる効用を（　　　）という。
7. 「限界」を日常表現に置き換えるとすれば（　　　）という表現がふさわしい。
8. 消費量が増えるにしたがって限界効用が低下していくことを，限界効用（　　　）の法則という。
9. 消費量の全体から得られる総満足感のことを（　　　）という。これは限界効用の（　　　）として定義される。
10. （選択）限界効用が高いことと，使用価値が高いことは（同じ　違う）ことである。

問題Ⅱ 次の問いに答えなさい。

ある財の需要と供給について，次のような情報が与えられているものとしよう。

価　格	80	120	160
需要量	120	80	40
供給量	30	50	70

1. この情報から，需要曲線，供給曲線を図で示しなさい。（価格は縦軸，数量は横軸に示す。経済学では，需要曲線，供給曲線とも線形（直線）の形で示されるが，直線は曲線の一種なので，直線の場合も含めて曲線と表現する。）

2. 需要曲線，供給曲線の式を求めなさい。（図は価格（P）を縦軸にとるが，曲線の式は量（Q）を左辺にとる形で示される点に注意せよ。）

   Q（需要量）＝

   Q（供給量）＝

3. 均衡価格ならびに均衡数量を計算して求めなさい。

4. 価格が 100 であるとき，市場に発生するのは超過需要か，超過供給か。またその大きさはどれほどか。

第3章

消費者均衡の理論（2）
－需要曲線はなぜ右下がりか－

　第2章では，効用価値論の基礎について学んだ。第3章では，この効用価値論に基づいて需要曲線を導出する。需要曲線はなぜ右下がりになるのか。その理由を，経験や感覚に頼ることなく，経済学の理論に基づいて，改めて確認していく。さらにこの章では，2種類以上の財を同時に求める消費者の行動についても検討する。この議論は，効用価値論の到達点であると同時に，その限界を示すものにもなる。

3-1　需要理論の3段階

　第1段階：効用価値論　　第2章でわれわれは，需要曲線の基盤ともいえる効用価値論について学んだ。これにより経済学は，古典派経済学の価値論ではうまく説明することのできなかった，水とダイヤモンドのパラドックスのような現象についても，一定の説明を与えることができるようになった。効用価値論を価値（価格）理論の基礎におく経済学説を，一般に新古典派経済学と呼ぶ。新古典派経済学は，1870年代以降の非マルクス経済学，すなわち近代経済学の中心的学派であり，それは現在においても基本的に変わらない。ただ，同じく新古典派と呼ばれながらも，その理論内容や方法論は，歴史とともに大きく変わってきており，われわれがこれから検討する理論は，そのもっとも初期段階の理論であることに，留意しておく必要がある。

　需要理論は，新古典派経済学の中核をなす部分と言ってよいが，それは大きく分けて3段階の発展をとげてきた。第1段階は，いまわれわれが検討してい

る効用価値論である。効用価値論は経済学の歴史に画期をもたらしたものであり，この考え方をまず身につけなければ，経済学，特にミクロ経済学の内容を理解することはできない。

第2段階：無差別曲線論　しかし，効用価値論にはじつは問題点もあって，これがそのまま今日のミクロ経済学の基礎理論になっているわけではない。その問題点を克服して，今日のミクロ経済学の標準理論になったのが，1930年代以降一般化した無差別曲線論と言われるものである。今日のミクロ経済学の教科書は，この第2段階に相当する無差別曲線論から始めているものが多く，それで全編一貫した内容を展開することも，もちろん可能である。

では第1段階の効用価値論が，今日のミクロ経済学でまったく無用になったかといえば，かならずしもそうとは言えない。後に見る余剰分析を用いた経済政策論や，ゲーム理論を用いた戦略的行動理論などにおいては，今日でも効用価値論を使った議論が数多く見られる。もちろん，それらの議論を無差別曲線論に置き換えることはいつでも可能であり，中級クラス以上になれば，そのレベルでの理解を求められるようになるが，効用価値論を使った議論は直観に訴えてくる利点があるため，かなり専門的な水準の政策論になっても，効用価値論で話を進めているものがいまでも多い。

こうした状況も踏まえ，本書ではあえて効用価値論から話を始めている。そして，ミクロ経済学として一通りのまとまりがつくまでは，効用価値論のまま話を進めようと思う。そのうえで，後半の第10章でいま一度需要曲線論に立ち戻り，そこで改めて無差別曲線論を導入し，現代の標準レベルにまで話を一気に引き上げる。無差別曲線論に切り換えても，個々の議論の結論は基本的に変わらないから，みなさんは結論をあらかじめ予想できる立場で，ゆっくりと無差別曲線論を学ぶことができるだろう。

第3段階：顕示選好理論　さて，無差別曲線論は，効用価値論よりも一般性の高い議論ではあるけれども，効用を価値の源泉として捉える発想は同じなので，広い意味では無差別曲線論まで含めて効用価値論と表現してもよい。しかし1960年代ごろになると，効用という主観的な概念に基づかずに，経済学の理論を確立しようという考え方が強くなって，それは需要理論においては顕示選好理論という形で現れてくる。第3段階の理論と言ってよいこの考え方は，特に実証的な研究において基本的な方法論になっていき，専門的な経済学研究

に進むうえでは必要不可欠の知識になっている。ただし，顕示選好理論も効用価値論の考え方と矛盾するものではなく，また基礎的な経済理論の段階ではあまり登場しないので，本書ではここで紹介するにとどめようと思う。

3-2 消費者均衡の理論

トピア君とブレド氏　　以上の経緯を踏まえたうえで，効用価値論に戻ることにしよう。そして，効用価値論からどのようにして，需要曲線が導き出されるのかを見ていくことにしよう。

　図3-1は，第2章で見た，限界効用逓減の法則を再掲したものである。そこでは，トピア君という人物が大変な空腹を抱えていたところ，ようやく1個のパンにありついたという場面を想定した。そのパンの持ち主を，ここではブレド氏と呼ぶことにしよう。トピア君はふだんであれば，1個のパンにせいぜい100円程度の価値しか認めないが，いまは空腹を満たすためなら，最初のパンに10,000円払っても惜しくないと考えている。言い換えれば，1個目のパンの限界効用は10,000円に相当する，とトピア君は考えているわけである。1個だけでは空腹を満たせないので，トピア君は2個目のパンも求めようとする。しかし，1個目のパンで差し当たり緊急事態を脱したトピア君は，2個目については，1個目よりもいくらか低い評価をするだろう。すなわち2個目については，たとえば8,000円程度の価値しか認めなくなるだろう。こうした傾向が続くとすれば，図3-1にあるように，パンの消費量が増えるにしたがい，その新たな追加分に感じる限界効用は，順を追って低下していくことになるだろう。われわれはこの傾向を，限界効用逓減の法則と表現した。

トピア君の判断　　ではいま，ブレド氏が，パン1個6,000円で売ってあげようと言い出したものとしよう。そうとう人の弱みにつけ込んだ価格には違いないが，その代わり1個ずつ価格を変えるのではなく，何個であっても1個6,000円で売ってあげようと言い出したものとしよう。さて，トピア君が合理的な消費者であるとしたら，トピア君はいったい何個まで買おうとするだろうか。

　トピア君が合理的な消費者であるならば，すなわち自身の損得について，あくまで合理的で冷めた思考ができる人であるならば，このとき，彼は自分の「得

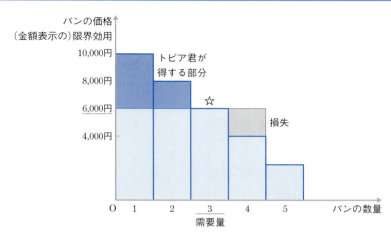

図 3-1　限界効用逓減の法則と需要量の決定

になる部分は全部手に入れ，他方で「損」はいっさい出さないようにして，結果的に，自分の利益[1]が最大になるように行動するだろう。そこでトピア君は，これを確実に実行するために，1個目のパンから順に，それが買うに値するか否かを考えていくことにした。すると，次のようになるだろう。

　1個目のパンの限界効用は非常に高く，トピア君はそれを10,000円に相当すると評価している。他方でいま，パンの価格は1個6,000円として与えられている。ということは，10,000円の価値があるものを，6,000円だけ支払えば手に入れることができるわけだから，この場合，トピア君は差し引き4,000円分，得をすることができるはずである。ならば，これは買うに値するであろうとトピア君は考え，最初の1個を買おうと決意するだろう。

　2個目についてはどうだろうか。2個目のパンは，1個目に比べ，限界効用がいくらか低下している。そのため，2個目のパンには8,000円までしか払えないとトピア君は考えている。しかし，パンの価格は同じ6,000円だから，このパンを買っても差し引き2,000円分，トピア君はさらに得をすることができ

---

[1] 経済学で言う「利益」とは，金銭的な利益だけを指すものでは本来なく，自らが求めたいもの全般を指す広い概念である。この例でも，求めているのは効用であって，金銭的な利益ではない。あるいは自分の求めたいものが他人の幸福であれば，他人の幸福もこの「利益」に含めて考えてよい。

るはずである．かくして，トピア君は2個目についても，買おうと決意するだろう．

では3個目についてはどうだろうか．3個目は少々状況が特殊であって，3個目のパンについては，トピア君は6,000円の価値があると思っている．他方でパンの価格もちょうど同じ6,000円である．したがってこの場合，1個目，2個目のときのような，はっきりと「得」になるような部分はもう現れない．しかし他方で，明らかな損失も発生しない．損失が発生しないのであれば，これは合理的な行動原則に反することにはならないだろう．したがって，トピア君は3個目のパンも買おうとするだろう．

それでは4個目はどうか．4個目になると，すでに限界効用はそうとう低下していて，その価値はせいぜい4,000円が上限だとトピア君は考えている．しかし，もし4個目のパンを買えば，やはり6,000円のお金を支払わなければならない．したがって，トピア君が4個目のパンを買った場合には，今度は逆に2,000円分の損失を発生させてしまうだろう．もしそうなれば，1個目，2個目を通じて獲得した合計6,000円分の「得」のうち，2,000円分を失うことになるだろう．これは，合理的な消費者としての行動原則に反することになるので，したがってトピア君は，4個目のパンは買わないと決心するだろう．

かくして，トピア君のパンの購入量が決定される．すなわちトピア君は，金額で表されたパンの限界効用と，パンの価格がちょうど等しくなる3個でもって，購入量を決定するだろう．そうすれば，そこに到達するまでに生じる「得」をすべて手に入れられる一方，4個目を買うと現れる損失部分は未然に防いで，手元に残せる「得」の部分を最大化することができるだろう．合理的な消費者は，このようにして購入量を決定するのである．

> **需要量の決定**　いまの結論は重要だから，いま一度確認しておこう．合理的な消費者は，（金額で表された）限界効用と，財の価格が，ちょうど等しくなる消費量を選択しようとする．そうすることによって，消費者は（金額で表された）限界効用と価格との差額の和を最大にすることができるようになるのである．そしてこのときの消費量のことを，すなわち（金額で表された）限界効用と価格との差額の和が最大になる消費量のことを，経済学では**需要量**と表現するのである．

需要量とはしたがって，これまでのような，消費者が何となく欲しがる漠然

とした数量を表す言葉ではない。経済学で需要量と言ったら，それは（金額で表された）限界効用と価格との差額の和を最大化させる数量，あるいは同じことだが，（金額で表された）限界効用と財の価格がちょうど等しくなる特別な消費量のことを言うのである。そして，消費者が需要量を正しく選択し，自らの効用を最大化させている状態を[2]，ミクロ経済学では消費者均衡の状態と表現する。

確認問題 3-2　パンの価格が 4,000 円に値下がりしたとき，トピア君の需要量はどうなるか。消費者均衡の理論にのっとって，需要量の変化を説明せよ。

3-3　需要曲線はなぜ右下がりか

均衡状態とは　　需要量とは，与えられた価格の下で，消費者均衡をもたらす消費量である。「均衡」については第 2 章で検討したが，少し違う角度から考えてみると，均衡状態とは，経済主体（消費者や生産者・企業のこと）なり市場なりが，その状態からあえて離れようとはしなくなる状態として理解することができる。なぜなら，消費者の場合は，その価格の下で需要量を選択すれば，自らの「得」になる部分，すなわち，（金額で表された）限界効用と価格との差額の和が最大になるので，あえて他の数量を選択する理由がないからである。また市場の場合は，均衡状態の下では超過需要も超過供給も発生しないので，消費者も企業も価格や数量の変更を求める理由がない。そのため，消費者も市場も，均衡状態にいったん落ち着くと，そこからあえて離れようとはしなくなるのである。

右下がりの理由　　さて図 3-1 をもう一度見てみよう。図 3-1 は，与えられた価格の下で，どれだけの量を選択すれば，それがこの消費者の需要量になるかを示している。したがって，この図は需要曲線としての役割をすでに果たしていると言ってよい。形は確かに曲線ではないが，それは図の描き方しだいであって，このような階段状のグラフにせず，線 1 本で各数量に対応する（金

---

[2] これは総効用の最大化という意味ではなく，やや誤解を与えやすいかもしれないが，（金額で表された）限界効用と価格との差額の和を最大化させているという意味である。

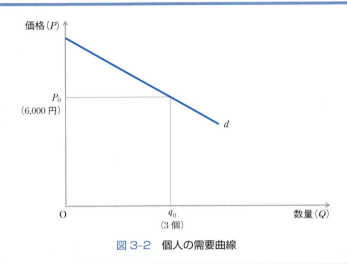

図 3-2　個人の需要曲線

額表示の）限界効用を表し，その頂点だけをつないでいけば，図 3-2 のような，すでに見慣れた形の需要曲線が現れるだろう。需要曲線とはしたがって，限界効用逓減法則のグラフそのものであると言ってよいのである。

　ただし，これはまだ図 2-1 に示されたような，市場全体の需要曲線を表すものではない。図 3-2 は，市場に含まれる一個人の需要曲線を表したもので，そのため記号も d としてある。この違いはしっかり認識しておかなくてはならないが，図 3-2 から図 2-1 を導く手続きはそれほど複雑なものではない。

　たとえばミカン 1 個の価格が 100 円であったとき，ヤマダさんの需要量が 10 個，タナカさんの需要量が 12 個であったとすれば，2 人合わせて 22 個の需要量があると言っていいだろう。このようにして，各消費者の需要量を全員分足し合わせれば，ミカンの価格が 100 円のときの，市場全体の需要量を求めることができる。図で示せば，各人の需要曲線を横に全部加えていくことで，図 3-3 にあるように，それぞれの価格における市場全体の需要量を求めることができる。こうした作業を，個人の需要曲線を市場全体に集計すると表現する。図 2-1 に示された市場の需要曲線 D は，個人の需要曲線 d を市場全体に集計したものに他ならないのである。

　かくしてわれわれは，需要曲線が右下がりになる理由を，経済学の水準で理

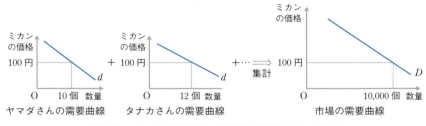

図 3-3　個人の需要曲線から市場の需要曲線への集計

解できるようになった。需要曲線が右下がりになる理由は，市場の需要曲線を構成する各個人の需要曲線が，限界効用逓減の法則に従っているからである。

　確認問題 3-3　　① 上記の結論が正しいとすれば，限界効用が逓増するような財があれば，その財の需要曲線は右上がりになるはずである。そのような財は存在するだろうか。考えてみよ。
② もし需要曲線が右上がりになるとしたら，市場メカニズムはどのような結果をもたらすことになるか。供給曲線よりも傾きが急な場合，緩やかな場合に分けて考えてみよ。

3-4　複数財の需要法則

　複数の財の需要を考える　　以上で，効用価値論に基づく需要理論の，主要な部分は語り終えた。そして，ここまでの議論で，パンの需要曲線，ミカンの需要曲線など，ひとつの財についての需要理論については，感覚的な理解を超えた，理論的な理解を持つことができたと言っていいだろう。

　しかしわれわれは，ふだん買い物をするとき，パンだけを買いに行くとか，ミカンだけを買いに行くというようなことはめったにしないだろう。いちど買い物に出かければ，肉も買えば野菜も買うし，野菜といっても，キャベツ，トマト，ネギ，ジャガイモ…というふうに，同時に何種類もの財を買うのが普通である。つまり，実際の需要場面においては，単一財だけが需要されるという

ことはほとんどなく，同時に複数の財を求めるのが一般的なはずである。

　では，これまでわれわれが検討してきた需要理論は，複数の財を同時に求める場合には，どのような役割を果たすだろうか。もちろん，個々の財については先の需要理論が成り立つはずだが，トマトとジャガイモを同時に買うというとき，トマトの需要量とジャガイモの需要量のあいだには，どのような関係があるのだろうか。

　ふだんわれわれは，スーパーやコンビニで，どのように買い物をしているだろうか。おそらくは，必要な財のリストを思い浮かべ，それらの財について，まず品質を確かめようとするだろう。トマトとジャガイモを買うのであれば，それぞれの形や大きさ，色合いや鮮度などを，まず確かめようとするだろう。と同時に，われわれはトマトとジャガイモの価格も確かめるだろう。そして「この値段にしては，なかなかいいジャガイモだ」などと呟きつつ，ジャガイモを1個，2個とカートに入れていくが，何個目かのところで，さてもう1個買ったものかどうかと一瞬迷い，このジャガイモをもう1個買うくらいなら，「少し高いけど，トマトをもう1個増やした方がいいかな」などと言って，最後のジャガイモを棚に戻し，代わりにトマトをカートに入れる…といったような行動を，ほとんど無意識のうちに行っているだろう。ただ，無意識とはいいながらそうとう真剣でもあって，実際には，計算問題を解くときと同じような頭の使い方をしていることが多いだろう。

　この「計算問題を解くときと同じような頭の使い方」というのは単なる比喩ではなく，この何気ない買い物の風景のなかに，じつは，複数財に関する需要法則がすべてそのまま現れているのである。

　数式による表現　　そこで，前節の単一財に関する需要理論を，もう一度整理し直してみよう。前節までの議論で，われわれは，合理的な消費者は，（金額で表された）財の限界効用と価格が等しくなるところで需要量を決定する，ということを学んだ。これをここでは数式で表現してみよう。

　財の価格を P，限界効用を MU と表記しよう。そして，MU を金額表示に直すために，これに μ という係数をかけることにしよう。そうすると，単一財の需要理論は次のように表すことができるだろう。（以下，本書では，かけ算を表すのに 2×3 のようには書かずに，$2 \cdot 3$ といった表記を基本的に用いる。また，文字式の場合には，$a \cdot b$ とする代わりに ab と略記する場合もある。）

$$P = \mu \cdot \mathrm{MU} \tag{3-1}$$

貨幣1円当たりの限界効用　μ（ミューと読む）は効用を金額に直すための係数だが，その意味がよくつかめない場合は，この式を変形して $(1/\mu)$ = MU/P としてもよい。この式の右辺は限界効用を価格で割り算したものだから，おおざっぱに言えば，1円当たりの財の限界効用を表している。これと等しい値とされる $(1/\mu)$ とはしたがって，1円というものがそもそも発揮する限界効用，すなわち，<u>貨幣の限界効用</u>を表すものと考えてよい。話を簡単にするために，本書では貨幣の限界効用を一定と仮定する[3]。μ とはしたがって，貨幣の限界効用の逆数になるから，効用1単位が何円に相当するかを示すものとなり，これに実際の MU をかけ算することで，その MU が何円に相当するかが示されるわけである。

さて，いま3つの財 a，b，c を買う場面を考えてみよう。それぞれの需要量が決定された時点では，それぞれの財ごとに (3-1) 式が成立しているはずだから，これをまず式で表そう。ただし，財が3つあることを示すために，財 a の価格は P_a，その限界効用は MU_a のように，それぞれ添え字をつけて区別しよう。そうするとまず，次のように書けるだろう。

$$\begin{aligned} P_a &= \mu \cdot \mathrm{MU}_a \\ P_b &= \mu \cdot \mathrm{MU}_b \\ P_c &= \mu \cdot \mathrm{MU}_c \end{aligned} \tag{3-2}$$

そして，(3-2) 式を次のように変形しよう。

---

[3] 貨幣の限界効用が一定ということは，お金がいくら増えても限界効用が変わらないということを，つまりお金のありがたみが変わらないことを意味するが，財布に 1,000 円しか入っていないときと 10,000 円入っているときとでは，同じ 10 円玉でもありがたみが変わる（10,000 円持っていると 10 円を大事に思えなくなる）のであれば，貨幣の限界効用も逓減していることになる。しかし，貨幣の限界効用が逓減するとしたら，いつかはそれがゼロになって，もうこれ以上お金は欲しくないと人々が言い出すはずなのだが，そういう光景は，人類史上一度も生じた気配はない。そうすると結局どういうことになるのか。経済学はこの問題にまだ結論を出していないのである。

$$\frac{1}{\mu} = \frac{MU_a}{P_a}$$

$$\frac{1}{\mu} = \frac{MU_b}{P_b} \tag{3-3}$$

$$\frac{1}{\mu} = \frac{MU_c}{P_c}$$

(3-3) 式の左辺はみな同じ値だから，ここから次のような関係を得る。

$$\frac{1}{\mu} = \frac{MU_a}{P_a} = \frac{MU_b}{P_b} = \frac{MU_c}{P_c} \tag{3-4}$$

すなわち，貨幣の限界効用が一定であるとすれば，複数の財を同時に購入しようとするとき，われわれは (3-4) 式に示されるような関係を，おのずと守っているはずなのである。言い換えれば，われわれは，1円当たりの限界効用がすべての財について等しくなるように，それぞれの財の購入量を調整しているはずだということである。これを加重限界効用均等法則という。

加重限界効用均等法則の確認　加重限界効用均等法則が，複数財に関する需要法則である。その内容をよく理解するために，いまあえて，(3-4) 式が成立していない場面を想像してみよう。たとえば，

$$\frac{MU_a}{P_a} > \frac{MU_b}{P_b} \tag{3-5}$$

となるような場合である。財aをトマト，財bをジャガイモとしてみよう。(3-5) 式は，1円当たりの限界効用を比べてみたとき，トマトの限界効用の方が，ジャガイモの限界効用よりも大きい場合を表している。ならば消費者は，同じ1円を使うのなら，より限界効用の大きいトマトを余計に買った方がいいと考えるだろう。そこで，消費者はジャガイモの購入量を減らし，その分のお金をトマトに回そうとするだろう。この節の冒頭の，ジャガイモを棚に戻して…という場面の意味は，このようなものだったのである。

さてそうなると，(3-5) 式はこの先どうなるだろうか。トマトもジャガイモも，限界効用逓減の法則に従うとすれば，この調整の結果，トマトの限界効用

はトマトの購入量の増加とともに低下していき，逆に，ジャガイモの限界効用はジャガイモの購入量の減少とともに上昇していくだろう。すなわち，(3-5) 式の左辺の値は次第に小さくなり，逆に，右辺の値は次第に大きくなっていくだろう。この調整は，(3-5) 式の不等号が成立しているあいだは継続されるはずだから，その結果，(3-5) 式は結果的に (3-6) 式のような状態に到達し，そうなれば購入量の調整をそれ以上行う必要もなくなるので，一連の調整はすべて終了する。すなわち，加重限界効用均等法則が回復するわけである。

$$\frac{MU_a}{P_a} = \frac{MU_b}{P_b} \tag{3-6}$$

同様の調整はすべての財について可能なので，消費者はこのような調整を行っていって，納得がいったら（すなわち，加重限界効用がすべての財について等しくなったら），「これで良し」という表情とともに，レジへと向かうわけである。商品棚を前に，計算問題を解くような面持ちで消費者が頭のなかで行っていること，それはこの加重限界効用均等化の過程に他ならないのである。

3-5 効用価値論の意義と限界

便益対費用　　加重限界効用均等法則は，次のように一般化して理解してもよいと思う。すなわち，(3-6) 式の分子は財の限界効用，分母は財の価格を表しているが，限界効用とは，その財を消費することから得られる満足感，すなわち消費者にとっての「便益」であり，価格はその便益を得るために失わなくてはならないお金，つまりは便益を得るための「費用」と考えることができる。つまり，加重限界効用とは「便益」と「費用」の比率を表すものと言っていいのである。したがって，加重限界効用均等法則とは，「便益」と「費用」の比率をすべての財について均等化させることが，合理的な消費行動の原則になることを示しているわけである。

コスパの問題　　「便益」と「費用」の比率とは，要するに，投じた費用に対してどれくらいの便益が得られたかということだから，これは世にいう「費用対効果」，あるいは「コスト・パフォーマンス」（いわゆるコスパ）のことに

他ならない。つまり(3-5)式を一般化すれば、それは要するに、コスト・パフォーマンスの低いところからは資源を引き上げよと言っているわけであり、(3-4)式や(3-6)式は、コスト・パフォーマンスを均等化させることが、効率的な資源利用の原則になることを言っているわけである。加重限界効用均等法則とは、この効率的資源利用の原則を、日常的な消費の場面に適用したものに他ならないのである。

しかしながら、ここで重要なことは、加重限界効用均等化のような行動は、経済学からわざわざ教わらなくても、われわれはごく自然に毎日実践しているという事実にある。それは、国によらず、民族によらず、あるいは金持ちかそうでないかにも関わりなく、人間がみな平等に、いつの間にか身につけている合理性なのである。このような、差異なき合理性を共通項として分かち持つ同胞的な存在として人間を再発見すること、これこそが、合理性の経済学として始められた近代経済学の本来の目的だったのである[4]。

効用価値論の弱点　加重限界効用均等法則とは、このような広い含意を持つものである。ただし、そこには、効用価値論の弱点もすでに顔をのぞかせている点に注意する必要がある。というのは、(3-1)式から(3-6)式が成り立つためには、MUの値が文字通り数値として示されなければならない。つまり、われわれがパンを食べて「うまい！」と感じるときの満足感を、何らかの数値でもって表現できなければならない。そうでないと、それを価格（これはれっきとした数値である）で割り算をするという行為が意味をなさない。さらにその数値は、(3-5)式のように、他の財のMUよりも大きいとか、小さいとかいったような、数値的な比較のできるものでなければならない。

効用を実際に計測することはもちろん不可能だけれども、効用価値論は、それを理論上は可能であるかのように前提しないと、成立しない内容を持っているのである。これは効用価値論の特徴であると同時に、やはりひとつの大きな問題点である。そして、効用価値論のこの問題点を克服していくのが、後に現れる無差別曲線論なのである。われわれは当分のあいだ、効用価値論を前提

---

[4] 限界革命の第2世代に属する英国の経済学者 P. H. ウィクスティードは、限界原理に基づく需要理論を次のように意味づけている。「われわれはみな、それを実行しているのだが、その実行していることの意味を理解しているものは、ほとんどいない」（『経済学のコモンセンス』）。効用価値論とは、われわれの消費行動にすでに含まれている合理性の再発見に他ならないことを、再度、確認しておこう。

議論を進めるが，そこにはこのような問題点が含まれていることを，頭の片隅に置いておいてほしい。

　需要理論として当面必要な知識は以上である。次の第4章からは，もう一方の曲線，すなわち供給曲線に話題を移して，詳しく検討していくことにしよう。
　ただしその前に，次回はちょっと寄り道をしよう。それはこの先の道行きを安全なものにするために，ぜひとも必要な寄り道になるので，スキップせずに，このまま読み進めてほしい。

確認問題 3-5　(3-5) 式で不等号が逆向きになっている場合，すなわちジャガイモの加重限界効用の方が，トマトの加重限界効用よりも大きいとした場合，その後の調整過程はどうなるか。解答せよ。

第3章 練習問題

問題 I 次の文章の空欄に適当な語句を入れなさい。

1. 需要理論は（　　　）→（　　　）→（　　　）へと発展していった。
2. 合理的な消費者は，金額として表された財の（　　　）と（　　　）が等しくなる数量を選択しようとする。
3. 需要曲線が右下がりになるのは，個人の需要が（　　　）に従うからである。
4. 市場の需要曲線を得るには，個人の需要曲線を（　　　）する必要がある。
5. 加重限界効用とは，財の（　　　）を（　　　）で割り算したものである。

問題 II 次の問いに答えなさい。

いま，あなたが3,400円のお金を持っていて，その全額を支出することを前提に，ミカンとリンゴとパンを買うものとしよう。各財の限界効用が下表のようであるとき，あなたは，ミカンとリンゴとパンを，それぞれ何個ずつ買ったらよいか。なお，ミカンの価格は100円，リンゴの価格は200円，パンの価格は300円とする。（国家 I 種，改題）

数　量	1	2	3	4	5	6	7	8	9
ミカン	1100	1000	950	900	820	780	700	650	500
リンゴ	2000	1800	1650	1550	1500	1400	1300	1000	800
パ　ン	2220	2160	2100	1950	1800	1680	1500	1440	1380

問題 III 次の文章のなかから正しくないものを1つ選びなさい。

1. 2つの財 a，b を消費している消費者が均衡状態にあるとき，財 a の価格が財 b の価格の2倍であるとすれば，財 a の限界効用は財 b の限界効用の2倍の大きさである。
2. 財 a の価格が2倍になったら，財 a の限界効用も2倍にしないと，消費者均衡の状態を保てない。
3. 財 a の限界効用を2倍にするためには，需要量を2分の1にする必要がある。

補論　経済学と微分法

　第2章と第3章で，われわれは効用価値論に基づく需要理論を学んだ。次は，供給理論について学ぶ番だが，その前に，ここでいくらか数学の補強をしておきたい。この先の議論では一定程度の数学が必要になり，またその方が理解もしやすくなる。数学なしで議論を進めることもできなくはないが，議論がかえって煩雑になり，理解の仕方も不十分になる。当面の知識としては，初歩の微分法だけで十分なので，第4章に進む前に，補論として，経済学と微分の関係についておさえておこう。

補-1　消費者余剰と微分

　差し引きいくらの得か　　図補-1は，限界効用逓減の法則を再掲したものである。縦軸は財の価格と（金額表示の）限界効用を表し，横軸は財の数量を表している。図補-1は，第2章，第3章よりもう少し一般的に，日常的な場面でのリンゴの消費を示している。1個目のリンゴは限界効用が高いので，この消費者（今度は，アガソさんとしよう）は，これを買うのに1,000円出しても惜しくないと思っている。2個目のリンゴは限界効用が少し下がるので，800円までは出してもいいが，それ以上支払うつもりはないと考えている。以下同様に，3個目については600円，4個目については400円…というふうに，限界効用逓減の法則を，支払う意志の限度額によって間接的に表現している。

　さて，リンゴ1個の価格がいま600円で与えられたものとしよう。アガソさんは1個目から順に，それが買うに値するかどうかを検討していく。そうすると，1個目のリンゴは，1,000円出しても惜しくないものを，600円で手に入れることができるから，差し引き400円分「得」をできるので，アガソさんはこれを買おうと決意するだろう。2個目は800円出しても惜しくないものを，

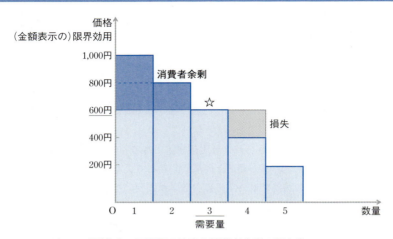

図補-1　需要量の決定と消費者余剰の最大化

やはり 600 円で手に入れられるから，差し引き 200 円分「得」をするのでこれも買おうとするだろう。3 個目は，金額表示の限界効用と価格がちょうど等しくなって，はっきり「得」となる部分はもはや現れないが，損失はまだ発生しないので，ここではこれを買うものと考えることにしよう。

しかし，4 個目になると 400 円の価値しか認めていないリンゴを，600 円払わないと手に入れられないので，これを無理に買おうとすると，200 円分の損失を出してしまう。したがって，アガソさんは 4 個目のリンゴは買おうとしないだろう。かくして，アガソさんの購入量は，3 個で決定されることになる。そしてこのとき，アガソさんは，金額で表された限界効用と価格の差の合計額を最大化しており，このような結果をもたらす消費量のことを，ミクロ経済学では特別に需要量と定義したのであった。

消費者余剰とは　　さて，ここでまた，いくつか新しい言葉を導入しよう。消費者が需要量を決定する条件，すなわち，「金額で表された限界効用と価格の差の合計額を最大化する」というのはすこぶる重要な条件になるわけだが，いかにも言葉数が多く，頻繁に使うには不便である。そこで，この「金額で表された限界効用と価格の差の合計額」のことを，以下では，消費者余剰[1]と一言

---

[1] 消費者余剰は，英語では Consumer's Surplus なので，頭文字をとって CS と表記することがある。

48　補論　経済学と微分法

で表現することにしよう。したがって，需要量が決定される条件，言い換えれば，消費者均衡の条件は，ここからは簡単に，消費者余剰の最大化と表現することにしよう[2]。

さて，消費者余剰は文字通り，金額で表された限界効用と価格の差の合計額だが，これは，総効用と支払金額の差額と言い換えても同じことになる。図補-1で確認すると，まず先に限界効用を足し算して総効用を求め，そこから600円×数量で示される支払金額を差し引いても，結果は同じ消費者余剰になる。したがって，消費者余剰は一般的に，次のように定義できる。

消費者余剰（CS）＝（金額表示の）総効用（TU）−支払金額　　　（補-1）

あるいは，財の価格をP，購入量をqとすれば[3]，総効用を金額表示に直すために再びμを使うことで，（補-1）式は一般的に次のように書くことができる。

$$CS = \mu TU - Pq \qquad (補-2)$$

消費者余剰の図形表現　　さらに，図補-1を図補-2のように，一般的な需要曲線（ただし，ここではまだ市場全体に集計していないので，個人の需要曲線dとして表している）の形に改めれば，財の価格をP_0，需要量をq_0とした場合，需要曲線dより下の部分が総効用（μTU）を表し，支払金額は$P_0 q_0$になるから，結局，色をつけた三角形の面積部分が，消費者余剰を表すものになる（これは市場の需要曲線Dにおいても同様で，需要曲線と価格の線と縦軸で囲まれる三角形の面積が，市場全体での消費者余剰を表すものになる）[4]。

最大化の数量を求める　　消費者の行動目標は，与えられた価格の下で，消費者余剰を最大化することである。そして，そのためには，第3章で見たように，金額表示の限界効用と価格を等しくする数量，すなわち$P = \mu MU$となる数量を選択する必要があることも，われわれはすでに知っている。これを数学的に表現すれば，消費者は，$CS = \mu TU - Pq$を最大化するqの値を求めよ

本書も，基本的にこの慣例に従う。

[2] したがって，消費者余剰の最大化が，ミクロ経済学における消費者の行動目標になる。ところが，これを慣例的に，効用最大化行動と表現することが多いので，注意する必要がある。

[3] Pは市場で決まる価格なので大文字を使うが，qは一個人の消費量なので小文字を使っている。

[4] 消費者余剰を三角形の面積で示せるのは，需要曲線を線形（直線）で描いている場合のみである。需要曲線が文字通り曲線で示される場合は，消費者余剰は三角形にはならず，その面積を求めるためには，積分法の知識が必要になる（本書では扱わない）。

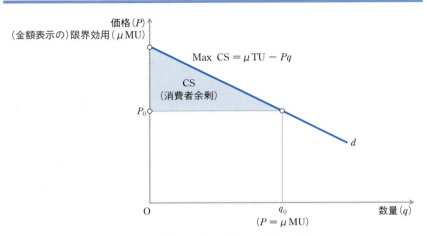

図補-2 消費者余剰の最大化と消費者均衡

うとし,その答えが $P = \mu \text{MU}$ になるということである。すなわち,(CS の最大値を Max CS と表すとすると)

$$\text{Max CS} = \mu \text{TU} - Pq \quad \rightarrow \quad P = \mu \text{MU} \tag{補-3}$$

である。しかし,この問題を解くのに,その都度図を描かなくても,それこそ一発で答えを導き出せる方法があるとしたら,それはずいぶん便利だろう。それを可能にするもの,それが微分法なのである。

確認問題 補-1 図補-1 で,単純に総効用を最大化させた場合,消費者余剰はいくらになるか計算せよ。そして,その値を消費者余剰の最大値と比較せよ。

補-2 微分と曲線の傾き

最大値・最小値 微分とは,ごく微小な量の変化を扱う数学分野である。微分は積分とともに,解析学という数学分野で扱われるのが一般的である。微分法にはさまざま利用の仕方があるが,そのなかのひとつに,曲線の傾きを考

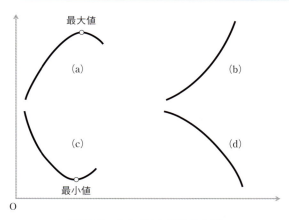

図補-3　さまざまな関数の曲線

えるというものがある。曲線は直線のように傾きが一定ではなく，それこそ1点ごとに，微妙に傾きを変えていく。だからこそ曲線という形が生まれるのである。したがって，曲線の傾きを考えるためには，それこそ1点きざみの考察が必要になる。ゆえに，微小な世界の数学である微分が必要になるのである。

曲線とはすべて，何らかの関数を座標平面上で表現したものである。図補-3 にあるように，関数が増加しているあいだは，曲線も上昇カーブを描き，減少しているあいだは，曲線も下降カーブを描く。

同じ上昇カーブといっても，傾きが次第に緩やかになっていく場合もあれば (a)，次第に傾きが急になっていく場合もある (b)。傾きが緩やかになっていけば，曲線はいずれどこかで，山の頂点のような位置に到達するだろう。この頂点の部分で，その関数は最大値を示すことになる。傾きが急になっていく場合は，山の頂点も現れないから，この傾向が続く限り，その関数は最大値を示さない。

下降カーブの場合は，ちょうどその逆で，下降しながらその傾きが次第に緩やかになっていく場合は (c)，やがてどこかで，その関数は最小値を示すことになり，そのとき曲線は谷の底のような形を見せるだろう。傾きを急にしながら下降していく場合は (d)，こうした谷底は現れず，果てしなく下降し続け

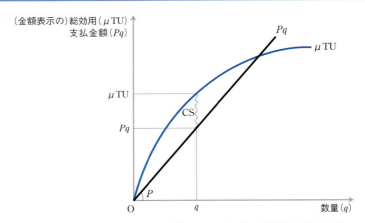

図補-4　総効用・支払金額を縦軸にとった場合の消費者余剰（CS）

る曲線を描くことになるだろう。

　消費者余剰の最大化などを扱う経済学は，このような最大値・最小値を持つ関数と，深い関わりを持つことになる。そこで，先の図補-2を図補-4のような形に書き改めてみよう。これは内容的には同じなのだが，図補-4では，縦軸に金額表示の限界効用と価格ではなく，金額表示の総効用と支払金額そのものをとっている（横軸は図補-2と同じく，消費量である）。消費量の増加とともに，総効用も支払金額も増加していくから，両方とも増加関数として描かれている。ただし，総効用関数は次第に傾きが緩やかになる形で描かれている。これは総効用が最大値をとることを示しているが，総効用が限界効用の総和であり，限界効用が逓減してやがてゼロになることを考えれば，総効用が上限値，すなわち最大値を持つことは容易に想像できるだろう。

　支払金額 Pq の関数を図示すると，横軸に q をとっているから，それは傾き P の直線になる。つまり，支払金額曲線は価格を傾きとする直線になるわけである。

　消費者余剰はどこか　　さて，そうすると，図補-4では消費者余剰はどのように描かれるだろうか。消費者余剰 CS は，金額表示の総効用－支払金額だから，それは図中に波線をつけた線分部分として現れることになる。すなわち，

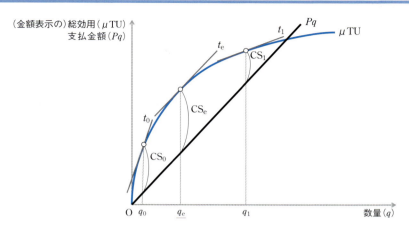

図補-5　接線の傾きと消費者余剰の最大化

消費者余剰はこの場合，総効用関数と支払金額関数のあいだの垂直距離として示されるのである。座標軸に何をとるかによって，同じ概念がこれほど違った姿になって現れるのである。

アガソさんの目標は，この線分 CS の最大化である。では，どのようなときに，線分 CS は最大値を示すだろうか。図補-5 を見てみよう。いくつかのケースが示されているが，消費量が q_0 のときの CS_0 は明らかに最大値ではないだろう。そして図補-5 では，消費量を q_0 から増やしていくと，CS の値が大きくなっていくことがわかるだろう。では，消費量をひたすら大きくすればそれでよいかというと，消費量 q_1 に対応する CS_1 も，明らかに CS の最大値ではないだろう。したがって CS の最大値は，その中間のどこかにあるはずである。ではどのようにすれば，その最大値を探りあてることができるだろうか。

ここで，総効用関数の傾きが重要になってくる。とはいえ，曲線は傾きが一定ではないから，何か曲線の傾きを考えるための工夫が必要になる。そこで，消費量 q_0 や q_1 に対応する総効用関数上の点を求め，その点で総効用関数に接する接線を引いてみることにしよう。図補-5 では，それを t_0, t_1 などと表記してある。

接線の意味するもの　　接線とはそもそも何か。接線とは，接点のごく近

くにおいて，曲線がどの方向に向かって進もうとしているかを示す方向線のようなものである。たとえば接線 t_0 を見てみると，その傾きは明らかに支払金額関数よりも急な傾きをしている。総効用関数がその方向に進んでいくとしたら，総効用関数は支払金額関数から，さらに離れて行くことになるだろう。ということは，総効用関数と支払金額関数との距離は，この先もっと開くことになるはずで，ならば，消費者余剰はこの先もっと大きくなることが予想される。したがって，アガソさんは，消費量を少なくとも q_0 よりは増やすべきである，ということになるのである。

同様のことは，接線 t_1 でも確かめることができる。接線 t_1 の傾きは支払金額関数よりも緩やかになっている。ということは，この先，総効用関数と支払金額関数との距離はもっと縮まるということ，つまり消費者余剰は小さくなることを示している。したがって，アガソさんは，消費量を q_1 よりも減らすべきである，ということになるわけである。

では，接線の傾きがどのようになれば，アガソさんの消費者余剰は最大になるだろうか。接線の傾きが支払金額関数よりも大きいとき（急なとき）は，消費量をもっと増やした方がいい。接線の傾きが支払金額関数よりも小さいとき（緩やかなとき）は，消費量をもっと減らした方がいい。では，どのような場合に，消費量を増やすべきでも，減らすべきでもなくなるか。答えは明らかであって，それは接線の傾きと，支払金額関数の傾きが，等しくなったときである。総効用関数の接線の傾きと，支払金額関数の傾きが等しくなったとき，両者の垂直距離，すなわち消費者余剰の大きさは最大になるのである。図補-5 では，そのときの消費量を q_e，接線を t_e，最大化された消費者余剰を CS_e としてそれぞれ示している。

ここをもう少し説明すると，接線 t_e よりも1点分でも左にずれれば，それは接線 t_0 と同じことになって，接線 t_e よりも傾きの急な接線になる。ということは，消費者余剰はまだ増加の余地があるということになり，もっと消費量を増やした方がいいことになる。逆に，接線 t_e よりも1点分でも右にずれれば，それは接線 t_1 と同じことになって，接線 t_e よりも傾きの緩やかな接線になる。これは，消費者余剰が減少していくことを意味するから，消費量はむしろ減少させた方がいいのである。接線 t_e において消費者余剰はもはや増加の余地がなく，そこを過ぎると減少を始めてしまうことになるから，かくして，接線 t_e

の下での消費者余剰が，最大の値を示すことになるわけである。

> **確認問題 補-2**　支払金額関数の傾きは，財の価格 P である。この値が，総効用関数の接線の傾きと等しくなったとき消費者余剰が最大化されるとすれば，総効用関数の接線の傾きは，経済学で言う何に相当するはずか。

補-3　接線の傾きと微分法

関数とは　われわれの議論にとって，接線の傾きが極めて重要な役割を果たすものであることがわかった。では，実際にどのようにすれば，曲線の接線の傾きを求めることができるだろうか。いよいよ，微分法の出番になる。

ここから先は，経済学をしばらく離れて，純粋に数学の話として議論を進めよう。図補-6 に，曲線で示される関数を示し，その関数を $y = f(x)$ で示すことにしよう。これは関数のもっとも一般的な表記の仕方で，x の値が 1 つ決まると y の値が（通常は）1 つ決まるという関係を表している。その決まり方を定めるのが関数であって，その中身を f で表している。

接線の傾きを求める　われわれが求めたいのは，任意の点 A における接線の傾きである。点 A に対応する x の値を x_A，y の値を y_A としよう。そして，さらに点 B という別の点をとり，直線 AB の傾きを求めるところから作業を開始しよう。

直線 AB の傾きを求めるのは容易である。点 B に対応する x の値を x_B，y の値を y_B とすれば，直線 AB の傾きは，

$$\text{直線 AB の傾き} = \frac{y_B - y_A}{x_B - x_A} \tag{補-4}$$

で求められる。表記をより簡単にするために，$x_B - x_A = \Delta x$，$y_B - y_A = \Delta y$ とすれば，（補-4）式は次のように簡略化できる[5]。

---

[5] Δ（デルタと読む）は数値の増加分を表す数学記号である。x_B は x_A から Δx だけ増えた値と考えて，$x_B = x_A + \Delta x$，または $x_B - x_A = \Delta x$ と表記できる。

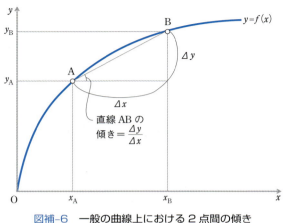

図補-6　一般の曲線上における2点間の傾き

$$直線ABの傾き = \frac{\Delta y}{\Delta x} \qquad (補\text{-}5)$$

微分とは　この（補-5）をもとに，点Aにおける接線の傾きを考えてみよう。接線とはそもそも，その接している曲線と1点のみを共有する直線として定義される。一方で直線ABは，$y = f(x)$と2点を共有する直線になっている。そこでいま，図補-7のように点Bを点Aに向けて，思い切り接近させてみよう。するとどうなるか。点Bが点Aに近づくにつれ，直線ABの傾きもどんどん変化していくだろう。そしてついに，点Bが点Aと重なってしまったら，そのとき，直線ABは $y = f(x)$ と点A（＝点B）1点だけを共有する直線になるのではないだろうか。すなわち，直線ABは，点Aにおける接線になるのではないだろうか。

　もちろん，点Bが点Aと本当に重なってしまったら，直線ABを定義できなくなるから，本当に重なるところまで行ってはいけないが，そのギリギリ一歩手前まで，つまり1点程度しか離れていないギリギリの手前まで近づければ，直線ABは点Aにおける接線に限りなく近づくことになり，それは事実上，同じものと見なして差し支えないだろう。したがって，次のようになるだろう。

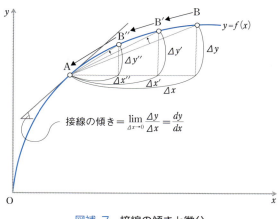

図補-7　接線の傾きと微分

点Aにおける接線の傾き＝点Bを限りなく点Aに近づけた
　　　　　　　　　　　ときの直線ABの傾き　　　　　　　　　（補-6）

この「点Bを限りなく点Aに近づけたときの直線ABの傾き」のことを，数学では，

$$\lim_{\Delta x \to 0} \frac{\Delta y}{\Delta x} \tag{補-7}$$

のように書く。これは，Δx の値を限りなく0に近づけた場合に，$\Delta y/\Delta x$ の値がどうなるかを示す一種の演算記号である。そしてその答えを，まずは一般的に次のように書く。

$$\lim_{\Delta x \to 0} \frac{\Delta y}{\Delta x} = \frac{dy}{dx} \tag{補-8}$$

このような計算を行うことを微分というのである。そして，その答えとして得られる dy/dx のことを導関数という[6]。より数学的な表現としては，この導関数

---

[6] ここでの d は，微分の英語 differential の頭文字をとったもので，ごく微小な値を意味する。dy/dx ↗

を導くことを，$y = f(x)$ を x で微分する，あるいは y を x で微分するという。それは，x のある値に対応する y 曲線上の接線の傾きを求めることと同じである。接線の傾きとはしたがって，$y = f(x)$ から導き出されるそれ自体も 1 つの関数なのである。なぜなら，x の値が変われば，それに応じて接線の傾きも変わるからである。

確認問題 補–3 $\Delta y / \Delta x$ を，（補–4）のように $(y_B - y_A)/(x_B - x_A)$ と書くとしたら，（補–7）はどのように書き直したらいいだろうか。

補–4 さまざまな微分公式

基本公式の使い方 実際に微分計算を行うには，いくつかの基本公式を学ぶ必要がある。公式とは本来，まるごと覚えるよりも，その導出過程を理解しておくことで，忘れてしまった場合でも，自分で取り戻せることが必要だが，それについては，数学関係の書物にゆだね，ここでは，今後頻繁に使うことになる，基本公式の使い方だけを示すことにしよう。

1. $y = ax^n$ の微分

これはもっとも基本的な関数形である。a は定数の係数，n は指数を示す。$y = 3x^2$ とか，$y = 4x^3$ のような，もっともよく見かける関数形がこれである。あるいは，$a = 1$，$n = 2$ であれば，$y = x^2$ となってもっとも単純な放物線になる。このような関数を微分するには，次のような手順を差し当たり覚えるしかない。そして，これがすべての微分計算の基礎になる。

① 導関数 dy/dx を求めるには，まず ax^n の指数 n を係数のように前に出す。すなわち nax^n とする（元の係数 a は変化しない値だから，微分計算の対象にならない。これはこのままくっつけておけばよい）。

※ $\frac{dy}{dx}$ はひとつの関数であって分数ではないから，「ディー y，ディー x」と読み，「ディー x ぶんのディー y」とは本当は読まない。しかし，これをあたかも分数のように扱うと，今後さまざま計算が可能になり，全微分や微分方程式等の上位の解析概念の理解も容易になるため，分数のように扱われることも多い。

②　次に，指数 n を 1 減らす。すなわち，nax^{n-1} とする。

これで終わりである。すなわち，

$$y = ax^n \text{ であるとき，} \frac{dy}{dx} = nax^{n-1} \tag{補-9}$$

（例）$y = 3x^2$ を x で微分せよ。

$$\frac{dy}{dx} = 2 \times 3x^{2-1} = 6x^1 = 6x$$

すなわち指数 2 を前に出し，次に指数そのものも 1 減らすのである。$y = x^2$ の場合はもっと単純で，指数 2 を前に出し，指数を 1 減らして，$dy/dx = 2 \times x^{2-1} = 2x$ になる[7]。なお，dy/dx と書く代わりに，$f'(x)$ とか，y' と書く場合もある。すなわち，

$$f(x) = ax^n \text{ であるとき，} f'(x) = nax^{n-1}$$

あるいは

$$y = ax^n \text{ であるとき，} y' = nax^{n-1}$$

などと書く。これらは適宜使い分けられる。

2. $y = x^3 + 2x^2 - 6x + 3$ のような多項式の場合

　数式はかけ算ごとに 1 つの単位すなわち項をなすので，その項ごとに微分計算を行う。2. の式の場合は，まず x^3 を微分し，次に $2x^2$ を微分し，次に $-6x$ を微分し，次に 3 を微分して，各項を再び足しておけばよい。そうすると，まず，x^3 を微分して $3x^2$，$2x^2$ を微分して $4x$ を得る。ここまでは問題ないだろう。次に $-6x$ の微分だが，これは，x の指数が 1 であると考えればよいから，$1 \times (-6) \times x^{1-1} = -6$ になる[8]。最後に定数 3 が残っているが，これは要するに $3x^0$ の

---

[7]　$y = x^2$ の場合，x^2 の係数は「ない」のではなくて，1 であることに注意。係数 1 は表記されない。だから詳しく書けば，$dy/dx = 2 \times 1 \times x^{2-1} = 2x$ である。

[8]　いかなる数値であれ，指数が 0 の場合は 1 になる。これもルールとして記憶しておけばよいが，理由が気になる場合は，次のように考える。たとえば $x^2 \times x^3 = x^5$ である。すなわち，同じ変数の指数関数をかけ算するときは指数を足し算すればよい。一方で，$x \times 1/x = x/x = 1$ である。$1/x$ ↗

ことだと考えればいいから，同じように微分計算すれば，$0 \times 3 \times x^{0-1}$ となって，結果的に 0，すなわちなくなってしまうのである。定数項を微分すると 0 になると覚えておけばよい。結果を整理しておこう。

（例） $y = x^3 + 2x^2 - 6x + 3$ を x で微分せよ。

$$y' = 3x^2 + 4x - 6$$

項の数がいくら増えても，計算の仕方は同じである。

3. $y = f(x)g(x)$ のような合成関数の場合

たとえば，$y = (2x^2 + 3x + 5)(3x^2 + 4x + 7)$ のように，2 つの関数 $f(x) = (2x^2 + 3x + 5)$, $g(x) = (3x^2 + 4x + 7)$ が，かけ合わされている場合（これを合成関数という）は，次の公式に従って導関数を求める。すなわち，

$$y' = f'(x)g(x) + f(x)g'(x) \quad \text{(補-10)}$$

（例） $y = (2x^2 + 3x + 5)(3x^2 + 4x + 7)$ の導関数を求めよ。

$$\begin{aligned}
y' &= (2x^2 + 3x + 5)'(3x^2 + 4x + 7) + (2x^2 + 3x + 5)(3x^2 + 4x + 7)' \\
&= (4x + 3)(3x^2 + 4x + 7) + (2x^2 + 3x + 5)(6x + 4) \\
&= (12x^3 + 25x^2 + 40x + 21) + (12x^3 + 26x^2 + 42x + 20) \\
&= 24x^3 + 51x^2 + 82x + 41
\end{aligned}$$

$y = (2x^2 + 3x + 5)(3x^2 + 4x + 7)$ の次数（一番大きな指数）は 4，導関数の次数は 3 であることに注意せよ。導関数を求めると，次数はかならず 1 少なくなる。

なお，3 つ以上の関数の合成関数についても手順は同じである。たとえば，$y = f(x)g(x)h(x)$ の導関数を求めるには，

$$y' = f'(x)g(x)h(x) + f(x)g'(x)h(x) + f(x)g(x)h'(x) \quad \text{(補-11)}$$

※ $\frac{1}{x}$ は x^{-1} と書けるから，$x \times 1/x = x^1 \times x^{-1} = x^{1-1} = x^0 = 1$ となって，x にいかなる数値が入ろうとも，指数が 0 の場合は 1 になる。

とすればよい。つまり合成関数の微分は，1つの関数を微分し，他の関数はそのままかけ合わせておき，それに加えていく形で，微分する関数を1つずつずらしながら同様の作業を繰り返せばよい。

4. $y = (ax + b)^n$ のようなタイプの場合（鎖法則）

これもよく見かけるタイプの関数だが，少し注意する必要のある関数形である。一見，(1) $y = ax^n$ の形とよく似ているので，つい同じように計算すればよいのではないかと思ってしまう。しかし，次の例を見てほしい。

(例) $y = (2x + 3)^2$ を (1) と同じタイプと見て単純に導関数を求めると，$y' = 2(2x + 3) = 4x + 6$ になるはずだが，これが正しいかどうかは，この関数を展開して（つまり，かっこを開けて）導関数を求めてみれば確かめることができる。そうすると，

$$y = (2x + 3)^2 = 4x^2 + 12x + 9$$

したがって

$$y' = 8x + 12$$

となって，$y' = 4x + 6$ にはならない。つまり，(1) と同じように計算するのではダメなのである。そもそも (1) は，1つの項について行う計算の仕方であったことを思い出してほしい。$y = (2x + 3)^2$ は，かっこのなかがすでに多項式になっているから，(1) を単純に適用するわけにはいかないのである。では，どうすればよいか。

いまの (例) のように，展開してしまうのも1つの方法だが，指数が2や3であればともかく，指数が10とか158などのようになったら，展開することは事実上不可能であり，無理をしても途中でまず間違いなくミスをするだろう。そこで，次のような工夫をする。

$2x + 3$ を1つの関数と見なす。すなわち，$u = 2x + 3$ のように，これを別の関数 u に置き換える。そうすると，先の関数は $y = u^2$ と書ける。こうすると，y は u の関数になって，この形であれば (1) を適用できる。

ただし，それは y を u で微分するということであって，x で微分したことに

はならない。われわれが行いたいことは，y を x で微分することである。そこで，まず y を u で微分し，続けて u を x で微分すれば，u をあいだにはさむ形で，間接的に y を x で微分したことになるのではないか。都合のいい話に聞こえるかもしれないが，次の式展開を見れば，これは正当な手続きであることがわかる。

$$\frac{dy}{dx} = \frac{dy}{du} \times \frac{du}{dx} \tag{補-12}$$

導関数記号を分数のように扱う発想がここで生かされているわけだが，この式の意味はむしろ，次のようなものである。すなわち，x のわずかな変化（dx）が u に何らかの変化（du）を引き起こし，その u のわずかな変化（du）が y に何らかの変化（dy）を引き起こす。この一連の過程をたどることで，x のわずかな変化（dx）が引き起こす y の変化（dy）を捉えることができる，と考えるのである。これを鎖法則という。

そうすると，先の（例）は次のように考えればよいことになる。

（例）$y = (2x + 3)^2$ の導関数を，鎖法則を用いて求めよ。

$u = 2x + 3$ とすれば，$y = u^2$ と書ける。(補-12) により，

$$\begin{aligned} y' &= (u^2)' \times \frac{du}{dx} \\ &= 2u \times (2x + 3)' \\ &= 2(2x + 3) \times 2 = 4(2x + 3) \\ &= 8x + 12 \end{aligned}$$

となって，先に展開して計算したものと同じ結果になる。この鎖法則は頻繁に用いられるので，習熟しておくことが望ましい（du/dx の部分を忘れないように注意せよ！）。

確認問題 補-4　① $y = (2x + 3)^2$ を $y = (2x + 3)(2x + 3)$ という合成関数と考えて，合成関数の微分公式によって導関数を求めよ。その結果が，鎖法則で求めたものと同じかどうか確かめよ。

② 円の面積について考えよう。半径 r をわずかだけ大きくしたとき（dr），円の面積は円周分だけ大きくなると考えていいだろう。このことから，円の面積の公式と円周の公式の関係を，微分を使って説明せよ。また，同様に，球の体積と表面積の関係についても考察せよ。

補-5　微分法と最大化

　水平線＝傾き０　　では最後に，われわれの当初の課題，すなわち（補-3）にあるように，なぜ消費者余剰の最大化が，消費者均衡をもたらすのかについて，結論を出しておこう。

　そもそも最大化と微分とのあいだには，どのような関係があるのだろうか。図補-8 を見てほしい。これは最大値を持つある関数を示している。最大値とは言うまでもなく，曲線の頂点を意味するわけだが，ここに，その頂点で接する接線を引いてみたらどうなるだろうか。図にあるように，その接線は曲線の頂点を通過する水平線になるだろう。

　水平線とは，傾きがゼロの直線である。一方でわれわれは，接線の傾きを微

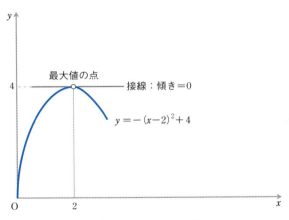

図補-8　最大値と接線の傾き

分法によって求める方法を知っている。だとすれば，接線の傾きを微分によって求め，その値をゼロとおくことで，最大値の点を通過する特定の接線を求めることができるのではないか。

図補-8で考えてみよう。このような形のグラフは，たとえば $y = -(x-2)^2 + 4$ のような関数で示すことができる。この関数の最大値は明らかに，$x = 2$ のときに与えられ，その値は $y = 4$ である。

　接線の傾きを求める　　さて，この結果を微分によって求めてみよう。関数形はわかっているから，その導関数を求めることによって，接線の傾きを求めることができる。導関数は接線の傾き一般を示すだけだが，われわれは傾きの大きさがゼロになることを知っているので，これによって，特定の接線を定めることができるわけである。そこでまず接線の傾きを求めてみよう。

$$y = -(x-2)^2 + 4 = -(x^2 - 4x + 4) + 4 = -x^2 + 4x - 4 + 4 = -x^2 + 4x$$
$$y' = -2x + 4$$

となる（鎖法則を使ってももちろんよい。確かめてみよ）。そして，この導関数の値（接線の傾き）がゼロなのである。すなわち，

$$y' = -2x + 4 = 0$$
$$\therefore x = 2$$

つまり，$x = 2$ のときに，接線の傾きがゼロになるわけである。したがって，$x = 2$ のときの y の値がこの関数の最大値ということになる。その値はもちろん $y = 4$ である。

この結論は一般化できる。すなわち，ある関数の最大値を求めるためには，微分法によってその関数の導関数，すなわち接線の関数を求め，その値をゼロと置いて，一種の方程式としてこれを解くのである。得られた値 x は関数の最大値を与える x であり，それを元の関数に代入すれば，得られた y の値が関数の最大値になる。その点を通過する接線はもちろん水平になっている。

　関数式の表現　　この結果をわれわれも応用しよう。そのためには，（補-3）を関数式に直す必要がある。といってもこれは明らかであって，総効用も，限界効用も，支払金額も，そして消費者余剰も，いずれもみな消費量とともに変化し，消費量が1つ決まれば，いずれの値も1つに定まる。したがって，

TU，MU，Pq，CS はすべて q の関数と考えることができる。ゆえに，(補-3) は次のように書き換えられる（価格は市場決定だから q の関数にはならず，定数として扱う。また μ も定数である）。

$$\text{Max } \text{CS}(q) = \mu \text{TU}(q) - Pq \quad \rightarrow \quad P = \mu \text{MU}(q) \qquad \text{(補-3)}'$$

そこでまず，消費者余剰関数 CS(q) を q で微分しよう。消費者余剰が最大化されるとき，この導関数の値はゼロになる。したがって次のようになる。

$$\begin{aligned}\text{CS}'(q) &= \frac{d(\mu \text{TU}(q))}{dq} - \frac{d(Pq)}{dq} = 0 \\ &= \mu \frac{d(\text{TU}(q))}{dq} - P = 0\end{aligned}$$

問題は $d(\text{TU}(q))/dq$ の部分である。これは q が 1 単位増えたとき，総効用(TU)がどれだけ増えるかを示す値である。そしてそれは図補-1 に明らかである。消費量 q が 1 単位増えたとき，総効用は，その追加された消費量がもたらす限界効用分だけ増加することを図補-1 は示している。すなわち，$d(\text{TU}(q))/dq$ = MU(q) なのである。

これは自明の事柄ではあるが，極めて重要な性質である。総関数を微分すると限界関数になるというこの性質は，次章の供給理論においてもすこぶる重要な役割を果たすものになるので，ここで再度確認しておく必要がある。

かくして，われわれの結論が得られる。$d(\text{TU}(q))/dq = \text{MU}(q)$ を上の式に代入すれば，次のようになる。

$$\begin{aligned}\text{CS}'(q) &= \mu \frac{d(\text{TU}(q))}{dq} - P = 0 \\ &= \mu \text{MU}(q) - P = 0 \\ \therefore P &= \mu \text{MU}(q)\end{aligned}$$

となり，(補-3)′ を得ることができた。具体的に需要量 q の値を求めるためには，具体的な効用関数の形を知る必要があるが，それがわかれば，q の値のみならず，MU(q)，TU(q)，CS(q) の値を求めることもできるだろう。

最後に，図補-5 について確認しておこう。この図でわれわれは，総効用関

数の接線の傾きと，支払金額関数の傾きが等しくなったとき，消費者余剰が最大になることを確認した。そして，総効用関数の接線の傾きとはすなわち限界効用に他ならないことを，われわれはいましがた確認した。支払金額関数の傾きは言うまでもなく価格 P だから，この図は，消費者余剰が最大になるとき，価格と金額表示の限界効用が等しくなるという（補-3）′の関係を，図によって示したものに他ならないのである。

数式は内容を正確に示すためのもの　　当面，必要となる数学知識は以上で十分である。微分計算は，ある程度，数をこなさないと身につかないので，読者のみなさんは，練習問題にかならず取り組んでほしい。しかし，何より大事なことは，数式によって表現される経済学の内容をよく理解することである。数学は，経済学の内容を正確なものにするために利用されるのであって，経済学を数学に変えるために使われるのではない。数学は言語であって技術ではない。言語は適切に表現されることが大事なのであって，難しく表現されていればいいというものではないのである。

確認問題 補-5　　総効用関数の傾きが次第になだらかになっていくことと，限界効用逓減の法則とのあいだにはどのような関係があるか。確認せよ。

補論　練習問題

問題　次の関数の，x に関する導関数を求めなさい。（x, y 以外の文字式は定数と考えよ。）

1. $y = -x^2$
2. $y = 3x^2 + 5x + 8$
3. $y = 5x^2 - 6x + 8$

4. $y = 12x^2 - 15x - 7$
5. $y = -15x^2 + 35x - 90$
6. $y = \dfrac{1}{2}x^2 + 9$

7. $y = 2x^3 + 3x^2 + 4x + 5$
8. $y = 3x^3 - 2x^2 + 5x - 12$

9. $y = \dfrac{1}{3}x^3 - \dfrac{1}{2}x^2 + x$
10. $y = 2x^5 + \dfrac{1}{3}x^4 - 3x^2 + 6$

11. $y = 2ax^3 + 3bx$
12. $y = \dfrac{3b}{2a}x^2 - \dfrac{a}{3b}x$

13. $y = (2x^2 + 2x + 3)(3x^2 - 5x - 6)$

14. $y = (x^3 - 2x^2 + x + a)\left(\dfrac{1}{2}x^2 - ax\right)$

15. $y = (x+5)^2(2x-4)^2$
16. $y = (x^2-2)^3(x^3+3)^2$

17. $y = (3x^3 + 2x^2 + 3)^{187}$
18. $y = (2x+3)^3 + (2x+3)^2 + (2x+3)$

19. $y = (2x^2 + 2x + 1)^3 - (2x^2 + 2x + 1)$
20. $y = a(ax+b)^3 + b(ax+b)^2$

21. $y = (x^2 - 2x + 1)^2 + (x^2 - 2x + 1)$

22. $y = \dfrac{1}{x}$　$\left(\dfrac{1}{x} = x^{-1}\ \text{として計算せよ}\right)$
23. $y = \dfrac{1}{x^2}$
24. $y = -\dfrac{1}{x^2}$

25. $y = \dfrac{5}{x^3} + \sqrt{x}$　$(\sqrt{x} = x^{\frac{1}{2}}\ \text{として計算せよ})$

26. $y = \dfrac{3x-2}{2x+5}$
27. $y = \dfrac{f(x)}{g(x)}$　（この結果は，商の微分公式として記憶せよ）

28. $y = (2x+5)^2(3x-4)^2(x+4)^2$
29. $y = \dfrac{(2x+5)^2(3x-4)^2}{(x+4)^2}$

30. $y = (ax+b)^2(cx+d)^{-1}$

【補論の補論】

　補論本文では，関数の最大値の求め方について学んだが，この方法は，関数の最小値を求める場合にも応用できる。たとえば図補-補-1 (b) のような関数は，点 E で最小値をとるが，この点で接線を引けば，その傾きはやはりゼロになる。すなわち，微分してイコール 0 と置く，というやり方は最大値を求める場合にも，最小値を求める場合にも，等しく適用できるのである。この結果は，第 5 章で実際活用することになるので，ぜひ記憶しておいてほしい。

　しかし，ではこの方法で求めた値が，関数の最大値なのか最小値なのかは，どのようにして判別できるのだろうか。じつはこれも接線の傾きによって判断できるのである。図補-補-1 (a)，すなわち最大値をとる場合を見てみよう。最大値に近づくにつれ，接線の傾きが次第に緩やかになっているのがわかるだろう。つまり，最大値に近づくとき，接線の傾きは小さくなっていくのである。確かに，最大点を過ぎると傾きは急になっていくが，これは接線の傾きが -2, -3, -4 というふうに変化していることを意味し，負の数値では，絶対値が大きくなるほど，数値自体は小さくなると表現するから，結局，最大点を過ぎた後も含めて，接線の傾きは小さくなっていくと表現してよいのである。

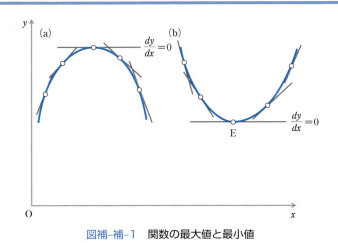

図補-補-1　関数の最大値と最小値

図補-補-1 (b)，すなわち最小値をとる場合はちょうどその逆で，最小値に近づけば近づくほど，負の接線の傾きが緩やかになっていき，最小値を過ぎると急になっていく。急になっていくということは，傾きの値が大きくなるということである。逆に最小点の手前では，−4，−3，−2 と傾きが緩やかになるに従い，数値自体は大きくなっている。だからこの場合も，両方含めて，傾きの値が大きくなっていくと表現してよいのである。

接線の傾きが大きくなっていくということは，接線の傾きを示す関数 y' が，x の増加とともに増加していくことを意味する。逆に，接線の傾きが小さくなっていくときは，接線の傾きを示す関数 y' が x の増加とともに減少することを意味する。

したがって，接線の傾きが大きくなっていく最小値型の関数では，接線の傾きを示す関数を x で微分すると，符号がプラスになる。逆に，接線の傾きが小さくなっていく最大値型の関数では，その符号がマイナスになるのである。ときに，接線の傾きを示す関数とは，最初の関数を一度 x で微分したものだから，いま行っている作業は，要するに，最初の関数を x で 2 回微分することを意味する。これを 2 次微分という。2 次微分の符号（値ではない！）がプラスであれば，それは最小値を持つ関数であり，符号がマイナスであれば，それは最大値を持つ関数ということになるわけである。

たとえば，$y = x^2 - 4x + 8$ のような関数の場合，これは普通の放物線の形をとるから，持つとすれば最小値であることを，われわれは知っている。そのことを微分を使って調べる場合には，次のようにすればよい。

まず，この関数を微分し（これを 1 次微分という），イコール 0 とおいて，最大値もしくは最小値を求める。すなわち，$y' = 2x - 4 = 0$ より，$x = 2$ のときに最大値か最小値をとる（その値は，$y = 4$ である）。では，この値は果たして最大値なのか，最小値なのかというと，それを調べるためには，この 1 次微分の式，すなわち $y' = 2x - 4$ を，もう一度 x で微分して，その符号を確かめるのである。そうすると，

y''（2 回微分したからダッシュを 2 つ書く）$= 2 > 0$

となって，符号がプラスになるから，これは最小値型関数であることがわかる。つまり，$y = 4$ はこの関数の最小値である。

このような形で，本当は2次微分まで求めないと，自分の求めた値が最大値なのか，それとも最小値なのかはわからないのである。ただし，本書では，特別に必要がない限り，この作業は行わない。経済学では，扱う関数がある程度限られているので，求めているものが最大値か最小値か，あらかじめわかっていることが多いからである。したがって，ここでは，いざとなったら，このような方法があるということを知っておくことと，微分してイコール0と置く，という手法は，最大値を求める場合にも，最小値を求める場合にも，両方とも使えるということを，知っておいてもらえれば十分である。

第4章

生産者均衡の理論（1）
－費用理論の基礎－

需要曲線の背景には，限界効用逓減の法則という，ひとつの経済理論が存在した。では，供給曲線の背景には，どのような経済理論が存在するだろうか。第4章と第5章では，この問題に取り組むことにしよう。この章から，少し内容が技術的になってくる。多少難しい印象を与えるかもしれないが，新しい概念の定義を大事にしながら，少しずつ読み進めていけば，決して難しいことはない。後の章でも繰り返し用いる理論になるので，しっかり理解しておくことが望ましい。

4-1 企業と費用

　企業とは　　財やサービスを供給するのは生産者，または企業である。つい最近まで，近代経済学（特にミクロ経済学）は，生産者と企業を原則的に区別してこなかった。しかし，生産者と言ったら，一人または複数の個人を想像するだろうし，企業といったら，規模の大小はともかく，何らかの組織体を想像するのが普通だろう。個人としては決してしないはずの行動を，組織になるとなぜか平然と実行してしまう…。そういう場面を経験したことのある読者も多いに違いない。だから，ヒトとしての生産者と，組織としての企業を区別しないというのは，本来，驚くべき姿勢といえるだろう。

　この問題は1980年代半ば以降，ようやく真剣に受け止められるようになり，今日では，個人と組織の境界がどこにあるかを探ろうとする，専門的な研究分

野も存在する[1]。ただ，これは本書の範囲を超える問題であり，初等ミクロ経済学においては，今日でも生産者と企業を区別せずに扱うことが多い。本書もこの慣習に従い，以下では「企業」で両者を代表させることにする[2]。

利潤の最大化　　企業の行動目標は何か。企業と一言でいっても，そこには多種多様な種類がある。経済学が，どれだけ多様な企業観を持てるようになるかは，経済学の未来を占うひとつのカギになるだろう。しかし，ここでわれわれが扱うのは，資本主義経済におけるもっとも標準的な企業だから，その場合の行動目標は，基本的に利潤最大化にあると言っていいだろう。

利潤とは，俗にいう儲けのことを意味するが，経済学ではこれを，売上金額から費用をすべて差し引いた残りとして定義する。すなわち，

$$\text{利潤} = \text{売上金額} - \text{総費用} \qquad (4\text{-}1)$$

である。経済学ではこれを利潤（profit）と表現し，利益とは表現しないことに注意しよう。これも慣習といってしまえばそれまでだが，会計学等では利益と表現するところ，経済学ではかならず利潤という言葉を使う。

さて，(4-1) 式を記号で表そう。以下，本書全体を通じて，次のような記号を用いていく。

$$\begin{aligned}\pi &= P \cdot q - \text{TC} \\ &= P \cdot q - (v + u \cdot q + w \cdot l)\end{aligned} \qquad (4\text{-}2)$$

π：利潤，P：価格，q：（一企業の）生産量，TC：総費用[3]，
v：固定費，u：単位当たり原材料費，w：賃金，l：雇用量（労働時間）

---

[1] これは当初，内部組織論と呼ばれていたが，今日ではもっと一般的に「組織の経済学」などと言われる。これは方法論的な共通性から，新制度主義と呼ばれる研究アプローチと大きく重なり合う。ただし，制度主義という言葉にはいろいろな背景や歴史があって，20世紀初頭におもにアメリカで活躍した「制度学派」とは，はっきり区別する必要がある。組織の経済学については P. ミルグロム，J. ロバーツ『組織の経済学』（奥野正寛他訳，NTT 出版，1997 年）などを参照。

[2] 一言付言すれば，生産者と企業を同一視してきたことを，経済学の単なる認識不足で片づけてしまったのでは，経済学への理解が浅くなる。これは経営者個人の裁量範囲が極めて大きい，個人企業や合名会社のような古典的な企業形態が，経済学の基本的な企業像にあることを物語るものである。そして，そうした企業によって構成されるものとして市場経済をイメージしてきたところに，経済学の思想と歴史があるのである。この問題については井上義朗『市場経済学の源流』（中公新書，1993 年）などを参照してほしい。

[3] 総費用は英語で Total Cost なので TC で略記することが多い。本書もこれを踏襲する。

(4-2) 式は，次のような意味を持つ。売上金額は，すでに用いてきたように，価格×数量で示される。価格は市場で決定されるので，大文字 P で表している。生産量（供給量）は，ここではまだ一企業のものを扱っているので小文字 q で表現する。やがて，市場全体の供給量を扱うようになったら，生産量も大文字 Q で表現するようになる。

総費用は，生産量と連動して動くので，正しくは生産量 q の関数として TC(q) と書くべきだが（現に，次章ではそうするが），本章では TC と略記する。ただ，このままでは何もわからないので，もう少し総費用の中身を見てみよう。

さまざまな「費用」　費用には大きく分けて2種類ある。すなわち，生産量の影響を受ける部分と，受けない部分である。生産量の影響を受けない費用とは，すでに投じてしまった機械設備の購入費用とか，そのとき銀行から借りた資金に対して支払う利子などである。これらはすでに定まった金額か，あるいは年々（月々）の支払額が定められているものなので，景気がよくて生産量が大きいときでも，景気がわるくて生産量が乏しいときでも，お構いなしに支払いを求められる費用である。このようなタイプの費用を固定費（v）という。

生産量の影響を受ける費用は，生産量とともに変動する費用という意味で，変動費と呼ばれる。変動費はさらに大きく2つに分けられ，1つが原材料費（$u \cdot q$），もう1つが人件費（$w \cdot l$）である。原材料費は，1単位の生産に必要な原材料単価（u）に生産量（q）をかけ算することで得られる。人件費は文字通り，賃金（w）に労働量（l）をかけ算したものとして表される。原材料にはいろいろな財（鉄，石油，セメント etc.）が含まれるだろうが，それぞれの価格は，それぞれの市場で決定されるので，それらを仕入れる一企業の立場からすれば，価格はいずれも与件となる。

また，労働力についても，ここではまだ大きな差異のない一般的な労働力を想定しているので，賃金はあくまで労働市場で決定されるものとする。したがって，当分のあいだ u と w は与件一定と仮定する[4]。労働量（l）は労働時間では

---

[4] ここで w は賃金（wage）であって，給料（salary）とは表現していない点に注意しよう。今日ではあまりはっきり区別しないが，20世紀初頭くらいまでの西欧社会では，給料といったら管理職（ホワイトカラー）の俸給を意味し，単に賃金といった場合は，多くの場合，身体労働者（ブルーカラー）の賃金を意味した。ゆえに，その額が相場値のように労働市場で決定されると前提しても，それほど無理な話ではなかったのである。経済学の歴史的な基礎は，こうした何気ない記号の使い方のなかに，不意に顔をのぞかせることがある。

かる場合と，労働者数ではかる場合が考えられるが，本書の範囲では，基本的に労働時間ではかるものとして議論を進める（この何気ない想定が，後にマクロ経済学を出現させることになるのだが，それはまたそのときに説明しよう）。

短期と長期　　固定費と変動費の境界線は，じつはそれほど明確なものではない。たとえば，いま例にあげた機械設備も，短期的には固定的といえるが，長期的な視野で考えれば，生産量の見込みに応じて増設されたり，廃棄されたりするだろう。つまり，長期的には，機械設備の費用も生産量に連動するわけで，その場合には，これも変動費に含まれることになる。そのため，経済学では，原則的に資本設備一定のあいだを短期，資本設備が変化する（これには量的な変化もあれば，数は同じでも新型に取り換える場合のような，質的な変化も含まれる）場合を長期と表現する。したがって，長期においては，基本的に固定費は存在しない。

経済学における短期と長期は，何か月までを短期，何年以上を長期というふうに，時計ではかれるものではない。これは，資本設備が一定かそうでないかという，経済の状態や意思決定の種類によって区別されるものである。なお，本書の議論はほとんど短期に限定される。長期の理論についてもいろいろ知っておくべきことはあるが，それについてはより詳しい教科書を参照してほしい。

さて，(4-2)式をもう一度見てみよう。企業はこの関係を前提に，利潤πの大きさを最大にしようとする。しかしながら，P, v, u, wは与件一定なので，企業は残された変数，すなわち，qとlを調整することによって，利潤最大化を実現しなければならない。生産物を何単位作るか，あるいは，労働者を何時間働かせるかを決めることで，利潤最大化をはかるのである。しかし，労働力は生産のために使用するものだから，企業はまず生産量を決め，次に必要となる労働力を確保しようとするだろう。そこで以下では，生産量の決定に的を絞って考えよう。

変動費を考える　　(4-2)式を見ると，一見qを大きくすれば，売上金額も大きくなって，利潤も自動的に大きくなるように見えるだろう。しかし，qの増加は，費用も同時に増加させる。しかも，原材料費は比例的に増加するだけだが，人件費はそうはいかない。先にも記したように，生産量を増やすには，労働量も増やさなくてはならないが，それがどのように増えていくかは，(4-2)式を見ているだけではわからない。原材料費と同じように比例的に増加するの

か，それとも不規則的な増加を示すのか。そこがはっきりしないと，q の増加とともに，費用がどのように増加するかがわからず，それがわからないままでは，利潤を最大にする q の値も決められない。

したがって，カギを握るのは，この人件費を含む変動費の動き方にありそうだ。変動費の動き方を理論的に把握できれば，それに従って，利潤最大化をもたらす生産量 q の大きさを知ることもできるだろう。そこで以下，この方針に沿って検討を進めていこう。

確認問題 4-1 （4-2）式が，$\pi = 100q - (20q + 45l + 2500)$ のように示されたものとしよう。このとき，固定費，原材料単価，賃金，財の価格はそれぞれいくらになるか。

4-2 限界生産力と限界費用

ピザ屋のケース　ここで，前の章で空腹を抱えていたトピア君に再び登場してもらおう。トピア君は，いまではブレド氏が経営するピザ屋でアルバイトをしている。そして，ブレド氏のピザ屋では，ピザを1枚焼くのにかかった労働時間に応じて，賃金が支払われるものと仮定しよう。いたずらに作業時間を延ばして賃金を稼ごうとしても，プロフェッショナルを自負するブレド氏の目をごまかすことはできず，サボリがバレたら即くびになるので，どのアルバイトもみな，真剣に労働しているものと想定しよう。

トピア君も，そうしたまじめなアルバイトの一人である。今日も朝からせっせとピザを焼いている。しかし，朝早い起き抜けの時間ではなかなか調子も出てこず，かかった時間の割にあまり成果は上がっていない。しかし，そうこうしているうちには，何となく体も慣れてきて，同じ1時間でもたくさんピザを焼くことができるようになる。だが，それもある時間を過ぎると，疲労が次第にたまってきて，1時間当たりの生産性も落ちていく。労働者であればみな，トピア君と似たり寄ったりの経験をしていることだろう。

さて，図4-1は，このトピア君の1日を略図的に示したものである。横軸にトピア君の労働時間をとり，縦軸には，1時間の労働から得られるピザの枚

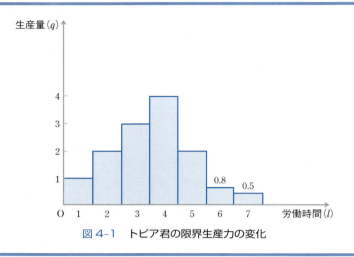

図 4-1　トピア君の限界生産力の変化

数が示されている。最初の1時間目はまだ調子が出ず，準備から何から手際がわるいため，1時間で1枚のピザを焼くのがやっとである。しかし，2時間目になると少し調子がでてきて，同じ1時間の労働でも今度は2枚焼くことができる。3時間目はさらに調子がよくなって，1時間で3枚焼くことができ，4時間目ではさらに生産性があがって，1時間で4枚焼くことができる。

しかし，5時間目に入るとさすがに疲労を感じ始め，1時間で2枚のペースに落ちている。6時間目にはさらに疲労がたまり，1時間頑張っても0.8枚分しか焼くことができない。7時間目に疲労はピークに達し，もはや1時間働いても0.5枚分しか焼きあげられず，そこで次のシフトに交代して，トピア君の長い一日が終わる。

<u>トピア君の限界生産力</u>　　われわれは多かれ少なかれ，図4-1のような経験をしていると言ってよいが，これを経済学的に捉えた場合，この図は何を表していると考えたらいいだろうか。この図は，トピア君が1時間ずつ労働時間を増やしていったとき，それぞれの1時間に焼きあげたピザの枚数を表している。言い換えれば，労働時間を1時間ずつ追加していったとき，その追加時間ごとに発揮される生産力を示しているのが図4-1なのである。つまり，これは1時間ごとの追加的生産力を表すグラフと言ってよいわけだが，われわれは，

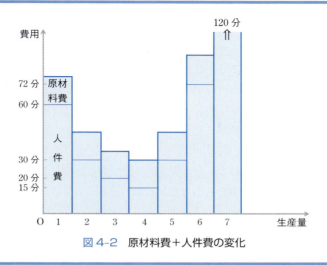

図 4-2　原材料費＋人件費の変化

ミクロ経済学で「追加的」という表現が現れたときは，これを「限界」という表現に改めるべきことを知っている。したがって図 4-1 は，トピア君が 1 時間ずつ労働時間を追加していくときの，彼の限界生産力[5]を表すグラフであると言ってよいのである。

次に図 4-1 を，次のように描き変えてみよう。すなわち図 4-2 として，今度は横軸にピザの生産量を最初の 1 枚目から順にとり，縦軸に，その 1 枚 1 枚のピザを焼くのに必要とした労働時間を示すことにしよう。そうすると最初の 1 枚は，トピア君がその日に焼いた最初のピザであり，このときはまだ調子が出ていなかったから，1 枚焼くのに 1 時間の労働時間を必要とした。したがって，1 枚目のピザに要した労働時間は 1 時間，すなわち 60 分ということになる。

2 枚目のピザは，2 時間目の労働で得られたピザのうちの 1 枚になる。2 時間目はトピア君の限界生産力が少し向上し，1 時間で 2 枚のピザを生産している。ということは，1 枚につき 30 分の労働時間を要したと考えていいだろう[6]。し

---

[5] 限界生産力は英語で Marginal Product なので，頭文字をとって MP と略記されることが多い。本書もこれを踏襲する。

[6] 限界生産力が時々刻々変化しているものとすれば，このような扱い方は，本当は正しくない。たとえば 2 時間目も，最初の 40 分はまだ寝ぼけまなこで 0.8 枚分しか焼きあげられず，後半になってようやく目が覚め，残り 20 分で一気に 1.2 枚分を焼きあげていたかもしれない。限界生産力が徐↗

たがって 2 枚目のピザに要した労働時間は 30 分になるだろう。3 枚目は，同じ 2 時間目に焼かれたもう 1 枚のピザになるが，図 4-2 では同じ柱を複数本並べることは省略しよう。そうすると，3 枚目のピザは，トピア君の 3 時間目の労働から得られたピザということになる。3 時間目の限界生産力は 3 枚だから，1 枚の労働時間は 20 分という計算になるだろう（これと同じものがあと 2 本並ぶわけだが，それは省略する）。さらに 4 枚目のピザは，限界生産力がピークに達する 4 時間目の労働から得られたものになるから，1 枚当たりの労働時間は 15 分ということになる。

この 4 枚目が労働時間のもっとも少ない単位である。これ以後は，限界生産力が衰えるにしたがい，労働時間も増加に転じていく。5 枚目のピザは，限界生産力が 2 枚に低下したときの 1 枚だから，労働時間は再び 30 分に上昇している。6 枚目になると 1 時間でもはや 1 枚を完成させられず，0.8 枚しか生産できない。ということは，1 枚に要する労働時間は 72 分ということになる。7 枚目ではさらに悪化し，1 時間で 0.5 枚分しか生産できない。ということは，1 枚焼きあげるのに 120 分の労働時間が必要になるということである。

さて，この労働時間に対して賃金が支払われるとすれば，このグラフをそのまま人件費を表すグラフとして読みかえることができるだろう[7]。ただし，ピザを生産するには，労働力以外に，とうぜん小麦粉，野菜，肉，チーズといった原材料が必要になる。先に仮定したように，ピザ 1 枚に必要とされる原材料単価を一定とすれば，人件費にその一定額を上乗せすることで，人件費と原材料費の合計額を示すことができるだろう。

限界費用という概念　　かくして図 4-2 は，ピザを 1 枚ずつ追加生産していくときに，その追加分の生産に必要とされる原材料費と人件費の合計額を示すグラフになる。すなわち図 4-2 は，前節でわれわれが問題にした，変動費（＝原材料費＋人件費）の動きを表すグラフになるわけである。変動費はこのように，

々に変化していくとは，本当はこうした展開を意味するのだが，そのすべてを入れ込むことは，以下の議論をあまりに複雑なものにしてしまう。そこで以下では，同じ 1 時間のなかでは生産力はほぼ均等に発揮されたものと考え，1 時間を生産枚数で平均して，1 枚当たりの労働時間とする。

[7]　本当は賃金 w をかけ算した値に直さなくてはいけないが，賃金はいま一定だから，人件費の変化の仕方は変わらない。そこで，煩雑さを避けるため，このグラフをそのまま人件費のグラフとして読みかえることにする。むしろ注意すべきは，賃金の支払い方で，今日，こうした一種の出来高払い方式で賃金を支払う企業は少ないだろう。ただこれも，注 4 のような時代にはありえた話であり，また，ここでの関心は，変動費の捉え方にあるので，このまま議論を進めることにする。

直観的に想像するだけでは思いつかないような，極めて特徴的な動き方をするのである。あるいは，このグラフは，生産量を1単位ずつ追加するときに発生する追加的費用のグラフと見ることもできる。この追加的費用のことを，再びミクロ経済学の語法にならい，われわれは**限界費用**[8]と呼ぶことにしよう。**限界費用とは，生産量をもう1単位追加したとき，その追加分の生産に生じる費用のことで，その中身は，短期においては，原材料費と人件費で構成され，固定費は含まれないことに注意する必要がある。**

限界費用は供給曲線の理論にとって，もっとも重要な概念になると同時に，ミクロ経済学全体のなかでも，もっとも重要な概念の一つになるだろう。

確認問題 4-2　図 3-1 と図 3-2 にならい，図 4-1 を一般的な形の限界生産力のグラフに描き変えてみよ。

4-3　限界費用と供給量の決定

ブレド氏の意思決定　　われわれは，限界費用という極めて重要な概念を手に入れた。しかし，われわれの当面の課題は，利潤を最大化する生産量を知ることにある。限界費用という概念は，この課題とどのような関わりを持つのだろうか。

そこで，図 4-2 を再掲した図 4-3 を見てほしい。これは図 4-2 と同じものだが，図 4-3 では，ピザの価格 P_0 が新たに与えられている。この価格はピザ市場において決定されるもので，一小生産者に過ぎないブレド氏には，いまのところ，これ以外の価格を自分で設定できる力はない。ブレド氏は，この価格を与えられたものとして，ピザを何枚生産すれば，自身の利潤を最大にできるかを考えるのである。そこで，合理的な経営者であるブレド氏は，最初の1枚目から順に，それを生産することに意味があるかどうかを考えることにした。

最初の1枚を生産するには，図 4-3 に示されるような限界費用を負担しなくてはならない。他方でこの1枚を生産すれば，P_0 円の収入が入ってくる。そして，図を見れば明らかなように，P_0 円は限界費用よりも大きな値である。

---
[8]　限界費用は英語で Marginal Cost なので，MC と略記される。本書もこれを踏襲する。

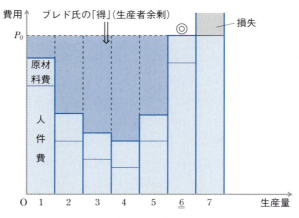

図 4-3 ブレド氏の「得」(生産者余剰) と供給量の決定

したがってこの場合，ブレド氏は図中の濃い色の部分の「得」を手にすることができる。かくしてブレド氏は，最初のピザの生産を決意するだろう。

では2枚目はどうか。2枚目は限界生産力の向上を背景に，限界費用の方は低下している。にもかかわらず，これを生産すれば，やはり P_0 円の収入が入ってくる。ならば，ブレド氏が手にする「得」の部分は増大するはずだから，ブレド氏は2枚目の生産も決意するだろう。同様の傾向が3枚目，4枚目，5枚目と続いていくだろう。限界費用がもっとも低くなる4枚目では，ブレド氏はもっとも多くの「得」を手に入れられるだろう。

しかしながら，6枚目になると限界費用がぐっと上昇し，図4-3では，それがちょうどピザの価格 P_0 と等しくなっている。したがって，もはや5枚目までのような，はっきりとした「得」になる部分は現れない。しかしまだ損失は発生しない。そこでブレド氏は，6枚目についてもピザの生産を行うことにした。

しかし7枚目になると，限界費用は大きく上昇し，もはや P_0 よりもはるかに大きな値になっている。もしブレド氏がこれを無視して7枚目の生産を行ったら，彼は，図中に示されるような大きな損失を被ることになるだろう。合理的な経営者であるブレド氏は，このような損失を出してはいけないので，かく

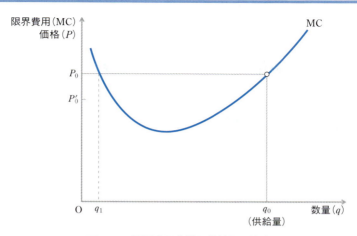

図 4-4 限界費用曲線と供給量の決定

して，ブレド氏の生産量が決定される。すなわち，ブレド氏はピザの価格と限界費用がちょうど等しくなる 6 枚のところで生産量を決定するのである。そうすれば，ブレド氏は「得」になる部分をすべて手に入れる一方，7 枚目に手を出したときに現れる損失部分はいっさい出さずに，一連の生産計画を終えることができる。したがって，ブレド氏が選択すべき生産量は 6 枚ということになる。そして，生産者が選択すべきこの特別な生産量のことを，経済学では供給量と表現するのである。

供給量は限界費用＝価格　いまの結論は重要だから，もう一度繰り返しておこう。そして図 4-3 をより一般化した（つまり，階段状のグラフではなく通常の曲線を用いた）図 4-4 を見てみよう。図 4-4 は財の生産に要する限界費用を表したグラフである。限界費用のグラフはこのように，始めのうち低下していき，ある点から上昇に転じるような形を示すのが一般的である。図 4-4 ではさらに財の価格 P_0 も与えられている。この価格が与えられると，企業はこの価格と限界費用が等しくなる生産量を選択する。この生産量のことを供給量と定義する。かくして，限界費用曲線は，与えられた価格に対して最適となる生産量を，ちょくせつ指し示してくれる曲線になるわけである。

4-3　限界費用と供給量の決定

確認問題 4-3　図 4-4 で価格が $P_0{}'$ に低下したら，供給量はどうなるか。図中に記せ。

4-4　限界費用曲線は供給曲線か？

すっきりしない問題　こうしてわれわれは，限界費用曲線によって，与えられた価格に対する供給量を見出すことができるようになった。だとすれば，これでおおむね問題は片づいたと言っていいはずなのだが，それにしてはどこか，釈然としないものが残るのではなかろうか。この章では冒頭から，企業は利潤最大化を目標に行動すると述べてきた。そしていま，企業が求めるべき生産量は，価格と限界費用が等しくなるところで決まるという，一応の結論も得た。だがそれにしては，肝心の「利潤」という言葉がどうも目立たない気がする。ブレド氏の「得」になる部分，という表現は何回も出てきたけれども，どうしてそういう回りくどい言い方をするのかもよくわからない。そして，それがもし「利潤」と違うものだとしたら，利潤はいったいどうなったのか。そしてその大きさはどうなるのか。

それだけではない。図 4-4 は，価格と限界費用を等しくする生産量として，供給量が定義されると言っている。ならば，限界費用曲線は供給量をちょくせつ教える曲線になるわけだから，これがそのまま供給曲線になるはずではなかろうか。ところが，それにしては，この曲線にはどこか，変なところがある。どこが変だと言って，形が変なのである。これまで何度も見かけてきた供給曲線は，始めから終わりまで，一方的に右上がりの形をしていただろう。しかし図 4-4 に示されている限界費用曲線は，始めのうち右下がりに逓減していたかと思うと，途中から右上がりに転じるという形になっている。こういう形の供給曲線は見たことがないだろう。ではやはり，供給曲線と限界費用曲線とは別物なのだろうか。

さらに，まだある。図 4-4 をよく見ると，価格を示す水平線と限界費用曲線には，供給量 q_0 とは別に，もう 1 つ左の方に，別の交点が存在することが見てとれる。つまり，価格と限界費用を等しくする生産量は，2 つ存在するわけである。この 2 つ目の交点はいったい何者なのか。これは要するに，供給量

が2つあるということなのだろうか。ならばなぜ、この左側の交点を、これまでまったく問題にしてこなかったのだろうか。そしてさらによく見てみると、この左側の交点は、いましがた問題にした限界費用曲線の逓減部分、すなわち限界費用曲線と供給曲線の、形の合わない部分に現れている。これは単なる偶然だろうか。それとも、ここにも何か、隠された秘密があるのだろうか。

　4つの謎　　かくして、われわれは新たな謎を4つも抱えこんだことになる。いま一度整理すると、①なぜ「利潤」という言葉が見当たらないのか。②なぜ、利潤の大きさが示されないのか。③限界費用曲線は供給曲線の役割を果たしていると思われるのに、なぜ形が一致しないのか。④価格を示す線と限界費用曲線には交点が2つある。この2つ目の交点はいったい何者か。

　じつはこの4つの謎は、4つともつながっているのである。つまり4つの謎は同時に出現し、同時に解消されるのである。そしてこの4つの謎を4つとも解決したとき、われわれはようやく、右上がり供給曲線を手に入れることができるのである。

　その謎解きは次章で行うことにするが、①だけは、ここで解決しておいてよいだろう。

　生産者余剰　　ブレド氏が価格と限界費用の一致する生産量を選択したのは、そこで彼の「得」になる部分が最大になるからである。では、この「得」になる部分を、あっさり「利潤」と呼んではいけないのだろうか。残念ながら、この「得」になる部分と利潤とは、そのままでは同じものにならないのである。

　この「得」になる部分を、少し角度を変えて見てみると、それは結局、価格と生産量をかけ算した値から、限界費用の合計額を差し引いたものに等しいことがわかるだろう（各自図4-3で確認せよ）。価格（P、いまの例ではP_0）と生産量（q、いまの例では6枚またはq_0）をかけ算した値とは、要するに売上金額（$P \cdot q$）である。限界費用の合計額とは、言うまでもなく、変動費の総額に他ならない。したがって、ブレド氏の「得」になる部分とは、売上金額から変動費総額を差し引いた残りということになる。

　売上金額から変動費総額を差し引いただけでは、それはまだ利潤にはならない。なぜなら、固定費をまだ引いていないからである。したがって、利潤を求めるためには、ブレド氏の「得」になる部分から、固定費をさらに差し引かなければならないのである。

このブレド氏の「得」になる部分というのは，需要理論の際，消費者の「得」になる部分と表現していたものと形がよく似ているだろう。そこで，このブレド氏の「得」になる部分を，消費者余剰にちなんで生産者余剰[9]と呼ぶことにしよう。すなわち，

$$\text{生産者余剰} = \text{売上金額} - \text{限界費用の総和（変動費総額）} \quad (4\text{-}3)$$

そしてそのうえで，改めて利潤を定義すれば，次式のようになるだろう。

$$\text{利潤}(\pi) = \text{生産者余剰（PS）} - \text{固定費}(v) \quad (4\text{-}4)$$

図 4-3，図 4-4 で最大化されているのは，ちょくせつには生産者余剰なのである。言い換えれば，価格と限界費用を一致させるという条件は，まずは生産者余剰を最大化させる条件と言ってよいのである。しかしながら，利潤は，この生産者余剰から常に一定である値（固定費）を差し引くだけだから，生産者余剰が最大になるのなら，そのとき同時に，利潤も最大にならなければおかしい。したがって，生産者余剰の最大化条件は，そのまま利潤最大化条件になると言ってよいのである。ゆえに，図 4-4 の q_0 は，ちょくせつには生産者余剰を最大化させる生産量なのだけれども，それは同時に利潤を最大化させる生産量でもあるから，これを供給量と呼んでいいのである。だのに，限界費用曲線は，通常の供給曲線とは同じ形をしていないのである。これはいったいなぜなのか。謎はまだ，残されたままである。

平均費用という概念　次に②について。その答えは次章で与えられるが，本章を結ぶにあたって，解決の糸口だけは示しておこう。いまも述べたように，図 4-4 が示しているのは，ちょくせつには生産者余剰の最大化である。そして生産者余剰から固定費を取り除かないと利潤にはならない。かといって，固定費の大きさも図中には示されていない。だから，固定費をちょくせつ，生産者余剰から差し引くことは，どうやら難しそうである。

そこで，次のように考えてみることにしよう。利潤とは，売上金額から総費用を差し引いたものである。一方でわれわれは，利潤を最大にする生産量（供給量）が q_0 になることをすでに知っている。そこで，次のような計算をして

---

[9] 生産者余剰は英語で Producer's Surplus なので，PS と略記されることが多い。本書もこれを踏襲する。

みてはどうか。

$$\pi_0 = Pq_0 - \frac{TC_0}{q_0} \times q_0 \tag{4-5}$$

すなわち，固定費がちょくせつわからなくても，総費用（これは固定費を含んでいる）を供給量で割ることで，生産物1単位当たりの費用（TC_0/q_0）を求め，これに供給量を改めてかけ算して売上金額から差し引けば，売上金額から総費用を差し引いたのと同じ結果になるのではないか。この（TC_0/q_0）とは，生産物1単位当たり，平均してどのくらいの費用がかかっているかを示すものだから，これを平均費用と名づけることにしよう[10]。固定費がちょくせつわからなくても，平均費用さえわかれば，利潤の値を求めることができるわけだ。そして，平均費用のグラフを図4-4に描き加えることができれば，最大化された利潤の大きさを，図中に表すこともできるはずだ。次章では，これを実際に行ってみよう。

そしてじつは，この作業を行うなかで，残された②から④までの謎が一挙に解き明かされていくのである。

---

[10] 平均費用は英語でAverage Costなので，ACで略記される。本書もこれを踏襲する。

第4章 練習問題

問題Ⅰ 次の文中の空欄に適当な語句を入れなさい。
1. 利潤とは売上金額から（　　　）を差し引いたものである。
2. 総費用は，固定費，原材料費，（　　　）の3つで構成される。
3. 原材料費と人件費を合わせて（　　　）と呼ぶことがある。
4. 労働時間を増やしたとき，その追加労働時間に発揮された生産力を（　　　）という。
5. 生産量を増やしたとき，その増加分の生産に要した費用を（　　　）という。
6. 利潤は，価格と（　　　）が等しくなる生産量において最大化される。
7. 利潤は（　　　）から固定費を差し引いた値としても定義できる。
8. 利潤を最大化する生産量のことを，特別に（　　　）と表現する。
9. 総費用を生産量で割った値を（　　　）という。
10. 生産者余剰は売上金額から（　　　）の差し引いた残りである。

問題Ⅱ 次の文章の（　）内の語句のうち，正しい方に○をつけよ。
1. 利潤は生産量を大きくすれば（a. かならず大きくなる　b. かならず大きくなるとは限らない）。
2. 目下想定している小企業は（a. 製品価格　b. 生産量）を動かして利潤の最大化をはかる。
3. 限界生産力が逓増するとき，限界費用は（a. 逓増　b. 逓減）する。
4. 生産者余剰は，固定費を（a. 含む　b. 含まない）。
5. 生産者余剰は，変動費を（a. 含む　b. 含まない）。
6. 利潤は，固定費を（a. 含む　b. 含まない）。
7. 限界費用は，固定費を（a. 含む　b. 含まない）。
8. 平均費用は，固定費を（a. 含む　b. 含まない）。

問題Ⅲ (4-2)式を関数表記に，すなわち，$\pi(q) = Pq - (v + uq + wl(q))$ に改めよう。
1. このとき，補論で学んだ微分の知識を用いて，利潤最大化の条件を求めよ。
2. 1.で求めた導関数のうち，限界費用に相当する部分はどれか。
3. 1.の条件は，価格＝限界費用という条件に合致するか。確認せよ。
4. 生産者余剰は $PS(q) = Pq - (uq + wl(q))$ と書くことができる。この最大化条件を求め，それが，利潤最大化条件と同じになることを確かめよ。

第5章

生産者均衡の理論（2）
―供給曲線はなぜ右上がりか―

第4章では、「費用」に関する理論的な検討を行った。それをもとに、第5章ではいよいよ供給曲線が描かれる。供給曲線は、なぜ右上がりになるのか。本章を通じて、読者はこの問いに、経済理論のレベルで答えられるようになるだろう。と同時に、読者は、供給曲線の一種のも・ろ・さ・を知ることにもなるだろう。

5-1　総費用・限界費用・平均費用

(1) 総費用曲線

真の供給曲線はどのようなものか　第4章で、われわれは利潤を最大にする生産量（すなわち供給量）が、どのように決定されるかを見た。それは、財の価格と限界費用を等しくする生産量であり、その生産量において企業の獲得する生産者余剰は最大になる。生産者余剰が最大になれば、そこから固定費を差し引いた利潤も最大になる。価格＝限界費用という条件こそ利潤最大化の条件に他ならず、したがって、限界費用曲線は企業に供給量を教える曲線ということになる。

では、限界費用曲線を供給曲線として考えてよいかというと、われわれはいったんこれを保留した。なぜなら、そこには、まだ解明されていない4つの謎があったからである。すなわち、①利潤最大化と言いながら、なぜ「利潤」という言葉が使われないのか。②なぜ、最大化された利潤の大きさを示さないのか。③限界費用曲線は供給曲線の役割を果たしていると思われるのに、なぜ2つの曲線は一致しないのか。④価格＝限界費用の条件を満たす生産水準はもうひと

つ存在するのに，なぜこれを無視するのか。そして，そのもうひとつの生産水準が，限界費用曲線と供給曲線の不一致部分にあるのはただの偶然か。これらの謎を解き明かさない限り，われわれは真の供給曲線を手に入れることはできないのである。

さて，①については，前章ですでに解答を得たので，本章では②から先の謎に取り組むことにしよう。そして，これらについても，われわれはすでに解決の糸口を見出している。すなわち，生産者余剰から利潤を導き出すには固定費を差し引く必要があるが，固定費の値がわからなくても，平均費用の値さえわかれば，（4-5）式に従い利潤を算出することができる。そこでまず，この作業から着手することにしよう。

 総費用曲線を描く 　　ここから先は，図を使いながら検討を進めよう。平均費用は総費用から算出されるものだから，まず総費用のグラフを描くことから始めよう。

図5-1は，横軸に一企業の生産量をとり，縦軸に総費用をとっている。総費用とは本来，生産量によって決定される関数である。したがって図5-1は，総費用関数 $TC = TC(q)$ の曲線を描いたものと考えることができる。

前章でも確認したように，総費用 $TC(q)$ は3つの費用で構成される。1つ

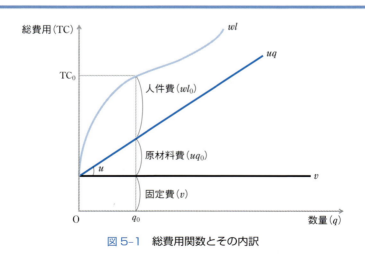

図5-1　総費用関数とその内訳

は生産量の影響を受けない固定費 v で，これは生産量に関わりなく常に一定である。したがって固定費 v は，水平の直線で示されている。2つ目と3つ目は生産量とともに変化する変動費で，そのうちのひとつは原材料費 $u \cdot q$ である。原材料単価 u を一定と仮定すれば，これは生産量 q の比例関数になる。したがってこれは，u を傾きとする直線で示されるものになる。

問題はもうひとつの変動費である人件費 $w \cdot l(q)$ である。これは原材料費のような比例関数にはならない。なぜなら，生産量 q を増やすには，労働時間 $l(q)$ も増やす必要があるが，図4-1で見たように，1時間ずつ労働時間を追加して行っても，各1時間が発揮する追加的生産力，すなわち限界生産力は一定でないので，生産量を2倍にすれば労働時間も2倍になるというような，単純な関係にはないからである。その結果，人件費の関数 $w \cdot l(q)$ は，図5-1にあるように，少し複雑なカーブを描くことになる。このような形になる理由は，この後すぐに説明するが，われわれはその理由を，じつはすでに知っているのである。

こうして，図5-1が総費用関数（もしくは総費用曲線）を表すものになる。たとえば生産量が q_0 のとき，総費用は TC_0 になる。その内訳は，固定費が v，原材料費が $u \cdot q_0$，人件費が $w \cdot l(q_0)$ であって，3つ合わせて TC_0 を構成することなる。

図5-1はさまざまに活用することができる。限界費用曲線も，平均費用曲線も，この図から導き出すことができるのである。

> 確認問題 5-1 (1)　図5-1と同じ図を描き，任意の生産量 q_0 に対応する総費用 TC_0 を記せ。次に q_0 のちょうど2倍の生産量 q_1 をとり，それに対応する総費用 TC_1 を求めよ。そのとき TC_1 は TC_0 の2倍と言えるかどうか，確認せよ。

(2) 限界費用曲線

限界費用の変化を図にする　　限界費用とは，生産量をわずかに増加させたときの費用の増加分を意味した。もう少し正確に表現すれば，生産量を1単位追加したときに生じる追加的費用のことを，限界費用と定義した。第4章で確認したように，生産量とともに変化するのは変動費だけだから，限界費用の中身は変動費，すなわち原材料費と人件費になる。

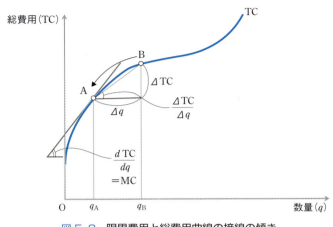

図5-2 限界費用と総費用曲線の接線の傾き

　限界費用を，生産量を1単位追加したときに生じる，総費用の増加分と表現しても結果は変わらない。なぜなら，固定費は変化しないので，総費用の増加分と言ったら，それは結局，変動費の増加分を意味することになるからである。そこで以下では，限界費用を，生産量をわずかに増やしたときの，総費用の増加分として考えることにしよう。

　このように定義し直された限界費用は，図5-1 ではどのように示されるだろうか。まず，生産量が増えたときの，総費用の増加分を一般的に表現してみよう。図5-2は図5-1を再掲したものだが，最初の生産量を q_A とし，これを q_B にまで増加させた場面を描いている。各生産量に対応する総費用曲線上の点をそれぞれ点A，点Bとしよう。点Aから点Bにかけて生産量は Δq （＝ $q_B - q_A$）だけ増加し，その結果，総費用が ΔTC だけ増加している。したがってこの場合，生産量を1単位増加させたときの総費用の増加分は ΔTC/Δq で示されるだろう。すなわち直線 AB の傾きがそれである。

　しかしながら，この場合の Δq はまだそうとう大きい値なので，これをもって生産量を q_A からわずかに増やしたときの総費用増分，すなわち限界費用と考えるのは適当でない。そこで Δq の値を思い切り小さくしてみよう。そうすれば，定義通り，q_A からほんのわずかだけ生産量を増やしたときの総費用増

分として，限界費用を求めることができるだろう。

総費用曲線の接線の傾き＝限界費用　読者のみなさんは，いまここで行っている作業が，補論で微分を学んだときの作業とそっくりであることに気づかれただろうか。まさしくその通り，われわれは微分を使って，総費用曲線から，限界費用曲線を求めようとしているのである。Δq を思い切り小さくしたときの $\Delta \mathrm{TC}/\Delta q$ がどのような値になるかと言えば，補論の（補-8）と同じように，

$$\lim_{\Delta q \to 0} \frac{\Delta \mathrm{TC}}{\Delta q} = \frac{d\mathrm{TC}}{dq} \tag{5-1}$$

になる。そして $d\mathrm{TC}/dq$ とは補論で学んだように，総費用 TC を生産量 q で微分した値であり，それは図のうえでは，総費用関数の接線の傾きとして現れるものになる。したがって，ここからわれわれは次の結論を得る。すなわち，限界費用は総費用曲線の接線の傾きとして現れるのである。

図5-3（a）の点 A を通過する接線の傾きは，生産量 q_A における限界費用を表している[1]。同じように，点 B を通過する接線の傾きは，生産量 q_B における限界費用を表している。では，限界費用曲線はどうなるであろうか。それを求めるには，図5-3（a）において，生産量の変化とともに，接線の傾きがどう変化していくかを読み取ればよい。そうすると，次のようになるだろう。

点 A から点 B にかけて，接線の傾きは緩やかになっている。これは接線の傾きが小さくなっていることを意味する。つまり，生産量 q_A から q_B にかけて，限界費用は低下しているのである。この生産量と限界費用の関係を，図5-3(b)でちょくせつ示すことにしよう。図5-3（b）は，横軸に生産量をとり，縦軸には限界費用をとっている。こうすることで，図5-3（a）では接線の傾きとして示される限界費用を，図5-3（b）では数値で示すことができるわけである。生産量 q_A から q_B にかけて限界費用は低下しているから，これを図5-3（b）に示せば，限界費用の逓減部分として示されることになるだろう。

限界費用曲線の形状の特徴　さて，図5-3（a）に戻ると，点 B から点 C に向かう途中で，接線の傾きが下降から上昇に転じていることがわかるだろう。そして点 C に到達する頃には，接線の傾きは点 B のときよりも大きくなって

---

[1] 正確には，生産量が q_A からわずかに増えたときの限界費用と言うべきだが，煩雑になるので，q_A における限界費用という言い方をする。

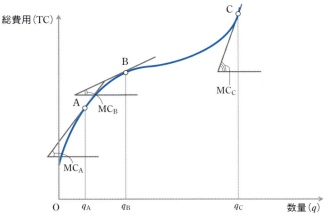

図 5-3（a） 接線の傾き（限界費用）の変化

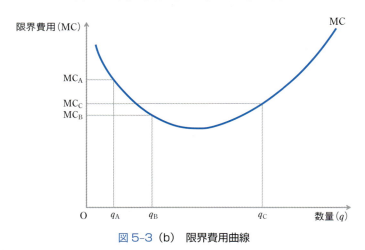

図 5-3（b） 限界費用曲線

いる。これを図 5-3（b）に記せば，点 A から点 B にかけて逓減していた限界費用曲線は，点 B を過ぎた後どこかで底を打ち，その後は上昇に転じて，点 C においては，点 B よりも大きな値を示すようになるはずである。

　かくして得られた図 5-3（b）を見れば，それはまさしく，われわれが知る限界費用曲線そのものであることがわかる。図 5-3（b）は，あくまで総費用

92　第 5 章　生産者均衡の理論（2）

関数から導出したものだが，われわれはそれとは別のルートを通じて，限界費用曲線の形をすでに確かめている。それゆえ，以上の推論が誤りでないことがわかるのである。そして，図5-3 (a) で限界費用曲線の形を定めたのは，人件費の曲線であったことを確認しよう。この2つの曲線は，一方が他方を映す鏡のような関係にあり，一方が形を変えるときには，他方もそれに合わせて，形を変えなければならないのである。

　確認問題 5-1 (2) 　　総費用関数が $C(q) = 2q^3 - 3q^2 + 4q + 25$ で表されるとき，固定費の大きさを求めよ。また，限界費用関数 $(dC(q)/dq)$ を求めよ。

(3) 平均費用曲線

　平均費用曲線を描く 　　では次に，平均費用曲線を導出してみよう。われわれは，限界費用曲線の形は知っていたが，平均費用曲線については，まだ何も知らない。しかし，平均費用曲線を求めないと，利潤の大きさを実際に求めることができない。平均費用曲線は，限界費用曲線とはまた別の意味で，重要な役割を果たす曲線なのである。

　平均費用曲線は次のようにすれば導出できる。平均費用は，第4章の最後に定義したように，TC/q で定義される。そこでまず，この値を図5-1のなかで表してみよう。

　図5-4 (a) として図5-1を再掲しよう。図5-2と同じ生産量 q_A をとり，それに対応する総費用を TC_A で表そう。そうすると，平均費用は TC_A/q_A になる。これを図中で示すのは比較的容易であって，q_A に対応する総費用曲線上の点Aと，座標原点を結ぶ直線OAを引いてみる。そして直線OAの傾きを読めば，それは文字通り，TC_A/q_A になっているだろう。つまり，平均費用は，各生産量に対応する総費用曲線上の点と，原点を結ぶ直線の傾きとして現れるのである。

　したがって，生産量が q_B のときの平均費用は，同じように点Bと原点を結ぶ直線OBの傾きとして求めることができる。図5-4 (a) によれば，直線OBの傾きは明らかに直線OAの傾きよりも緩やかである。ということは，q_B における平均費用の方が，q_A における平均費用よりも小さいことを示している。平均費用もしたがって，限界費用と同様に，生産量が増加していくにしたがい，

まずは逓減する傾向を見せるのである。このことを，横軸に生産量，縦軸に平均費用をちょくせつとった図 5-4 (b) に示しておこう。

では，平均費用は逓減するだけかといえば，そうではない。確かに点 B を過ぎても，平均費用を表す直線の傾きは，しばらくのあいだは緩やかになっていくだろう。しかしながら，生産量が q_C のような大きな水準になると，そこからさらに生産量を増加させた場合，平均費用を表す直線の傾きは急になっていく，つまり平均費用が上昇していくことを，確かめることができるだろう。したがって，平均費用も限界費用と同じく，ただただ低下するだけではなく，どこかで底を打ち，その後は上昇に転じる性質を持っていることがわかる。では，その変わり目はどこにあるのだろうか。

図 5-4 (a) にはもう 1 つ，生産水準 q_D が記されている。そしてこの q_D は他の生産水準とは明らかに異なる性質を持っている。それは，平均費用を示す直線が，他の生産水準の場合は総費用曲線と交わっているのに対し，直線 OD だけは，総費用曲線と接しているのである。直線 OD は総費用曲線に対する接線になっている。もちろん，この場合も，直線 OD の傾きが平均費用を表すことに違いはない。だが，この直線 OD よりも，さらに緩やかな傾きを持つ平均費用の直線は存在するだろうか。明らかに，直線 OD よりもわずかでも傾きが緩やかになれば，つまりわずかでも傾きが小さくなれば，その瞬間，直線は総費用曲線から離れてしまうだろう。総費用曲線上の点を通過しないのであれば，それは平均費用を表す直線とは言えなくなる。

平均費用曲線は U 字型　　したがって，直線 OD よりも緩やかな傾きを持つ平均費用の直線は存在しない。言い換えれば，直線 OD が示す平均費用よりも，小さな平均費用は存在しないのである。ということは，生産量が q_D のとき，平均費用は最小値をとり，そこを過ぎると，q_C のように，平均費用は再び上昇していくのである。図 5-4 (b) でこのことを示せば，生産量 q_D のとき平均費用は最小値を示し，それ以後は再び上昇を開始するということである。かくして得られた図 5-4 (b) の曲線，これがわれわれの求めるべき平均費用曲線である。平均費用曲線は限界費用曲線よりも，いくらか左右対称な形に描かれる。このことから，平均費用曲線を（ときには限界費用曲線も含めて）U 字型費用曲線などと呼ぶこともある。

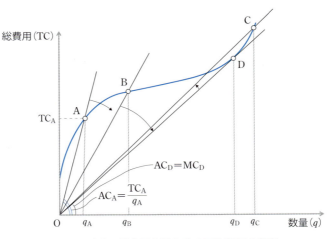

図 5-4（a） 総費用曲線からの平均費用の導出

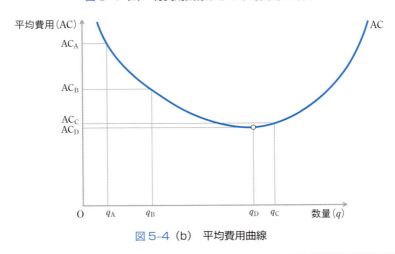

図 5-4（b） 平均費用曲線

確認問題 5-1（3） 総費用関数が先と同じ $C(q) = 2q^3 - 3q^2 + 4q + 25$ であったとき，平均費用関数 $(C(q)/q)$ を求めよ。

(4) 限界費用曲線と平均費用曲線の位置

　2つの曲線はどこで交わるか　かくしてわれわれは，限界費用曲線と平均費用曲線をそれぞれ手に入れた。そこで次に，この2つの曲線を，同じ図表上に描いてみることにしよう。図5-5 がそれである。この図はこの先何度も用いられるものになる。ミクロ経済学のなかでも，もっとも頻繁に使用される図のひとつであると言ってよい。読者のみなさんは，この図をその都度かならず自分で描いて，それこそ書き順ごと身につけてほしい。この図にどれだけ習熟できたかによって，ミクロ経済学の実力が決まると言っても過言ではない。

　さて，その場合，限界費用曲線と平均費用曲線の位置関係に十分注意する必要がある。じつは，この2つの曲線には厳密な位置関係があって，それを守らずに描かれた図は，いくら上手にきれいに描かれていても，まったく意味をなさないのである。図5-5 をよく見てほしい。限界費用曲線と平均費用曲線は，どこかでかならず交わるはずだが，その交点に特徴があることに気がつかれただろうか。図から明らかなように，限界費用曲線と平均費用曲線は，平均費用曲線の最低点で交わっているのである。これは絶対こうなるのであって，偶然でも何でもない。だから，他の場所で交わるように描かれている図はいっさい意味をなさない。よく試験答案などを見ていると，「要するにどこかで交わっていればいいんだろう」と考えたのか，平均費用曲線の右端の方とか，左端の

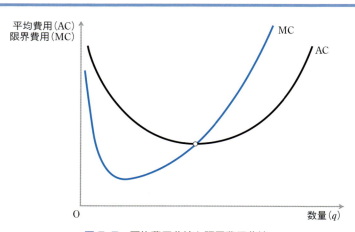

図5-5　平均費用曲線と限界費用曲線

方とかで̇ち̇ょ̇ろ̇ん̇と交わっているグラフを目にするが，そういうものが答案中に発見されたならば，それで即刻アウト！である。

ではなぜ，そのような位置関係になるのか。図 5-4 (a) をもう一度見てほしい。直線 OD よりほんのわずかでも傾きが緩やかになると，平均費用の直線が総費用曲線から離れてしまうので，この直線 OD の傾きがもっとも小さな傾き，すなわち平均費用の最小値になるのだった。そしてこのことは，直線 OD が総費用曲線に対する接線になることを意味した。平均費用の直線が総費用曲線の接線になったとき，その傾きが平均費用の最小値になるわけである。

しかし，総費用曲線の接線の傾きとは，そもそも何であったかと言えば，(2) で見た通り，それは本来，限界費用を表したはずである。つまり，直線 OD が総費用曲線の接線であるとするなら，その傾きは，生産量 q_D における限界費用の大きさを表すはずなのである。ということはつまり，生産量 q_D において，平均費用と限界費用は，同じ値になるということである。すなわち，平均費用の最小値において，平均費用と限界費用は同じ値にならなければならないのである。ゆえに図 5-5 において，平均費用曲線と限界費用曲線は，平均費用の最小値でたがいに交わるように描かれているのである。

交点の意味　これは論理必然的な関係であって，偶然の産物ではない。これは，生産量 q_D において，平均費用を表す直線と，限界費用を表す接線が，同一のものになることから得られる結果なのである。もしこれ以外の場所で，平均費用曲線と限界費用曲線が交わることがあるとしたら，そこにおいても，平均費用を表す直線と限界費用を表す接線が一致しなくてはならないが，それは点 D 以外では不可能であることを，読者のみなさんは自身で確かめることができるだろう。

限界費用曲線は，平均費用曲線よりも低い位置から始まり（これは，たとえば直線 OA の傾きが，点 A における接線の傾きよりも大きいことから確かめられる），最初は両曲線とも逓減していくが，限界費用曲線の方が先に底を打って上昇に転じ，そして，平均費用曲線の最低点を，下から上へ横切るように交差していくのである。読者は，この位置関係を自然に守って図を描けるようになるまで，何度も反復練習してほしい。

確認問題 5-1 (4)　図 5-5 と同じ図を，各自ノートに 10 回描いてみよ。

5-2　費用曲線から供給曲線へ

(1) 最大化された利潤の大きさ

図の面積によって求める　さて、これでわれわれはようやく、残された3つの謎に取り組む準備を整えた。いよいよ謎解きを始めるときがきた。

まず②の、最大化された利潤の大きさから明らかにしよう。図5-6を見てほしい。これは図5-5をそのまま再掲したものだが、それに加えて財の価格 P_0 が記されている。大海中の一滴にも等しい各企業は、自分で価格を動かすほどの力は持っておらず、あくまで生産量の調整のみによって、利潤最大化をはからなければならない。

さて、利潤最大化をもたらす生産量を教えるのは、限界費用曲線である。価格＝限界費用となる生産量 q_0 を選択することによって、各企業は生産者余剰と同時に利潤を最大化する。ここまではすでに確認した。問題はそのときに最大化される利潤の大きさである。利潤を求めるには、まず平均費用を求め、これに生産量、いや正しくは供給量をかけ算して総費用を求め、これを売上金額から差し引く必要がある。

その平均費用の大きさを、われわれは平均費用曲線から知ることができる。

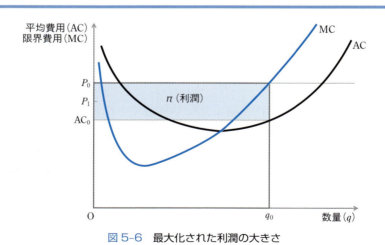

図5-6　最大化された利潤の大きさ

図5-6を見れば,生産量がq_0のとき,平均費用はAC_0という大きさになることがわかる。これに改めてq_0をかければ,固定費を含む総費用の大きさを算出できる。それはしたがって,AC_0を縦の辺,q_0を横の辺とする長方形の面積ということになるだろう。

一方,売上金額は$P_0 \times q_0$だから,これも同じように,P_0を縦辺,q_0を横辺とする太枠の線で囲った長方形の面積として示すことができる。したがって,この大きな長方形の面積$P_0 \cdot q_0$から,総費用を表す長方形の面積$AC_0 \cdot q_0$を差し引いた残りが,われわれが求めるべき利潤の大きさということになる。それは,図5-6の薄い色をつけた長方形部分の面積として示されるものになるだろう。利潤とはこのように,限界費用曲線と平均費用曲線を同時に描いた図のなかに,面積という形で示されるのである。限界費用曲線が供給量を教え,平均費用曲線が利潤の大きさを教えるのである。これで②の謎は解き明かされた。

　確認問題 5-2（1）　図5-6において価格がP_1に低下したら利潤の大きさはどうなるか。図5-6を自分で描き,図中にその利潤を示せ。

（2）なぜ供給曲線は右上がりになるのか

　企業が選択する対象を考える　　残された謎は,あと2つである。なぜ,限界費用曲線と供給曲線の形が一致しないのか。そしてなぜ,価格＝限界費用となる左方の交点は無視されるのか。

これはしかし,いまの利潤算出の作業を繰り返すことによって,おのずと解き明かされる問題なのである。まず④について見ていこう。図5-7を見てほしい。もし仮に,この左側の交点で生産量を決定したとしたら,そのとき利潤の大きさはどうなるだろうか。先と同様の手順に従えば,生産量q_1における売上金額は,薄い色をつけた$P_0 \cdot q_1$の部分になるだろう。一方,q_1に対する平均費用はAC_1になるから,これをかけ算すれば,図5-7の太枠で囲まれた長方形の面積が総費用ということになる。すなわち,この場合,総費用の方が売上金額よりも大きくなってしまうのである。その結果,q_1で生産量を決定すると,この企業は図中に示されたような損失を被ることになってしまうのである。したがって,このような生産量を,企業は選択できないのである。

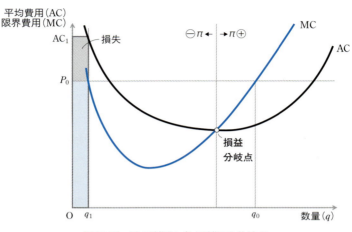

図 5-7　正の利潤と負の利潤の分岐点

なぜ、このようなことになるのか。それは、平均費用曲線の方が、限界費用曲線よりも高い位置にあるからである。企業は価格と限界費用を等しくするので、平均費用が限界費用よりも大きいと、平均費用が価格よりも大きくなって、その結果、赤字が発生してしまうのである。

だとしたら、生産量 q_1 に限らず、平均費用曲線が限界費用曲線よりも高い位置にある領域においては、どこでもこれと同じ現象が起きるはずである。平均費用曲線が限界費用曲線よりも高い位置にあるところで、価格＝限界費用となる生産量を選択したら、その瞬間、確実に赤字が発生する。では、平均費用曲線が限界費用曲線よりも高い位置にあるのはどこかといえば、それは図 5-7 が明瞭に示しているように、平均費用曲線と限界費用曲線の交点よりも左側である。この領域内ではどこでも、平均費用曲線の方が、限界費用曲線よりも高い位置にある。これは、2 つの費用の性質から必然的にもたらされる結果である。

<u>右上がりの理由</u>　　もう一度、整理しよう。平均費用曲線と限界費用曲線の交点よりも右側においては、平均費用曲線が限界費用曲線よりも低い位置に来るため、正の利潤が発生する。しかしながら、平均費用曲線と限界費用曲線の交点よりも左側においては、平均費用曲線が限界費用曲線よりも高い位置に来るため、かならず負の利潤、すなわち赤字が発生してしまうのである。し

がって企業は，この左側の領域にある生産量を選択しないのである。これが④の謎に対する答え，すなわち，価格＝限界費用となる左側の交点を無視してきたことの理由である。

そうすると，企業にとって選択の対象になりうるのは，この右側の領域に属する生産量だけということになるだろう。右側の領域で生産量を選択すれば正の利潤を獲得できるが，左側の領域で生産量を選択したら赤字になってしまうわけだから，企業が左側の領域を選択する可能性はないと言ってよい。したがって，企業にとって供給曲線の役割を果たすのは，限界費用曲線の全部ではなくて，平均費用曲線との交点より右側に属する部分だけなのである。これが③の謎への答え，すなわち，供給曲線と限界費用曲線の形が一致しなかったことの理由である。限界費用曲線は，平均費用曲線よりも先に上昇を開始するから，この部分において限界費用曲線はすでに右上がりになっている。ゆえに供給曲線は右上がりになるのである。

損益分岐点と操業停止点　もっとも，厳密には，赤字になった途端，企業が生産を停止するとは限らない。たとえばいま，価格が何らかの事情でどんどん低下していき，平均費用曲線と限界費用曲線の交点を下回ったものとしてみよう。こうなると，どのような生産量を選択しても，かならず赤字になってしまう。では，企業はそれをもって即刻生産を停止するかというと，そうでない可能性もあるのである。

すなわち，赤字とは売上金額が総費用に及ばないことを意味するが，それでも変動費，すなわち原材料費と人件費だけは何とかカバーできているとすれば，企業は不本意ながらも生産活動を続けるかもしれない。なぜなら，固定費はどのみち払わなくてはならない費用であり，実際にはすでに支払ったものを，帳簿上計上している場合もある。帳簿上は赤字であっても，変動費を上回る現金収入があるのであれば，その部分を積み立てていくことで，やがては固定費部分を回収できるかもしれない。

しかし，変動費すら回収できないほどの赤字になったならば，これはもう生産の継続自体，あきらめた方がよい。なぜといって，これは，ちょくせつの経費すら回収できない状態を意味するから，作れば作るほど赤字が増えていって，やがては倒産に追い込まれることが確実だからである。したがって，企業が本格的に操業を停止するのは，固定費を含む総費用を回収できなくなったときで

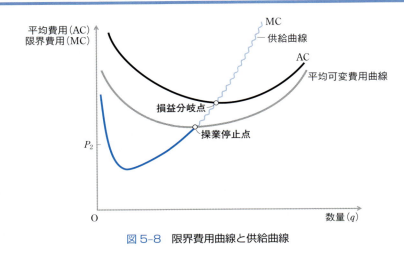

図 5-8　限界費用曲線と供給曲線

はなく，変動費を回収できなくなったときだと考える必要があるわけである。

図 5-8 ではこれを示すために，平均費用曲線とは別に，変動費だけの平均費用曲線，すなわち平均可変費用曲線も描いている。そして，価格が平均可変費用曲線と限界費用曲線の交点よりもさらに下がってしまった場合には，変動費すら回収できないことになるから，今度こそ企業は生産停止を決意するだろう。平均費用曲線と限界費用曲線との交点を損益分岐点，平均可変費用曲線と限界費用曲線との交点を操業停止点と表現しよう。損益分岐点は総費用の回収ができなくなる点であり，操業停止点は変動費の回収すらできなくなる点を表している。

したがって厳密には，供給曲線は損益分岐点の右側ではなく，操業停止点よりも右側に属する限界費用曲線として考えるのが正しい。しかし，いずれにしても，それは限界費用曲線の右上がり部分だから，供給曲線が右上がりになる基本的理由に変わりはない。

市場の供給曲線　　かくして，われわれはようやく一企業の供給曲線を求めることができた。後は，需要曲線のときと同様，これを市場に属するすべての企業について集計することによって，市場全体の供給曲線を求めればよい。そして，どの企業も右上がり供給曲線を持つとすれば，集計された市場の供給

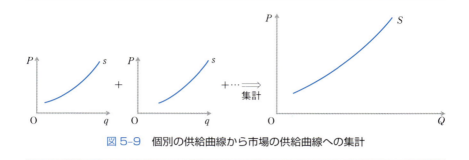

図 5-9　個別の供給曲線から市場の供給曲線への集計

曲線も，供給量こそ膨大になるものの，形状的にはやはり右上がりの形を示すだろう。それを図5-9に示しておこう。

<u>供給曲線の形は変わらないか</u>　　以上が，供給曲線の理論である。供給曲線はなぜ右上がりになるのか。それはひとえに限界費用曲線の形にかかっていると言ってよい。限界費用曲線が右上がりになるから，供給曲線も右上がりになるのである。したがって，限界費用曲線が右上がりの形を示さなくなったら，そのとき同時に，供給曲線も右上がりの形は示さなくなる。

では右上がりの限界費用曲線は，それほど強固な基盤に支えられているだろうか。限界費用曲線は，もともと限界生産力の軌跡から求められたものだった。したがって限界生産力が図4-1のような軌跡を示さなくなったら，その瞬間，限界費用曲線の形状も不確かなものになる。あるいは，限界生産力自体はあのように変化するとしても，労働者への賃金支払いが，図4-2のような一種の出来高払い方式ではなく，定額時給方式になったり，さらには固定的な月給方式になったりしたら，人件費の動き方は，図5-1のようなものとは様変わりすることになるだろう。

現に，日本のほとんどの企業は月給方式を採用しており，正社員については年度単位でしか人数も変わらないから，人件費は事実上，固定費になっている。日本の経営者の多くが「わが社の固定費で，最大の比重を占めているのが人件費である」と言っているのは，経済学を知らないからではないのである。しかし，もし $w \cdot l$ がまるごと v に含まれることになったら，そのとき限界費用曲線の形はどうなるだろうか。そしてその場合でも，限界費用曲線は供給曲線としての役割を果たすものになるだろうか。読者のみなさんは，この現実的な練

習問題にぜひ取り組んでほしい。そして，そうした現実との対比のなかで，供給曲線が右上がりになる現実的可能性について，理解を確かなものにしてほしい。

確認問題 5-2（2）　図 5-8 において，価格が P_2 にまで低下したら，固定費部分の赤字と，変動費部分の赤字はそれぞれどのような大きさになるか。

第5章 練習問題

問題 I 次の文章の空欄に適当な語句を入れなさい。
1. 総費用関数の接線の傾きは（　　　）を表す。
2. 総費用関数上の点と，原点を結ぶ直線の傾きは（　　　）を表す。
3. 平均費用を表す直線が，総費用曲線の（　　　）になるとき，平均費用は最小になる。
4. 限界費用曲線は，平均費用曲線の（　　　）で平均費用曲線と交わる。
5. 平均費用曲線の最低点を（　　　）と呼ぶ。
6. 供給曲線とは，（　　　）よりも右側に位置する限界費用曲線である。

問題 II ある企業の総費用関数が $C(q) = q^3 - 3q^2 + 6q$ で表されるものとしよう（小さな企業のため，固定費は無視できるとする）。このとき，次の問いに答えなさい。
1. この企業の平均費用関数を求めなさい。
2. この企業の限界費用関数を求めなさい。
3. 価格 = 30 円のとき，この企業の供給量を求めよ。ただし，$q > 0$ とする。
4. この供給量の下での利潤の大きさを求めよ。

問題 III ある企業の総費用関数が $C(q) = \dfrac{1}{3}q^3 - 2q^2 + 6q$ で表されるものとしよう（小さな企業のため，固定費は無視できるとする）。このとき，次の問いに答えなさい。
1. 価格 = 18 ドルのとき，この企業の利潤を求めよ。ただし，$q > 0$ とする。赤字の場合は，負の値として示せ。
2. 価格 = 2 ドルのとき，この企業の利潤を求めよ。ただし，$q > 0$ とする。赤字の場合は，負の値として示せ。
3. この企業は，価格が何ドルのとき，損益分岐点に到達するか。
4. この企業の場合，損益分岐点と操業停止点はどのような関係にあるか。

問題 IV いま人件費が固定費となり，総費用関数が $C(q) = v + uq$ になったとしよう。
1. 限界費用関数を求め，それを図示せよ。
2. 平均費用関数を求め，1. と同じ図に描き入れよ。
3. 右下がり需要曲線と限界費用曲線の交点で価格と生産量を決定した場合，利潤はどうなるか。考察せよ。

第6章

市場均衡の理論
― 完全競争と効率性 ―

需要曲線と供給曲線の経済学的な基礎を学んだわれわれは，いよいよ市場メカニズム本体の検討に取り掛かることになる。近代経済学が，原則的に市場メカニズムを評価するのはなぜなのか。市場理論は，強者の富を競争の成果として正当化するための論理のように言われることもある。市場理論とは果たして，そのような内容のものかどうか。経済学を学ぶものは誰よりも深く，そして正しく，市場理論への理解を持つことが求められる。

6-1 改めて市場メカニズムとは？

 経済学の水準からの説明   われわれは，需要曲線の背景には効用価値論，供給曲線の背景には費用理論という，それぞれひとつの経済理論が存在することを学んだ。本章では，その需要曲線と供給曲線を再び結合させて，経済学の水準で市場メカニズムを説明できるようにしよう。

図6-1に市場メカニズムの図を再掲する。図6-1には限界効用逓減に基づく右下がり需要曲線と，限界費用逓増に基づく右上がり供給曲線が描かれている。需要曲線が右下がりになる理由は，以前であれば，価格が安ければそれだけたくさんモノが買えるから…という日常経験の描写によって，その説明に変えることができただろう。しかし，経済学を学んだからには，もはやそのような説明で満足するわけにはいかない。価格が低下したとき，消費者が需要量を増やすのは，価格と等しくなるところまで，（金額表示の）限界効用を低下させないと，効用（消費者余剰）を最大化できないからである。そして，限界効

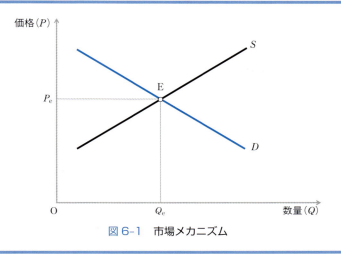

図 6-1　市場メカニズム

用遞減の法則により，限界効用を低下させるには，消費量を増加させる必要があることから，価格の低下に対して消費量の増加が生じるのである。

　他方，価格が上昇したときに供給量が増加するのは，そうした方が何となく儲かるように思えるから…ではない。価格が上昇したら，それと限界費用が等しくなるところまで生産量を増加させないと，利潤（生産者余剰）を最大化できなくなる。逆に，価格が低下したときに，生産量を低下させないでいると，価格を上回る限界費用部分が残存して，利潤をその分損ねてしまう。こうした事態を回避するために，価格の変化に応じて，生産量を調整する必要があるのである。

　適応的な合理性に絞られている観点　　したがって，消費者にせよ，企業（生産者）にせよ，ここで想定されている経済行動は，自らの利益をよりいっそう大きくしようと，リスクを承知で冒険的な行動に出るというような，能動的なあるいは自発的な性質のものではなく，むしろ，自らが被るかもしれない損失を回避するために可能な限り合理的に行動しようとする，反応的で適応的な性質のものであることを，ここで確認しておこう。もちろん，現実に生きる生身の人間たちは，時として貪欲に，リスクを承知で賭けに出るという果敢な一面を，濃厚に持ち合わせている。証券市場や先物市場の発達によって，人間のそ

うした側面が，ひときわ大きくクローズアップされるようになったことも確かである。それゆえ，適応的合理性に視野を限定してきたことは大いなる失敗であったと言われることが多くなり，そのため経済学はいま，人間の能動的な側面をどうしたら経済理論に取り込めるかをめぐって，それこそ学問をあげて取り組んでいると言ってよい。

　確かに，19世紀の学問観を背景に登場した（いまでは初等理論として位置づけられる）古典的ミクロ経済学（または新古典派経済学）は，適応的な合理性をもって知性の証とする人間観を持っていた。そのことが時として，経済学の思考範囲を狭め，およそ現実にはありえそうにない行動の仕方を，経済理論の名において語ってきたことも事実である。しかし，能動的・積極的と評される勇ましさの陰に，他者を顧みようとしない攻撃性が宿りうることを見てとり，これを抑制と制御の対象とすべく，それこそ，命がけの思考を行ってきたことも，人間知性の紛れもない歴史である。その知性の歴史をすべて，経済学の発展を阻む足かせの類に過ぎないものと見なす傾向が出てきているとしたら，それは，表と裏を取り換えただけの，反動的な思考の現れと言うべきかもしれない。

　 歴史的学問という側面 　　　知性あるいは理性の本質を適応的な合理性に求め，勇猛果敢な意志の表出を野性に連なる前知性・反合理性の名残と見なすのは，西欧形而上学の古くからの伝統である。そうした思考様式が，もはや現代のものでないことは周知のこととしても，近代的合理性のもっとも純粋な継承者ともいえる経済学は，そうした哲学的伝統を，経済理論の内容以上に，むしろ経済理論に先立つ約束事や前提条件のなかに，さりげない形で継承してきたのである。カントであれば，こうした継承をおそらく高く評価しただろうし，ニーチェであれば，おそらく口を極めて批判したことだろう。カントが正しいのか，ニーチェが正しいのか，それはいまここで判断すべき事柄ではない[1]。ただ，一見，時代も思想も超越した科学の趣きを持つ経済学が，じつは，あるタイプの哲学的・思想的伝統の系譜に属すること，その意味で一種の思想性を免れない相対的な，また歴史的な学問であることを，われわれは経済学の弱点として

---

[1] この観点からカントを読む場合には『道徳形而上学原論』（岩波文庫など），ニーチェについては『権力への意志』（ちくま文庫など）または『善悪の彼岸』（ちくま文庫など）がよい。また，M. フーコー『カントの人間学』（王寺賢太訳，新潮社，2010年），G. ドゥルーズ『ニーチェと哲学』（江川隆男訳，河出文庫，2008年）も参照せよ。

ではなく，むしろ類稀なる個性として，理解しておく必要があるだろう。

>市場メカニズムを捉える　さて，以上の諸点を踏まえたうえで，改めて市場メカニズムに立ち戻ろう。市場メカニズムは原則的に，図6-1のように描かれる。しかし，この図は本当は，市場メカニズムの行きつく最終状態を，表すものではないのである。本当はこの先にまだ続きがあって，市場メカニズムの真の意義は，そのまだ描かれていない最終状態において，初めて明らかにされるのである。それを明らかにするのが，本章の課題である。

>「シフト」とは　その前に，曲線のシフトについて説明しておこう。需要曲線にせよ，供給曲線にせよ，差し当たりは図6-1のように描かれるが，それぞれの曲線の位置は，決して図にあるような位置に固定されているわけではない。それどころか，需要曲線も供給曲線も，現実には頻繁に，その位置を動かしているのが普通なのである。

需要曲線は，価格と生産量の関係を描いたものである。したがって，1本の需要曲線を描くときには，価格と生産量以外の変数はすべて一定と，暗黙の裡に仮定されることになる。たとえば，消費者の給与・所得なども一定と仮定され，その一定の所得のもとで，価格が高くなったとき，安くなったときの消費量を描いているのが需要曲線なのである。したがって，消費者の所得が変化する場合には，所得一定を前提とする需要曲線を，そのまま使い続けるわけにはいかなくなる。たとえば，所得が上昇すれば，同じ価格の下でも，消費者が買うことのできる数量は増加するだろう[2]。これはすなわち，需要曲線が図6-2のように，全体的に右方向へ移動することを意味する。これを需要曲線の右方へのシフトと表現する[3]。逆に，所得が低下すれば，需要曲線は左方へシフトするだろう。

>さまざまなシフトの要因　需要曲線をシフトさせる要因には，所得以外に

---

[2] じつは，そうとは限らないケースもある。後に検討する無差別曲線分析を知ると，それが明らかになる。

[3] これには2通りの理由が考えられる。1つは，所得が上昇したことで，いままで購入を控えていた人々が，新規の消費者として新たに市場に参入してくる結果，市場の需要曲線が全体的に右へシフトする場合である。もう1つは，既存の消費者の需要曲線がシフトする場合である。すなわち，所得の上昇が貨幣の限界効用（$1/\mu$）を低下させるとすれば，財の限界効用を低下させない限り，$1/\mu = MU/P$ の関係を維持できなくなる。その結果，価格は不変でも各消費者の消費量が増加して，需要曲線を右側へシフトさせるのである。これは，貨幣の限界効用一定の前提には反するが，俗に，財布のひもが緩くなる，というのはまさしくこれを指すものと考えられるので，実際には生じている現象と見ていいだろう。

6-1　改めて市場メカニズムとは？　109

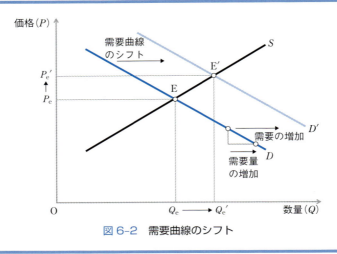

図 6-2 需要曲線のシフト

もいろいろなものがある。たとえばコーヒーが値上がりしたことで，代替財である緑茶の需要が増大するとすれば，コーヒー価格の上昇を原因に，緑茶の需要曲線が右方向へシフトすることになる。その結果，緑茶市場の均衡点も移動することになって，図6-2と同じように，均衡価格は以前よりも高くなるだろう。あるいは，別にコーヒー価格が変わらなくても，何となく生じた緑茶ブームによって，緑茶への需要が全般的に上昇すれば，それだけでも需要曲線はシフトする。このように，所得水準，代替財や補完財の価格，流行の変化など，「他の条件」の変化が需要曲線に影響を及ぼす場合，それらはみな曲線のシフトとなって現れるのである。

　供給曲線も同様である。たとえば，原油価格に代表される原材料価格が高騰した場合，これは前に図4-2に描いた原材料費の部分を大きくするから，限界費用が全体的に高くなって，その結果，供給曲線の位置を上方へ，もしくは左方へシフトさせることになるだろう。あるいは，賃金が全般的に低下すれば，今度は逆に供給曲線は下方へ，もしくは右方へシフトするだろう。需要曲線に変化がないとすれば，図6-3にあるように，このとき新しい均衡点は，均衡価格を引き下げ，均衡数量を増大させるだろう。この過程で生産者余剰も拡大するから，固定費一定の短期においては，これは企業の利潤拡大を意味する。

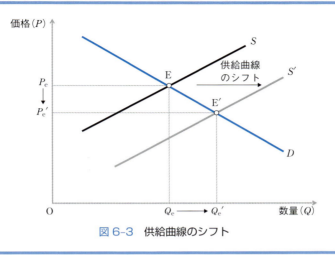

図 6-3　供給曲線のシフト

各企業がこぞって人件費の引き下げを求めるのはこのためである．また，本書の範囲は超えてしまうが，長期において生産技術に革新（イノベーション）が起これば，それは原材料費や人件費を全体的に引き下げることにつながり，その結果，供給曲線はやはり右下方へシフトするだろう．価格支配力を持たない企業が，均衡点から離れて利潤拡大を目指すには，じつのところこれ以外に選択肢はほとんどない．企業がこぞって技術革新を目指すのは，このためである．

　注意点　　ここでひとつ大事な表現を導入しておこう．これまでも見てきたように，1本の同じ需要曲線上で，価格の低下（上昇）によって需要量が変化する場合には，これまで通り需要量が増加した（減少した）という言葉を使う．これに対して，需要曲線そのものがシフトして需要量が変化する場合は，需要が増加した（あるいは減少した）という言い方をする．よく似た表現だが，指し示している内容はまったく異なるので，間違えないように注意する必要がある．供給曲線の場合も同様で，同じ1本の供給曲線上における供給量の変化は，文字通り供給量の変化といい，供給曲線そのものがシフトする場合は供給の変化という．

　確認問題 6-1　　ガソリン価格の上昇が，なぜ新車販売台数の減少をもたらすの

か。ガソリン市場，新車市場における需給曲線のシフトを用いて分析せよ。

6-2　完全競争市場の条件

　前節で，市場メカニズムの真の意義は，そのまだ描かれていない最終状態において，初めて明らかになると述べた。これはどういう意味か。本節でこれを明らかにしていこう。

　図6-1のように描かれる市場メカニズムは，じつはある特別な条件を前提に描かれている。ミクロ経済学では，それを完全競争市場の前提と呼ぶ。完全競争市場とは，市場メカニズムが，その機能をもっとも純粋に発揮できる条件をすべて備えた，一種の仮想的な市場であって，現実に生じることはない。しかし，そうした仮想的な世界で市場メカニズムの帰結を確認することで，われわれは市場の本来的な機能を，理論的に理解することができるようになる。そしてそれが望ましい一面を持つのであれば，現実をそれに近づけることが経済政策のひとつの指針になり，逆に，望ましくない結果をもたらすと判断されれば，そこから経済を引き離すことが経済政策の指針になる。

　完全競争市場には，5つの備えるべき条件がある。それをまず列記しよう。

① 完全競争市場は，無数の小さな経済主体で構成される。すなわち，消費者も企業も，市場という大海に浮かぶひとつぶの水滴にも等しい小さな存在であって，価格の決定をはじめ，市場の動向に影響を及ぼすような力は持っていない。
② 経済主体は独立に意思決定を行う。すなわち，消費者も企業も，自己の目的を達成するため，あくまで自律的に行動するものと前提される。他の消費者や企業の様子を見てから，それに合わせて自分の行動を決めるようなことはせず，あくまで自分の行動は自分一人で決め，いったん決めたら迷わず実行に移す。確かにこれは，厳密に言えば経済主体に関する想定と言うべきで，市場に関する想定とはかならずしも言えないから，これを完全競争条件に含めない本も最近では多い。しかし，経済主体が単独で行動を開始せず，他者との共謀などをまず念頭に置くようでは，競争がそもそも

始まらない。したがって，本書ではこの条件も，完全競争条件に含まれるものと考える。と同時に，ここには，近代市民社会が理想とした人間像，すなわち，自立的で自律的な人間像が投影されていることも，一言付言しておこう。

③ 市場で取引される財・サービスは完全に同質的である。すなわち，完全競争市場で取引される財は，たがいにまったく区別がつかないほど，同質的な製品であることが前提される。ハンバーガーといったらハンバーガーしかないのであって，L社のハンバーガーとかM社のハンバーガーとかいったような，製品差別化はいっさい行われていない。そのため，競争はあくまで，価格だけを指標に行われることになる。

④ 経済主体は市場に関する完全な知識を持つ。すなわち，消費者にせよ，企業にせよ，市場取引に必要な情報はすべて偏りなく与えられる。情報を取得するのに，何らかの費用がかかることはない。これは理論的にはかなり極端な想定になるのであって，たとえば，東京で豆腐を買っていた消費者が，同じ豆腐が北海道で5円安く売り出されたことを，何の費用もかけずに，それこそ一瞬で察知するような事態もありうるとして議論を進める。

⑤ 資源移動は無費用で可能である。これは少々難しい言い回しだが，ここで言う「資源」には，石油とか鉄とかといった通常の物的資源の他に，労働力（人的資源）や資金など，生産活動に必要な要素をすべて含めて考えている。そうした要素をある用途から，別の用途に変えることに，余計な手間や費用はいっさいかからないとするのがこの条件である。これによって，消費者や企業は自由に市場を移動することができるようになり，この後見るように，大きな利潤を上げている市場には，すぐさま多くの企業が参入することになって，競争が徹底化することになる。これも，理論的には極端なケースを含むものになり，東京の消費者が北海道で5円安い豆腐が売られていることを知ったなら，即座に北海道の豆腐市場に乗り込む（消費者という人的資源の移動）というような事態も，理論上は想定されることになる。

以上が完全競争市場の条件である。いずれも極端な仮定であって，これがそのまま現実化することはない。最近，テレビなどで，従来の慣行が通用しない

激しい競争にさらされることを称して「完全競争」と表現している論者をたまに見かけるが、これは経済学を知らないことの告白にしかなっておらず、決してまねをしてはいけない。完全競争は競争の程度を意味する言葉ではない。これは理念的な市場構造を表す言葉であって、そのまま現実化することはありえない。ただ、これだけの条件がそろわないと、市場はそれ本来の機能を純粋には発揮できないのであって、この想定は、まずはその純粋な帰結を引き出すための、理論的仮構として設けられたものなのである。

　確認問題 6-2　　超特価セールの広告を見ても、消費者が殺到するとは限らないのはなぜか。現実生活と完全競争の差異を列挙せよ。

6-3　完全競争の帰結と効率性

　完全競争の行き着く先　　では、その純粋な帰結とはどのようなものか。それを見るためには、市場全体と、そのなかで活動する1つの企業を、同時に見ていく必要がある。図6-4 にそれを示そう。

　図6-4 (a) は完全競争市場を、図6-4 (b) はこの市場で活動しているひとつの企業を表している。均衡価格は図6-4 (a) から P_0 になっており、これを与えられたものとして、企業は図6-4 (b) において供給量 q_0 を選択している。その結果、第5章で見たように、この企業は π_0 という大きさの利潤をあげている。

　ここまでの展開は、すでに何度も見てきたものだが、じつはこれも、完全競争の前提を背景にしているのである。すなわち、企業が市場価格 P_0 をあくまで与件として、生産量の選択だけを行うのは、完全競争条件の①を前提にしているからである。後に第9章で見るように、市場が1社で独占されるような事態になれば、企業はもはや価格を与件とは考えなくなる。また、価格=限界費用となる生産量 q_0 を迷わず実行しているのも、条件の②を前提しているからである。実際の企業であれば、他の企業の生産動向などをよく観察してから、q_0 を実行するかどうか決めようとするだろう。

　たゆまぬ参入　　さて、完全競争市場では、④の条件から、この市場で π_0

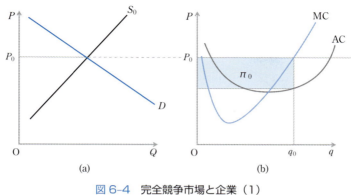

図 6-4 完全競争市場と企業（1）

のような利潤が生じていることを，他の市場にいる企業がたちどころに知るようになる。そうすると，業績の改善を企図している企業などは，自分も π_0 のような利潤を得ようと考えて，この市場にいっせいに参入を開始するだろう。それを思いとどまらせるような，現実的制約がいっさい存在しないことを，⑤の条件が保証している。そうすると，この市場の企業数は一気に増えることになり，参入企業の供給量が市場の供給量に加えられる結果，前の節で見たように，市場の供給曲線全体が，右方へシフトすることになるだろう。

その結果を表しているのが図 6-5 である。図 6-5（a）には，参入によって供給曲線がシフトし，その結果，均衡価格が P_1 にまで下落する様子が描かれている。価格の下落は即座に，各企業に新たな生産水準への調整を強いることになるだろう。その様子を描いているのが図 6-5（b）である。企業は，今度は P_1 を与件として新たな供給量を選択し直さなければならない。図 6-5（b）によれば，新たな供給量は以前よりも小さな q_1 になり，利潤も π_1 にまで減少している。

同質的という条件　さて，議論はこの先も続いていくが，その前に，この調整過程における条件③の役割について，確認しておく必要がある。というのは，市場価格が P_0 から P_1 に下落した際，もし条件③が存在せず，各企業が他社とは異なる独自の製品を作っているとしたら，なかにはこの値下げに追随しない企業が出てくるかもしれないからである。たとえば，同じハンバーガー

6-3 完全競争の帰結と効率性　115

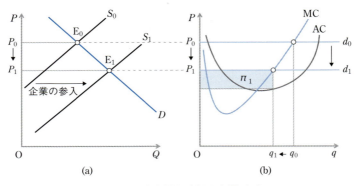

図 6-5 完全競争市場と企業（2）

でも，自分は L 社以外のものは食べないのだと決めている消費者は，M 社のハンバーガーが多少安くなったからといって，途端に L 社から M 社に鞍替えするようなことはしないだろう。したがって，こうした顧客層を持っている企業は，市場価格の下落に，かならずしもついてこないかもしれない。いやむしろ，そうなることを目的に，各企業は積極的な製品差別化をはかり，さらには積極的なマーケティング戦略も行って，安定的な顧客層を作ろうとするのである。

　③の条件は，そうした製品差別化が，いっさい存在しないという条件である。ハンバーガーと言ったらハンバーガーしかないのであって，味も形も違わなければ，製品イメージの差もまったく存在しない。そうなると，消費者にとって，1円でも高い製品を買い続ける理由はどこにもないことになり，他社より1円でも高くなったら（他社の方が安いことは，④の条件によって，消費者は即座に感知するから），その瞬間，需要は一瞬でなくなってしまう。それゆえ，完全競争市場における企業は，1円の価格差も残すことはできないのである。市場価格以外の価格を選択できないのは，自力で価格を動かすことができない（条件①）ことに加え，製品が完全に同質（条件③）なためなのである。

　企業ごとの需要曲線　　そして，このことがじつは，個別企業が直面する需要曲線という新しいアイデアをもたらすことになる。これまで需要曲線といったら，それは市場全体の右下がり需要曲線を意味し，企業ごとの需要曲線とい

うものは，特に考えてこなかった。しかし，消費者に直面するのは個々の企業なのだから，企業ごとの需要曲線というものがあっても不思議なことは何もない。では，それはどのようなものかと言うと，じつはわれわれは，それをずっと見てきているのである。

条件の③から，完全競争市場の企業は，製品価格に1円の差も出せないことがわかった。言い換えれば，価格を1円でも高くすると，需要はいっぺんにゼロになってしまい，逆に，価格を1円でも安くしたら，市場全部の消費者が殺到して，それこそ無限大の需要増加に直面することになるだろう。

このような特徴を持つ需要曲線は，形としては，水平の需要曲線として現れることになるだろう。水平とは，いま現在の価格から1円でも価格を高くすると，需要量の落ち込みが途中で止まらず，一気にゼロにまで行ってしまうことを意味し，逆に1円でも安くすると，需要はどこまでも止まることなく，無限大に増え続けることを意味する。ということは，われわれが，これまで価格を表す直線と呼んできたものは，じつは，完全競争市場の企業が直面する個別の需要曲線だったのである。図6-5 (b) には，このことを示すために，価格の水平線に小文字の d という記号をつけて，これが同時に，個別企業の需要曲線でもあることを示している。

市場の到達点　では，図6-5の続きを追うことにしよう。価格の低下によっていくらか小さくなったとはいえ，各企業は依然として利潤 π_1 をあげている。参入が利潤を誘因とするものだとしたら，こうした利潤が存在する限り，参入は継続するものと考える必要があるだろう。その結果，市場は，最終的にどのような状態に到達するだろうか。

利潤 π_1 を目指して参入が継続すれば，企業数がさらに増える結果，供給曲線はさらに右方へシフトするだろう。その結果，価格はさらに低下し，その低下した価格を新しい与件として，企業は図6-5 (b) と同様の生産調整を繰り返すことになるだろう。その結果，さらに何らかの正の利潤が現れれば，他市場からの参入はさらに続き，同じ過程が何度も繰り返されることになる。

だとすれば，価格はやがて，図6-6 (b) の P_2 のような水準に到達せざるを得ないだろう。しかしこれは，極めて特異な価格と言わなければならない。なぜと言って，図から明らかなように，この価格 P_2 は平均費用の最小値に等しい値になっている。そして，それは言うまでもなく，限界費用曲線との交点に

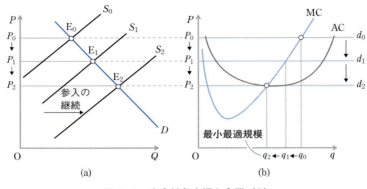

図 6-6　完全競争市場と企業（3）

なっている。すなわち，価格が P_2 にまで下がると，企業は平均費用曲線と限界費用曲線の交点 q_2 で生産量を決定することになるだろう。しかし，このとき，企業の利潤はどうなるだろうか。

　価格が順繰りに低下していけば，やがてこの水準に到達することは理の必然である。しかし，価格 P_2 において売上金額は $P_2 \cdot q_2$ となり，その P_2 に平均費用が等しいわけだから，総費用も $P_2 \cdot q_2$ になって，結果，利潤はゼロになってしまう。

　この企業の利潤がゼロになれば，市場全体の利潤もゼロになる。これも完全競争市場に固有の特徴で，条件④から，各企業はもっとも優れた生産技術に関する知識を無費用で入手することができることになっている。そして，その最高技術の導入を阻む資金面の制約などがいっさいないとするのが条件⑤である。したがって，各企業は，いま存在するなかではもっとも優れた技術を導入していなければおかしいことになり，だとすれば，すべての企業で費用水準が同一になるはずである。すなわち，完全競争市場では，すべての企業が同じ高さの費用曲線を持っていることになるのである。そのなかのひとつの企業で利潤がゼロになったのであれば，同じ高さの費用曲線を持っているすべての企業において，利潤は同時にゼロになる。すなわち，市場全体の利潤がゼロになるのである。

　驚くべき結論　　かくして，他市場からの参入が終わる。つまり，図 6-6 が，

完全競争市場の最終状態を表すものになるわけである。そのとき，各企業の利潤はすべてゼロになっている。すべての企業の利潤をゼロにまで導くのが，あるいは，企業を利潤ゼロの状態にまで追い詰めるのが，完全競争市場なのである[4]。

　これは一見，驚くべき結論である。確かに，これは完全競争市場という，極めて理念的な世界で得られた結論であって，これがそのまま現実化するわけではない。しかし，この結論をもって市場メカニズムの理念とした以上，近代経済学はこれこそが市場メカニズムの本来の姿，あるいは本来のあるべき理想形であると，考えてきたことになるはずである。なぜ，利潤ゼロが理想なのだろうか。企業の立場で考える限り，この結論は理不尽以外の何物にも見えないだろう。しかし，翻って消費者の立場，あるいは市民一人ひとりの立場に立ってみたらどうなるだろう。利潤ゼロの生産水準で，消費者はこの製品を，この市場で可能な，最低の価格で手に入れることができるようになっている。つまり，市場は誰の発案にも指令にもよることなく，市場のメカニズムにゆだねただけの自然な結果として，消費者の利益を最大にしているのである。

　　市場経済の哲学　　生産者（企業）とは，消費者すなわち市民の生活に利する物的手段（財やサービス）を提供するための機関または手段に過ぎないのであって，企業が多くの利益を得るための場として，市場が存在するわけではないのである。だから，企業がなお利潤を手元に残しているあいだは，市場はそれ本来の使命をまだ全うしていないのであって，そうした利益をすべて市民に還元したとき，初めて市場は，それ本来の威力を発揮したと言えるのである。これが近代経済学の市場像であり，その市場像に託して語り継がれてきた市場経済の哲学なのである。

　こうした市場経済の哲学は，俗にいう資本主義の理念とは，真逆と言っていいほど違うものだろう。資本主義の理念は，資本の増殖に始まり，資本の増殖に終わる。まさしくマルクスが言うように「蓄積せよ，蓄積せよ，それがモーゼの…」というのが，資本主義の理念であり実態である。近代経済学はよく，資本主義の擁護者として語られることが多いのだが，もしそれが正しいとした

---

[4] なお，特に注意を促さなかったが，新規参入が生じると市場全体の資本設備もその分増えることになるから，これは資本設備一定という短期の制約を超え，長期の段階に入ることになる。したがって，この利潤ゼロという結論は長期均衡理論として理解する必要があり，本当は，本書の守備範囲を少し超えている。しかし，そこまで足を延ばさないと，市場の本当の姿は見えてこないのである。

ら，なぜ完全競争論のようなものを，近代経済学は市場経済の理想形として語ることができたのか。経済学を学ぶ者は，思想は時として矛盾するものだから，理論とのあいだに整合性がなくても不思議ではない…といった類の俗説に惑わされずに（なぜと言って，矛盾が思想を紡ぐことなどありえないから），経済理論との整合性のなかで，自らが学ぶ学問の思想的意義を，確かめていく必要があるだろう[5]。

　　市場メカニズムの効率性　　消費者に最小の価格で財・サービスを提供できるということは，資源がもっとも効率的に利用された証と考えていいだろう。そのため，生産量 q_2 を最小最適規模と表現することもある。市場メカニズムの効率性とは，この最小最適規模の実現にあると言ってよい。ただ，繰り返しになるが，現実の市場が完全競争市場として現れることはないのだから，現実の市場が自動的に最小最適規模をもたらすとは期待しにくい。それどころか，完全競争の条件が満たされていないときに，無制限に人々を競争にさらせば，文字通り，強者の一人勝ちを誘発する事態を招くかもしれない。そして，それは少なくとも完全競争論が求めたものとは真逆の事態なのだから，それも競争の成果には違いないとして，安易に是認することは許されないだろう。強者の台頭を望ましいと主張するのであれば，そのことを立証する，新たな理論を示す必要があるだろう[6]。

　　現実を見据える　　効率性の追求は，企業の利潤を増やすためのものではない。効率性とはあくまで，市民生活を物質的な側面で安寧なものにするために，追求されるべきものなのである。しかし，完全競争がそのまま現実の姿にならない以上，効率性を正しく追求していくためには，現実的な要請に敵う別個の思考技術が必要になるだろう。これから先，われわれの議論は常に，現実

---

[5] 完全競争論を現実的な観点から批判した議論は数多い。なかでも後世に大きな影響を及ぼしたものとして F.A. ハイエク『市場・知識・自由』（田中真晴・田中秀夫編訳，ミネルヴァ書房，1986 年）は，一度は読むべき古典である。そして，いわゆる新自由主義，市場主義と言われる風潮は，この完全競争論への批判をきっかけに始まったことも知っておく必要があるだろう。完全競争論を一つの「思想」として捉え直す試みは，まだそれほど多くない。試論として井上義朗『「二つ」の競争』（講談社現代新書，2012 年）などを参照してほしい。

[6] この方向に精力的に研究を進めてきたのが，ミーゼスやハイエクを端緒とする新オーストリア学派である。新オーストリア学派の議論に，傾聴すべき点が多々あることは確かである。しかし理論として完成されたものがあるかと言えば，そこにはまだ多くの検討課題が残されていると思われる。新オーストリア学派の市場理論については，井上義朗『エヴォルーショナリー・エコノミクス』（有斐閣，1999 年）などを参照。

と政策を見据えた内容のものになるだろう。次章では，その方向にミクロ経済学を進めるための，強力な技術について学ぶことにしよう。

確認問題 6-3　完全競争条件の③について，価格を他社より1円でも安くしたら無限大の消費者を獲得できるというのなら，企業はなぜそうしないのだろうか。価格と限界費用の関係に注意して検討せよ。

第6章 練習問題

問題Ⅰ 次の文章の空欄に適当な語句を入れなさい。
1. 一般に，所得が上昇すると，需要曲線は右方へ（　　　　）する。
2. 一般に，人件費が下落すると，供給曲線は（　　　　）へシフトする。
3. 代替財である2財のうち，一方の需要が増加すると，他方の需要は（　　　　）する。
4. 補完財である2財のうち，一方の需要が増加すると，他方の需要は（　　　　）する。
5. 完全競争市場の条件とは，①無数の経済主体，②意思決定の独立性，③財の同質性，④完全知識，⑤（　　　　）である。
6. 完全競争市場においては，利潤をあげている市場に向かって企業の（　　　　）が起こる。
7. 個別企業が直面する需要曲線の形は（　　　　）である。
8. 完全競争市場における長期均衡において，利潤は（　　　　）になる。
9. 利潤がゼロになるのは，（　　　　）の最低点で生産量が決定されるときである。
10. 利潤がゼロになる生産量を（　　　　）の生産量ともいう。

問題Ⅱ ある企業の総費用関数が，$C(q) = \frac{1}{2}q^3 - 6q^2 + 28q$ で与えられたものとしよう。（固定費は無視する。また，$q > 0$ とする。）この企業が完全競争市場の下にあるとするとき，市場の長期均衡において，この企業の価格ならびに生産量は，それぞれどのような大きさになるか。計算して求めなさい。

問題Ⅲ 企業の総費用関数が $C(q) = aq^3 + bq^2 + cq$ で表されるとき，次の問いに答えなさい。
1. 平均費用関数ならびに限界費用関数をそれぞれ求めなさい。
2. 最小最適規模 q_e の値を求めなさい。
3. パラメータ（a, b, c）はそれぞれ正の値になるか，負の値になるか。答えなさい。

第7章

余剰分析とその応用
－市場の失敗と政策介入－

経済学は，市場メカニズムを通じて，資源の効率的利用をはかろうとする。完全競争論は，これをもっとも純粋な形で示したひとつの概念である。次にわれわれは，より現実的な状況のもとで，経済学がどのように，稀少な資源の効率的利用をはかろうとするかを学ぶことにしよう。本章から，議論は少しずつ，現実と政策に関わるものになる。

7-1 短期均衡と社会的余剰

短期の前提　前章では，完全競争市場について検討し，議論を長期均衡にまで拡張した。ここで議論をいま一度短期市場に戻し，当面そこに限定することにしよう。

短期に議論を限定するということは，完全競争条件の④と⑤をいったん失くすのと同じことである。この2つの条件によって，ある市場で利潤の発生したことが瞬く間に広まり（④），それを目指して新規参入がいっせいに生じて（⑤），企業は利潤ゼロの最小最適規模にまで誘導されるのだった。したがって，この2つの条件を外すことにすれば，市場は利潤が発生した段階で，いったん安定することになるから，図6-1のような短期均衡の状態が，しばらく続くことになるだろう。

完全競争条件の吟味　そもそも，同じ完全競争条件といっても，①②③と，④⑤のあいだには，現実との距離に若干の差異があるだろう。というのも，①から③までは，文字通りにとまではいかないにしても，それに近い状況が現実

に存在しないわけではない。農業やサービス業，あるいはベンチャー市場や近年のインターネット・ビジネスなどを見れば，無数の小さな企業で構成される市場は現実にも存在する。②は，もともと思想性の強い前提ではあるのだが，規模の小さな企業は，他企業の動向を見ながらも，行動の選択肢が限られていることもあって，事実上，独立的な行動を見せることが珍しくない。また③も程度問題であって，完全に同質的ということはありえないにしても，消費者の目から見て，はっきり違いが認識されなければ，事実上，同質の財として扱われることになるだろう。

それに比べて④と⑤は，現実的にはそうとう厳しい条件といえるだろう。完全競争論に対するもっとも手厳しい批判者であったハイエクなどは，消費者がすべてを知らないからこそ，「当社の製品はここが他社とは違うのです」とか，「当社の価格は他社より 1,000 円も安いのです」といった未知の情報を伝えることで，初めて競争が開始されるのであって，消費者が初めからすべてを知っていたら，競争が完全になる以前にそもそも競争が成立しない，と言って条件④を批判した[1]。

また，条件⑤についても，確かに近年のインターネット・ビジネスなどを見れば，資本金が少なくて済むことや，これといった資本設備もいらなくなったことなど，条件⑤が現実化しつつあるようにも見える。しかし，言うまでもなく，一般の製造業等においては，資金制約は依然として決定的な条件だし，人的資源の移動（すなわち転職）も，以前に比べれば多くなってきたとはいえ，実際には，なかなか容易でないことも誰もが知る通りである。

歴史的に見ても，ローザンヌ学派のような大陸系の経済学派は，完全競争を前提することが多いが，ケンブリッジ学派のようなイギリスの学派は，①から③までを限度と考えて，これを純粋競争という別個の概念で表現することがあった。これは，現実的な要素をいったん捨象し，理想的な想定の下で理念の本質を見極めようとする大陸合理主義の発想と，むしろ現実的な条件の下で実際に生じる現象の原理を突き止めようとするイギリス経験主義の発想の違いを，端的に表すものといってよいだろう。

余剰を使った分析　さて，短期の市場において，われわれは，市場の効率性をどのように評価したらいいだろうか。市場はもはや，企業を最小最適規

---
[1] ハイエク前掲書参照。

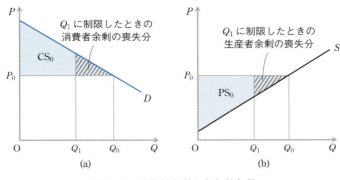

図 7-1　消費者余剰と生産者余剰

模にまでは導かなない。したがって，価格も，何ほどかの利潤を残す水準にとどまることになる。われわれは，そうした現実的な状況の下で，市場の効率性をはかる尺度を手に入れる必要がある。そしてわれわれは，すでにその尺度を知っている。消費者余剰と生産者余剰がそれなのである。

図 7-1 (a) を見てみよう。価格が P_0 のとき，消費者均衡は，この価格と（金額表示の）限界効用が等しくなる消費量 Q_0 の下で得られる[2]。そしてその下で，消費者余剰 CS も最大化されている。もし，この価格の下で消費量を Q_1 に制限するようなことをしたら，消費者余剰は影をつけた部分だけ小さくなる。これは，価格 P_0 を支払ってもよいからその財を買いたいと考えている人々の一部を，犠牲にすることを意味する。これはこの市場の消費量が不十分であること，つまり，それだけ資源利用の方法に不効率があることを意味する。

一方，図 7-1 (b) を見ると，同じく，価格 P_0 のとき，生産量を Q_0 にすれば，生産者余剰 PS を最大にできるが，もし生産量を Q_1 に制限すれば，影をつけた部分の生産者余剰を失うことになる。限界費用を上回る価値を作り出すことができるのに，そうした機会をみすみす見逃すことは，資源をかならずしも効率的に利用していないことの証といえるだろう。

社会的余剰　　　したがって，消費者余剰，生産者余剰の大きさは，短期市

---

[2] Q_0 とはいうまでもなく，各消費者の需要量を市場全体で集計した値である。すべての消費者が消費者均衡に達している状態なので，Q_0 で市場全体の消費者均衡が実現していると考えるのである。

場における,効率性の尺度になると言ってよい。そして,市場では消費者余剰と生産者余剰は同時に出現するので,この2つを合わせて,社会的余剰と定義しよう。社会的余剰とは,市場における資源利用の効率性を量的に示すものである。社会的余剰を拡大させるものは,資源利用の効率性を高めるものであり,社会的余剰を縮小させるものは,資源利用の効率性を損なうものである。

　図7-2を見ると,市場は均衡状態において,社会的余剰の大きさを最大にすることがわかる。均衡点以外の生産量,たとえばQ_1のような生産量を強制すると,影をつけた部分だけ社会的余剰が失われる。すなわち,その分だけ市場の効率性が損なわれることになる。経済学が原則的に市場メカニズムを尊重しようとするのは,このことが根拠になっている。独占企業の出現などによって条件①が壊され,均衡点以外の価格や数量が選択されたりすると,社会的余剰は最大化されなくなる。他方で,政府が市場に政策的介入を行った場合も,均衡点とは異なる価格や数量が選択されることがある。ということは,独占支配も政策介入も,不効率であることに変わりはないということになるのだろうか。市場はとにかくいっさいの介入を排除し,自由放任のまま放置される以外,効率性を発揮することはできないものなのだろうか。こうした問題に答えを与えるのも,余剰分析の重要な任務である。

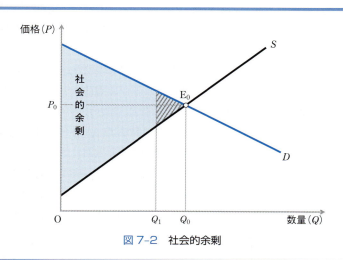

図7-2　社会的余剰

確認問題 7-1　消費者余剰の本来の定義は，（金額表示の）限界効用が価格を上回る部分の合計であった．同じように，生産者余剰の本来の定義を言葉で表現せよ．

7-2　市場介入と超過負担

課税による市場介入　市場に対する介入は，市場の効率性にどのような影響を及ぼすだろうか．その基本となる考え方をまず検討してみよう．以下，例として，政府がある財に間接税を課した場合を考えてみよう．間接税は，税金を納めなくてはならない人（納税義務者）と，実際に税を負担する人（税負担者）が別人になる税をいい，消費税のように財・サービス全体が課税対象になる場合もあれば，物品税のように酒，ガソリン，たばこなど，特定の財が課税対象になる場合もある[3]．これに対し，所得税や住民税など，納税義務者と税負担者が同一人になる税を直接税という．

消費税や物品税は，財・サービスの消費に課せられる税というイメージがあるが，これはかならずしも正しい理解ではない．これは基本的には，財・サービスの売上に対して課せられる税である．ゆえに，企業や業者が納税義務者になるのである．ただ，その課税分は財・サービス価格にほぼ確実に転嫁されるので，実質的な税負担は消費者が負うことになり，課税自体，それを前提に行われている．

それゆえ間接税は，財・サービスの価格に影響を及ぼすものになる．その結果，市場の効率性がどのような影響を受けるか．それを考えるのが本節の課題である．そしてもし，市場の効率性に何らかの影響が現れるとしたら，それはかならず，社会的余剰の大きさに現れるはずである．間接税と社会的余剰の関係を調べること，これがわれわれの，当面の課題になる．

間接税は課税の仕方によって，大きく従量税と従価税に分けられる．従量税とは，財・サービスの「量」に対して課税されるもので，財1個についていくら，1トンについていくら，というような課税の仕方をする．たとえば揮発油

---

[3] ちなみに，消費税，酒税，揮発油税は国税，たばこ税，入湯税などは地方税である．また消費税の一部は地方財政に組み込まれる．

税（ガソリン税など）は，1リットルについていくら，という形で課税されるので，これは従量税である。これに対し，従価税とは，財・サービスの「価値」に対して課税されるもので，財・サービスの価格1円に対してその何%という形で課税される。消費税は，その典型的な事例である。

税金が課せられると　従量税や従価税が課せられた場合，消費者への転嫁はどうなるか。簡単な式で示してみよう。従量税が課された場合，納税業者は財の単価に税金分を上乗せした価格で，消費者に販売しようとする。すなわち課税前の価格を P，課税後の価格を P'，税率（税額）を t とすると，

$$P' = P + t \tag{7-1}$$

という関係になる。従価税の場合も同様に，価格に税金分を上乗せした価格で販売されるようになるが，税額が財価格の何%という形で示されるので，税率を τ（タウと読む）とすると

$$\begin{aligned}P' &= P + \tau P \\ &= (1 + \tau) P\end{aligned} \tag{7-2}$$

という形になる。以下では，分析しやすい従量税を例に，市場効率への影響を考えてみよう。

図7-3は，間接税が従量税方式で課された場合の市場の姿を表している。需要曲線が D，課税前の供給曲線が S_0 で示されている。均衡点は E_0 であり，したがって，均衡価格は P_0，均衡数量は Q_0 で決定され，社会的余剰は均衡点 E_0 を頂点とする，大きな三角形の面積で示されている。

さて，ここに税率 t の間接税が，従量税方式で課税されたものとしよう。この税金は (7-1) 式に従って価格に転嫁されるだろう。すなわち，消費者に対して，価格 P に間接税を上乗せした $P + t$ の価格で販売しようとするだろう。価格が均衡価格であるとき，その価格は限界費用に等しいはずだから，(7-1) 式は，じつは次のように書き変えられる。

$$P' = \text{MC} + t \tag{7-1}'$$

つまり，間接税が従量税方式で課税されると，その瞬間，限界費用曲線すなわち供給曲線が，税率 t の大きさだけ上方へシフトするのである。図7-3は，

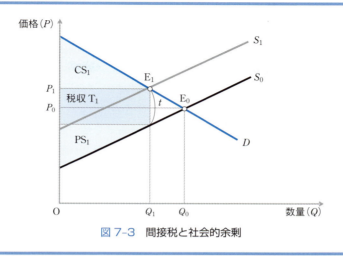

図 7-3　間接税と社会的余剰

その転嫁後の供給曲線を S_1 として表している。すなわち，課税後の供給曲線はもはや S_0 ではなく，間接税を含んだ S_1 になるわけである。

そうすると，均衡点も E_0 ではなくなることになる。税が転嫁されて価格が高くなった結果，一部の消費者が購入をあきらめたり，消費量を減らしたりするわけである。図 7-3 によれば，供給曲線 S_1 に対する新しい均衡点は E_1 で与えられる。均衡価格は P_1 に上昇し，数量は Q_1 にまで減少する。さて，ではこの結果，市場の効率性に，何らかの変化が生じるだろうか。市場の効率性は社会的余剰の大きさではかられるのだから，社会的余剰の大きさに変化がなければ，均衡点が変わったとしても，市場の効率性に影響はなかったことになるだろう。しかし，もし社会的余剰の大きさに変化が生じたら，その変化した分だけ，市場の効率性は増加，または減少することになるだろう。

　消費者余剰の変化　　そこで，新しい均衡点 P_1 の下における社会的余剰の大きさを調べてみよう。まず，消費者余剰について。消費者余剰は，需要曲線と価格（P_1）の線と縦軸で囲まれた三角形の面積で表される。したがって，図 7-3 では，それは CS_1 として示された部分の面積で表されることになる。価格が上昇して消費量が減少するので，消費者余剰は課税前に比べ，明らかに減少している。

生産者余剰の変化　では，生産者余剰はどうか。こちらはもう少し複雑な話になる。図 7-2 では，生産者余剰は，供給曲線と価格の線と縦軸で囲まれた三角形の面積で表されていた。そして，生産者余剰は，価格が限界費用を上回る部分の合計であることを改めて確認しておこう。そこで図 7-3 を見てみると，一見，供給曲線 S_1 と価格 P_1 の線と縦軸で三角形が作られているようにも見えるが，この三角形を生産者余剰と早合点してはいけない。S_1 は間接税を上乗せした供給曲線であって，限界費用をちょくせつ表すものではない。生産者余剰はあくまで，価格が限界費用を上回る部分として定義されるのだから，生産者余剰をはかる場合には，価格 P_1 と限界費用の差を求めないといけない。つまり，価格 P_1 と元の供給曲線 S_0 の差額の合計をまずは求めないといけないのである。したがって，それは三角形にはならず，価格 P_1 の線と，縦軸と，供給曲線 S_0 と，E_1 と S_0 を結ぶ縦線で囲まれた台形の面積として，まず求められるのである。

　しかしながら，この面積のすべてが，生産者余剰として企業の手元に残るわけではない。なぜなら，このなかには政府に収めるべき間接税が含まれているからである。企業は，消費者に転嫁した税金を，いったんは売上収入に含めて集金し，そのなかから税金部分を選り分けて政府に収めなくてはならないのである。その税金部分を取り除いた残りが，企業自身の手元に残る正真正銘の生産者余剰である。では，その税金部分はどれだけかというと，これは結局，税率 t ×販売数量 Q_1 ということになる。財 1 単位につき t 円であるから，Q_1 販売したのであれば，$t \cdot Q_1$ の税金を納めなければならないのである。それが図 7-3 に「税収 T_1」と記された長方形の部分である。企業は，先の台形の面積から，この税金部分を選り分けて政府に納める。そうすると，その後に三角形が残されるが，この三角形の部分こそ，企業が獲得する生産者余剰の大きさ PS_1 ということになる。

社会的余剰はどうなるか　さて，そうなると，社会的余剰の大きさはどうなるだろうか。消費者余剰と生産者余剰が社会的余剰に含まれることは言うまでもない。問題は税金の部分である。税金は，確かにいったんはこの市場から離れ，政府の手元に入る。しかし，政府が適切にその税金を支出すれば，それは何らかの形で社会的な利得となって，消費者や生産者の手元に戻ってくるだろう。ならば，この税金部分も社会的余剰の一部と考えてよいであろうと，経

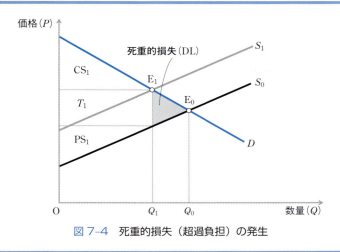

図 7-4 死重的損失（超過負担）の発生

済学では考える．すなわち，課税後の社会的余剰は，消費者余剰，生産者余剰，税収の3つの部分の合計として定義されるのである．

ところが，この課税後の社会的余剰は，課税前に比べ，確実に小さくなってしまう．図 7-4 を見てみよう．課税前の社会的余剰は最初の均衡点 E_0 を頂点とする三角形の面積全体であった．それに対し，課税後の社会的余剰は，消費者余剰 CS_1，生産者余剰 PS_1，さらに税収額 T_1 の3つの領域を合計した台形の面積で表されるものになる．そうすると，明らかに，台形の面積は，以前の三角形の面積よりも，影をつけた小さな三角形の部分だけ小さくなっている．すなわち，社会的余剰は，間接税によって，縮小することになるのである．

死重的損失　　この小さな三角形部分は，どこに行くのだろうか．これがもし，先の税収の場合と同じく，どこか別の所で社会的利得を作り出しているなら，この部分を改めて社会的余剰に加え戻すこともできるだろう．だが，残念ながら，そのようなことにはならないのである．この部分は，文字通り，消滅してしまうのである．この部分は，消費者余剰にも，生産者余剰にも，他所で用いられる税収にもならずに，この世から消えてなくなってしまうのである．したがって，間接税は，この社会的余剰の消失部分に相当する，効率性の損失をもたらすことになる．間接税は，意図せざる結果として，市場効率を若干と

はいえ，低下させる性質を原理的に持つのである。この社会的余剰の消失部分を死重的損失[4]または課税による超過負担と表現する。もちろん，間接税はその一例であって，これ以外にも，たとえば独占が形成されて，均衡点以外の価格や生産量が選択されるようになれば，これとまったく同様の事態がもたらされることになる。市場均衡をかく乱することには，このような社会的損失がかならず伴うことを，この議論は一般的な形で示しているのである。

　確認問題 7-2　　(7-2) 式を，(7-1)′式のような形に書き直し，図に示してみよ。その場合，税率はどのような形で示されるものになるだろうか。

7-3　市場の失敗

　なぜ市場に介入するか　　市場への介入は，死重的損失あるいは超過負担を発生させることがわかった。では，これを理由に，いっさいの政策介入を否定するべきだろうか。あるいは，死重的損失を上回る利益を，政策的に作り出すことはできないものだろうか。

　そもそも，市場への政策介入が求められるのは，市場が多くの点で失敗するからである。それは効率性の追求においてのみならず，われわれの経済生活に生じるさまざまな問題について，市場は往々にして，失敗するのである。そこで，間接税の話を続ける前に，少し長くなるが，この市場の失敗について整理しておこう。

(1) 独占・寡占市場の下では，市場は有効に機能しない。

　独占と寡占　　完全競争論が示していたように，市場がそれ本来の効率性を発揮するためには，企業をはじめとする経済主体の規模が非常に小さくて，どの経済主体も，市場メカニズムを凌駕するほどの力を持たないことが前提である。しかし，現実の市場のほとんどは，この条件を満たさない。多くの市場では，上位数社で市場がほぼ占有されており，価格も与件ではなく，企業が自

---

[4] 「しちょうてきそんしつ」と読む。英語の Deadweight Loss をそのまま訳したものである。頭文字をとって DL などと表記する場合もある。本書も適宜，これにならう。

ら設定するものになっている．市場に企業が1社しか存在しない場合を独占，3〜5社程度しか存在しない場合を寡占という．

規模の経済性　独占や寡占が生じる理由には，さまざまなものが考えられるが，もっとも基本的な要因は規模の経済性（または収穫逓増とも言う）である．これは固定費の割合が変動費に比べてすこぶる大きい場合に起きる現象である．固定費が大きいと，生産量を増やせば増やすほど平均費用が下がることになり，それだけ価格も低くすることができるから，それに耐えられなくなった企業は淘汰され，市場を寡占や独占に導くことになる．これは，その限りでは正当な競争の結果に過ぎないから，市場はこれを抑制できない．市場は，競争の基盤を自ら掘り崩すような結果を招くのであって，その意味で市場は失敗するわけである．

　完全競争の場合には，限界費用も平均費用も逓増していくから，生産規模の拡張は費用水準を高め，競争上，かえって不利な状況を招くことになる．これを規模の不経済（または収穫逓減）と言う．これによって，企業規模の拡張や寡占・独占の形成が未然に防がれ，競争的な市場構造が事後的にも維持されていたのである．しかしながら，重化学工業の発展は機械設備の比重を高め，固定費の割合を大きくした．また，疲れを知らない機械設備は，追加生産のたびに原材料費や人件費を上昇させることはなく，むしろこれらを安定化させるので，限界費用はほぼ一定となり，その場合，平均費用は逓減の傾向を見せるようになる（第5章の「練習問題，問題Ⅳ」を参照）．

　こうした規模の経済性の下では，原則的に市場の寡占化・独占化は避けられない．規模の経済性の一般化は，経済学を新しい段階に進ませることになるが，この問題については，第9章で改めて取り上げることにしよう[5]．

---

[5] 規模の経済性とよく似た概念に「規模に関する収穫逓増」というのがある．一般に，生産規模を拡張していくときは，その過程で生産要素の組み合わせを変えていくのが普通である．たとえば小規模生産の段階では人力に頼っていたのが，ある規模を超えるあたりから機械生産に切り替えるような場合がそれである．規模の経済性とは，こうした展開を許容する概念である．それに対し，「規模に関する…」という概念は，生産要素の割合を一定に保ったまま生産規模を変化させたときに，何が起きるかを表す概念である．たとえば，労働力と機械設備をともに2倍にしたときに，生産量が2倍以上に増えれば，規模に関する収穫逓増，ちょうど2倍になれば規模に関する収穫一定，2倍以下であれば規模に関する収穫逓減と表現する．規模の経済性は，規模に関する収穫逓増を特殊ケースとして含む広い概念として理解すればよい．この概念については，「第11章への補論」で再び取り上げる．

(2) 市場は公共財を供給できない。

財・サービスの非排除性　　市場が財やサービスを供給するためには，財・サービスの利用者にその代金を払ってもらわなくてはならない。そして，代金を払っていない人に対しては，財・サービスの利用を停止させなくてはならない。ところが，このしごく当然に聞こえる話が，じつは案外満たされない事例が，現実には数多くあるのである。

たとえば，一般の道路を考えてみよう。一般道は，そこを歩くたびに何らかの料金を払うことはない。その代わり，われわれは，国なり自治体なりに税金を納めている。つまりこの場合，税金が通行料の代わりになっている。では，税金を納めていない人には，道路の通行を禁止できるかというと，これは事実上不可能だろう。なぜと言って，道路を歩いている人が，税金を納めている人かそうでないかを外から知る術はなく，したがって，税金を納めていない人の道路利用を禁じることは，あるいは少しきつい言い方をすると，そうした人を道路利用から排除することは一般に不可能である。こうした事態を非排除性という。

財・サービスの非競合性　　また，一般道では2人の人が同時に同じ道路を歩くことができる。つまり，同じ財・サービスを複数の人が同時に使用できるという特徴がある。これがアイスクリームのような通常の財であれば，1人が食べているとき，別の人が，その同じアイスクリームを同時に食べるというわけにはいかない。2人目の人がアイスクリームを食べたいと思ったら，アイスクリームをもう1つ追加生産してもらわないといけないが，そのとき限界費用が発生するので，それを代金として請求することができる。ところが一般道の場合には，2人目の人が道路を歩くからといって，道路の追加生産が必要になるわけではない。だから，税金を払った人もそうでない人も同時に利用できてしまい，限界費用が発生しないから，追加歩行の代金だと言って個別に料金を請求することもできない。このように，利用者が増えても限界費用が発生しないことを非競合性という。

公共財とは　　非排除性と非競合性を兼ね備えた財・サービスは，代金を払った人かそうでないかの区別ができず，代金を払っていない人も，代金を払った人と同様に同じ財・サービスを使用できてしまうので，これを民間の経済主体が供給することは難しい。しかし，いま見た一般道のように，それでもわれ

われの生活に欠かせない財・サービスは数多くある。そのため、こうした財・サービスは公共財として、政府が市場を通さずに、ちょくせつ供給するのである[6]。

もちろん、非排除性と非競合性を兼ね備えた場合以外は、公的供給をしてはいけないということではない。たとえば、学校教育の場合、授業料を納めていない家庭への教育サービスを停止することは技術的には可能だから、非排除性の条件を満たさない。しかし、技術的に可能だからといって、そうした家庭と生徒を教育から排除することが望ましいとは言えない。非排除性と非競合性は市場供給を不可能にする条件であって、どちらかの条件がなく、民間供給できる場合であっても、公平性の観点などから、公共財として提供されることが望ましい場合もある。

(3) 情報に偏りがあると、市場は有効に機能しない。

不完全情報の場合　これは中古車市場などでよく見られる事例である。中古車ディーラーは、その車のどこが傷んでおり、また、どこに変なクセがあるかもよく知っているが、消費者の方は何も知らない。そのため、その車にしては割高な価格であっても、消費者は差し当たりそれを信用せざるを得ず、後で後悔することもしばしばある[7]。もし消費者が中古車ディーラーと同じだけの情報を得ていたら、需要曲線はもっと低下していたはずで、価格もそれだけ安くなっていただろう。情報が偏った状態では、本来の均衡価格よりずっと高い価格で取引が行われる可能性があり、これは市場効率を大きく損ねることになる。完全競争論では完全知識の前提によって、こうした事態を事前に回避しているわけだが、現実の市場においては、情報偏在は紛れもなく起こり、市場を失敗させる大きな要因になっている。

---

[6] 高速道路のような有料道路は、なぜ料金をとるのか。高速道路は一般道よりも速度規制を緩め、短時間で目的地に到達することを目的に作られるものである。高速道路にあまり多くの車が入り、混雑するようになると、高速道路のサービス価値は著しく低下することになる。つまり高速道路に1台新たな車が入ることは、混雑化という限界費用を発生させるのである。したがって高速道路は非競合的な道路ではない。そのため、料金所を設けることで排除性を回復させ、限界費用分の高速料金を払った車だけ通行を認めているのである。これは純粋な公共財ではないから民間企業による供給も不可能ではないが、環境への配慮なども必要になるため、日本では準公共的な形で運営されている。

[7] アメリカには、レモンは見た目はみな同じだが、中身は後になってみないとわからない、という例え話がある。そのため、これをレモン市場の原理などと言うこともある。

(4) 市場は公平性を保証しない。

現実の労働市場を考える　市場は効率性を増進させるメカニズムである。しかし効率性の追求は，時として公平性と矛盾する。たとえば，効率性に劣る企業は，市場における競争の結果，淘汰される可能性が高い。いや，そうした企業が淘汰されるからこそ，市場全体の効率性が向上するのである。

しかし，不効率な企業が淘汰されれば，そこで働いていた労働者は所得をなくすことになる。すぐに転職できれば問題ないが，また，不効率で低賃金の企業から労働者を解放することも，市場淘汰の大きな役割であると経済学では考えるが，現実の市場経済における転職は，そうそうたやすいことではない。もし新しい勤め先がすぐには見つからず，以前より低い賃金を我慢しなければ再就職は難しい，というような現実に直面すれば，その瞬間，人々の所得水準に少なからぬ格差が生じることになるだろう。不効率企業を淘汰する効率性の増進が，人々を公平な経済状態から引き離すことの，ちょくせつの契機になりうるのである。

完全競争市場であれば，労働者は低賃金市場からいっせいに立ち去り，代わりに高賃金市場へいっせいに参入するだろう。その結果，低賃金市場では人手不足が生じて賃金が上昇し，高賃金市場では人手が余って賃金が低下することで，最終的には全市場で同一賃金が実現するだろう。だが，何度も繰り返すように，それだけの条件が現実の労働市場で満たされることは難しい。現実経済においては，市場は所得の公平化に失敗すると考えておく必要があるだろう。

ただし，いわゆる所得格差は，市場メカニズムだけが原因とは限らない。労働市場に入る以前にすでに大きな資産格差が生じていれば，賃金にそれほど差がなくても，利子・配当・地代といった資産収入において大きな開きが生じ，それが年々蓄積されることで，結果的に大きな富の格差を生み出すことになるだろう。現実の格差問題を考える場合，この資産格差の存在を無視することは到底できず，それは，賃金格差とはまた別個の重大な問題であることを，認識しておく必要がある。

結果と機会の連鎖　経済的公平性をめぐっては，機会の平等が大事か，結果の平等が大事か，という議論がよく行われる。そして働く機会，努力する機会は，誰にでも平等に開かれるべきだが，所得や資産といった結果については，各人の努力の差が反映されるので，いたずらに平等化をはかるべきではな

いとする議論には，一見大きな説得力を感じるだろう。しかしながら，今日（現在）の機会とは，昨日（過去）の結果をもとに作られるものであることも，忘れてはならないだろう。昨日の結果として多くの資産を得たものは，今日，多くの所得を得る機会をすでに持っていることになるだろう。昨日，わずかな所得しか得られなかったものは，今日，子どもに義務教育以上の教育を与える機会を持てないかもしれない。そして，その子どもはその教育水準だけをもって，明日の機会に臨まなくてはならない。現実の世界では，ゲームのように，「結果」がその都度チャラになって，新しい「機会」が改めて平等に用意されるようなことはないのである。連綿と続く時間のなかで，今日のゴールはそのまま，明日のスタートラインになる。機会と結果は，そうそう簡単に分離できるものではないことを，われわれはよく認識しておく必要があるだろう。

(5) 市場は外部性を適切に処理できない。

<u>環境破壊の例</u>　　今日，温暖化を初めとする地球環境問題は，語られる機会こそ多いけれども，根本的な解決にはほど遠い状況にある。環境破壊は，産業社会になって一挙に進行した現象である。環境破壊は，本来作り出すべきでない物質を，大量に放出してきたことに原因があるから，これは，市場経済が資源の使い方を間違えてきたことを，つまり，市場が資源配分に失敗してきたことを意味する。なぜ，市場が資源配分に失敗したのだろうか。

　1つの理由は，明らかに知識の不足にあったろう。自動車を増やし，工場を増やすことが，二酸化炭素をこれほど増加させ，それが地球全体の気温をこれほど上昇させることになろうとは誰も思わなかった。だから，温暖化に関する研究を進め，そこから得られた知識をわれわれも吸収し，温暖化対策に個人として協力していくことは，すべての対策の基本になる。だが，これが唯一の原因であったわけではない。

　もし，二酸化炭素の排出が有料だったら，すなわち，工場が排煙を出すたびに，自動車がガソリンを燃やすごとに，何らかの費用がかかるとしたら，人も工場も，好きなだけ自由に排気・排煙はしなかったかもしれない。しかし，二酸化炭素の排出料金を決めるような市場は存在しなかった[8]。二酸化炭素は市場

---

[8] このような市場を人為的に作り出したものが，<u>排出量取引制度</u>である。京都議定書によって，各国に温室効果ガスの許容排出量を定め，それを上回る排出をするには，その権利を，許容量以下↗

を経由せずに，ちょくせつ大気に放出されてきた。つまり，二酸化炭素の蓄積と温暖化は，市場の外部で，ひそかに進行していた事態だったのである。このように，経済活動を原因とする現象が，市場の外部で，社会に何らかの影響を及ぼすことを外部性と表現する。環境破壊はよくない外部性，すなわち，負の外部性（もしくは外部不経済）の典型的な事例である。外部性は市場の外で進行する現象だから，市場はこれを適切に制御する力を持たない。外部性は，市場の失敗の最たる事例であると言ってよい。

　外部性の影響　　外部性にはよい外部性，すなわち，正の外部性（もしくは外部経済）もある。深夜，人通りがなく，治安上の不安を抱えていた場所に，たまたまコンビニが1軒できたという場合，コンビニの出店自体は商業目的のものであったとしても，その一帯が明るくなったことで，夜道を歩く人も安心できるようになったとしたら，それは一種の正の外部性をもたらしたことになる[9]。あるいは，新しい鉄道駅の開設によって，近隣の地価が上昇した場合は，地主は鉄道会社から正の外部性を受けたことになる。

　外部不経済は，原因を作った事業者が，本当は負担すべき費用を，負担しないままでいることから過剰化する傾向があり，外部経済は，本当は報酬を受けてもいいような事業が，報酬を受けないままになることから過小気味になる傾向がある。では，どうすればよいか。ここに政策的介入の余地が見えてくる。そこで，ここから議論を元に戻し，間接税のもうひとつの側面について，検討することにしよう。

　確認問題 7-3　　身近な経験のなかから，外部経済，外部不経済に該当する事例をあげてみよ。

7-4　環境税について

　環境税の導入　　間接税を1つの経済政策として考えるとき，いま見た市

──────────
に排出をおさえた国から買わなくてはならないとする制度である。これは後に述べる環境税とともに，温暖化対策の有力な手段の1つである。

[9] もちろん，その結果，深夜でも人声がうるさくなり，近所の住民が迷惑を感じるようになれば，それは負の外部性をもたらしたことになる。

場の失敗のなかで，もっとも縁が深いのはやはり外部性である．特に，外部不経済の抑制において間接税は一定の効果をあげ，逆に，外部経済の促進においては補助金が効力を発揮する．ここでは，間接税の効果について考えることにしよう．

　間接税の一種に環境税がある．これは，先に見た，地球温暖化対策の一環として，二酸化炭素の排出抑制を目的に導入されるものである．すなわち，二酸化炭素を 1 トン排出するごとに，排出企業に一定の税金をかけるのである．そうすると，これはそのまま製品価格に転嫁されるから，その結果，消費者の需要が減少し，生産量が減少して，製造過程で排出される二酸化炭素の量を減らすことができるわけである．

　これは，二酸化炭素 1 トンにつきいくら，という課税の仕方になるから，先に見た従量税方式による間接税ということになる．だとすると，7-2 節で見たように，環境税は市場に不効率をもたらすはずである．にもかかわらず，これを導入することは正当化されるのだろうか．それとも，地球温暖化の抑制に役立つのであれば，この際，市場の不効率などには目をつぶろうという，価値観の話になるのだろうか．

　図による表現　　そこで，環境税を図 7-5 に表してみよう[10]．まず，課税前の状態は均衡点 E_0 で示される．そのときの生産量は Q_0 であり，これを製造する過程で二酸化炭素が排出され，地球温暖化を促進してしまう．さて，いま何らかの手段によって，製品 1 単位当たり t 円という費用をかけると，製造過程から生じる二酸化炭素の害をなくせることが判明したとしよう．いま市場では Q_0 生産されているから，図 7-5 の下部に示した $t \times Q_0$ という大きさの費用をかければ，温暖化の悪化を防ぐことができるわけである．では，その費用は誰が負担するべきだろうか．それは，この製品から便益を受けている企業，ならびに消費者が負担するべきものとなるだろう．

　そこで，この t 円を環境税としてこの市場に課税することにした．この市場で製品を売ったり，買ったりする者に，その便益に伴う温暖化を防ぐための費用として，t 円の税金を負担してもらうのである．さて，課税後の展開は，基本的に図 7-4 と変わらない．従量税方式で t 円が課税されたことで，供給曲線が S_1 にシフトし，図 7-5 にあるように，消費者余剰，生産者余剰，税収部

---

[10]　以下の議論は石弘光『環境税とは何か』（岩波新書，1999 年）などに基づいている．

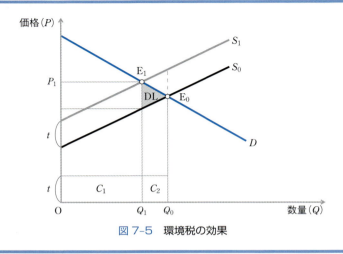

図7-5 環境税の効果

分がそれぞれ形成されるが，その合計額は課税前の社会的余剰に及ばず，DLと記された三角形の部分に，やはり死重的損失を発生させることになる。

　環境税の意義　では，環境税の場合も，一般の間接税と何も違いはないかというと，次の点に注目する必要がある。まず，環境税の導入によって，均衡点は E_1 に移動し，その結果，生産量は Q_1 にまで減少することになった。ということは，いまや必要とされる温暖化対策費用は C_1 で済むことになり，C_2 の部分は不要になる。その C_1 と税収の大きさがちょうど等しいことが，図から確かめられるだろう。したがって，環境税として徴収した税金を適切に使用すれば，この市場を原因とする温暖化を防ぐことができるはずである。

　その一方でしかし，DLという犠牲も出している。これはやはり，致し方のないこととしてあきらめるしかないものなのか。そこで，いま一度図を見てみると，DLのちょうど真下に C_2 のあることが見てとれる。C_2 とは先に見たように，環境税の導入によって不要になった温暖化対策費用である。これは，本来この市場が負担しなければならなかったはずの費用だが，環境税の導入によって，その負担からこの市場は解放されたわけである。だとしたら，この部分も，環境税によってもたらされた一種の社会的便益，すなわち，社会的余剰の一部と考えてよいのではないか。つまり，この費用に相当する大気汚染を未

然に防いだからこそ，この費用は不必要になったわけだから，C_2 の解消はそれだけ環境がよくなったことを意味し，ならばこの部分を，社会的余剰の増大と見ても差し支えないのではなかろうか。つまり，われわれは，DL という費用によって C_2 という新たな便益を手に入れたわけである。

では，その大きさはどうかというと，C_2 の面積は $t \times (Q_0 - Q_1)$ である。一方，図にあるように，E_0 からまっすぐに点線を引いてみると，そこに DL の2倍の面積を持つ平行四辺形が現れる。平行四辺形の面積は，底辺×高さだから，この図で言えば，それはちょうど，$t \times (Q_0 - Q_1)$ になる。すなわち，この平行四辺形は C_2 と同じ面積を持つのである。したがって，環境税は DL を発生させながらも，その倍の大きさを持つ新たな社会的余剰 C_2 を作り出すのである。環境税は間接税でありながらも，市場効率をむしろ改善する効果を持つ税制といえる。環境対策を講じることが，効率性を向上させるのである。こうした結果から，経済学は環境税の導入を支持する立場をとるのである。

本章は，余剰分析と市場の失敗という2つのテーマを同時に扱ったので，少々ボリュームが大きくなったが，いずれも経済学において決定的に重要なテーマである。ミクロ経済学を使った経済政策の考え方とはどのようなものか。十分に理解を深めてほしい。

確認問題 7-4　環境税の消費者による負担分は，環境税によって，財の価格が値上がりした部分と考えることができる。だとすると，その場合，企業の負担分はどれだけになるか。図 7-5 の税収部分を，消費者の負担部分と企業の負担部分に分けてみよ。

第7章 練習問題

問題 I 次の文章の空欄に適当な語句を入れなさい。
1. 消費者余剰と生産者余剰を合わせて（　　　）という。
2. 市場に間接税を課した場合，（　　　）という効率性のロスが生じる。
3. 間接税には従量税と（　　　）がある。
4. 生産量の拡大とともに，平均費用が低下していくことを（　　　）という。
5. 生産要素の投入比率を一定のままインプットを2倍にしたとき，生産量が2倍以上に増加することを（　　　）という。
6. 財・サービスの利用者が増えても，限界費用が上昇しない状態を（　　　）という。
7. 代価を負担していない人に対して，財・サービスの利用を禁止できない状態を（　　　）という。
8. 非排除的かつ非競合的な性質を持つ財・サービスを（　　　）という。
9. 経済活動が市場を経由せずに，第三者に好ましくない影響を及ぼすことを（　　　）という。
10. 正の外部性の促進には補助金が，負の外部性の抑制には（　　　）が有効である。

問題 II 次の問いに答えなさい。
1. 農業において，規模の経済性が現れる過程を，具体的に描写せよ。
2. 非排除的ではあるが非競合的ではない財・サービス，非競合的ではあるが非排除的ではない財・サービスの例を，それぞれあげよ。
3. 労働市場における情報偏在を解消するために，企業ならびに応募者は，それぞれどのような試みをしているか。また，それらは有効に機能していると考えられるか。
4. 所得格差の是正，ならびに資産格差の是正に有効と考えられる政策を，それぞれあげよ。
5. 新しい鉄道路線が開通したとき，周辺地域の住民に及ぼす，外部経済・外部不経済にはどのようなものがあるか。それぞれ複数あげよ。

問題 III 間接税を従価税方式で課した場合，税収はどのように表されるか。また，この場合にも，死重的損失は発生するか。図を用いて解答せよ。

第8章

弾力性とその応用

経済学の実践的な応用を考えるとき，余剰分析とならんで重要な役割を果たすのが弾力性である。価格を1割下げたとき，売上は増加するのか減少するのか。税率を1%上げたとき，税収は増えるのかそれとも減ってしまうのか。こうした実践的な問いを，現実のデータとともに考えようとするとき，かならず必要になるのが弾力性という概念である。弾力性は需給均衡図のなかに，すでに埋め込まれる形で示されている。われわれは，需給均衡図の意外な奥深さを知ることになる。

8-1 弾力性とは何か

ブレド氏の悩み　完全競争市場で操業中のブレド氏は，差し当たり，自社製品の価格を自分で決める力を持っていない。しかし，できることなら，価格を自ら決定し，さらなる利潤の拡大をはかりたいと考えている。ただ，ブレド氏には，かねがね気になっていることが1つあった。というのは，もし仮に，自分で価格を決めることができるとしたら，自分は他社より価格を安くして，売上をもっと増やそうとするだろう。しかし，そのとき思ったほど，お客の数が増えなかったらどうなるだろう。価格を安くすれば，何ほどかお客の数は増えるだろう。それは間違いないと確信しているが，期待したほどには増えなかったらどうなるだろう。単価は下げてしまっているのだから，お客の数がわずかしか増えなかったら，自分はかえって損をしてしまうのではないだろうか。

そのため，ブレド氏は最近少し妙なことを考え始めている。売上を伸ばすに

は，まず何より価格を下げることが鉄則だと考えてきたが，本当にそうなのだろうか。むしろ，あえて価格を上げてみたらどうだろう。お客は確かに減るだろうが，しかし，恐れていたほどには減らなかったら？　そうなれば，単価は上げてあるのだから，うまくすれば，売上も利潤も増やすことができるのではなかろうか。しかし，もしそのあてが外れたら大変なことになる。果たしてどっちが得策なのか。あらかじめ確かめる方法はないものだろうか？

　ブレド氏の悩みは，会社を経営する者であればみな，日々抱えているものだろう。あるいは，税収を増やしたいと考えている政策当局も，たとえば環境税率を上げて，温暖化対策のための財源を増やそうとしても，もし値上がりの効果が予想以上に大きく，需要量が大きく減少してしまったら，税収は増えるどころか，かえって減ってしまうかもしれない。そのどちらの側に現実が傾くか，それについて，ある程度根拠のある予想を持てなければ，打つべき政策も打つことができない。しかし，未来の結果を現在において知ることは誰にもできない。結局はたいした根拠もないまま，経験とヤマ勘で決めるしかないのだろうか。

　しかし，ブレド氏は，もう少し冷静であった。価格の変化に対して，売上が反応するのであれば，そこには何か，理論的な関係があるのではないか…。その関係を知ることができれば，エイヤー！でことを決する前に，何ほどか根拠のある判断ができるのではないか…。このように考えを進めたブレド氏は，そもそも「価格を下げたとき，売上が伸びる」とはどういうことなのか，順を追って考えてみることにした。

図による分析

図8-1 を見てみよう。これはある財に関する需要曲線である。いま，価格は P_0 で与えられ，需要量は Q_0 である。したがって，売上金額は $P_0 \cdot Q_0$ という面積で表される。もしいま，何らかの事情で価格が P_1 に低下すれば，需要量は Q_1 になり，したがって，売上金額は $P_1 \cdot Q_1$ に変わる。価格を下げた結果，売上金額が伸びるとすれば，この $P_1 \cdot Q_1$ という面積の方が，$P_0 \cdot Q_0$ よりも大きくなるはずである。すなわち，

$$P_1 \cdot Q_1 - P_0 \cdot Q_0 > 0 \tag{8-1}$$

となるはずである。いま，価格の変化幅を ΔP，需要量の変化幅を ΔQ とすれば，(8-1) 式は，次のように書き換えられる。

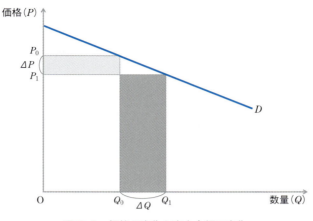

図8-1 価格の変化と売上金額の変化

$$(P_0 - \Delta P) \cdot (Q_0 + \Delta Q) - P_0 \cdot Q_0 > 0 \tag{8-2}$$

これを展開すると，次のようになる。

$$\begin{aligned}&P_0 \cdot Q_0 + P_0 \cdot \Delta Q - \Delta P \cdot Q_0 + \Delta P \cdot \Delta Q - P_0 \cdot Q_0 > 0\\&\text{すなわち，}\\&P_0 \cdot \Delta Q - \Delta P \cdot Q_0 + \Delta P \cdot \Delta Q > 0\end{aligned} \tag{8-3}$$

さて，図8-1は，説明をわかりやすくするために，ΔPやΔQをかなり大きな値で描いている。しかし，理論的には，これらは本来，ごく小さな値で考えた方がよい。その場合にはしたがって，ごく小さな値×ごく小さな値である$\Delta P \cdot \Delta Q$は，事実上無視しても差し支えないだろう。そうすると，(8-3) 式は，次のように整理できるだろう。

$$P_0 \cdot \Delta Q - \Delta P \cdot Q_0 > 0$$
$$P_0 \cdot \Delta Q > \Delta P \cdot Q_0$$
$$\frac{P_0 \cdot \Delta Q}{\Delta P \cdot Q_0} > 1 \tag{8-4}$$
$$\frac{\dfrac{\Delta Q}{Q_0}}{\dfrac{\Delta P}{P_0}} > 1$$

(8-4) 式は，(8-1) 式と内容的には同じものである。つまり，(8-1) 式が成り立つときは，そのときかならず (8-4) 式も成り立つのである。各変数の添え字をとり，この値はあくまで正の値であることを保証するために，絶対値をとることにすれば，(8-4) 式は，一般的に次のように表すことができる。

$$\left| \frac{\dfrac{\Delta Q}{Q}}{\dfrac{\Delta P}{P}} \right| > 1 \tag{8-5}$$

この式の左辺に名前をつけておこう。すなわち，

$$e = \left| \frac{\dfrac{\Delta Q}{Q}}{\dfrac{\Delta P}{P}} \right| \tag{8-6}$$

として，この e を需要の価格弾力性と定義しよう[1]。この式の分母は価格の変化率を表し，分子は需要量の変化率を表している。つまり，需要の価格弾力性と

---

[1] 弾力性は英語で elasticity なので，頭文字をとって e で表す。弾力性については他の記号で表記されることも多い。一点，補足すると，たとえば，$P = 100$ 円から $\Delta P = 10$ 円の値下げをするとき，本文のように $P - \Delta P = 90$ 円とは書かずに，ΔP の値じたいをマイナスの値と考えて，$P + \Delta P = 100 + (-10) = 90$ 円のように記すことも多い。その場合には，(8-4) 式の左辺は，そのままではマイナスの値になってしまうので，$-\dfrac{\Delta Q}{Q}\bigg/\dfrac{\Delta P}{P} > 1$ のように表現する必要がある。しかし，ここで大事なことは，弾力性はあくまで絶対値（正の値）で定義されるということなので，弾力性の定義式としては，(8-4) 式よりも，(8-6) 式の形で記憶したほうがよい。

は，需要量の変化率を価格の変化率で割った値であり，一言でいえば，価格1％の変化が，需要量を何％変化させるかを示す値である。その値が，(8-5)式のように1を超えているとすれば，それは，価格1％の変化が需要量を1％以上変化させることを意味する。つまり直観的にいえば，価格の下落よりも，お客の増え方の方が大きかったということである。ゆえにこの場合，売上金額は全体的に大きくなる。

価格弾力性の特徴　価格弾力性の値はしたがって，かならず1よりも大きくなるとは限らない。価格弾力性が1より小さくなったり，ちょうど1に等しくなったりすることもある。それはそのときの消費者の反応しだいで決まることなのである。価格弾力性が1より小さいときは，価格が下がった割には，お客が増えなかった場合に相当し，売上金額は結果的に減少するだろう。価格弾力性がちょうど1に等しいときは，価格の低下率と需要量の増加率がちょうど等しくなって，売上金額はまったく同額に維持される。

　弾力性は，価格が低下したときにだけ，定義されるものではない。価格が上昇したときにも，需要量はとうぜん変化し，売上金額も変化する。価格弾力性が1を超えているときに，価格を引き上げると，需要量は価格の上昇率よりも大きく減少することになるので，売上金額はかえって減少することになる。価格弾力性が1より小さいときに値上げをすると，今度は逆に，価格の上昇率ほどには需要量が減少しないので，売上はかえって増加することになる。価格弾力性が1に等しいときは，先と同様，売上金額は変わらないままになる。

　弾力性は，価格と需要の関係にだけ現れるものではない。たとえば，(8-6)式の分母に税率の変化率をとり，分子に税収の変化率をとれば，税率の変化が税収に及ぼす影響の度合いを示す弾力性になる。これは，税収の税率弾力性と表現できる。あるいは，分母は価格の変化率のまま，分子に供給量の変化率をとれば，価格1％の変化が，企業の生産量を何％変化させるかを示す，供給の価格弾力性を定義することができる。税収の税率弾力性が1を超えていれば，増税が税収増をもたらすことが期待でき，1を下回っていれば，かえって税収を減らすことが予想できる。統計データから，さまざまな弾力性の実際の値を計測できれば，企業も政策当局も，一定の根拠を持って，意思決定を行うことができるようになるだろう。これは，計量経済学を使えば，計算自体は比較的

容易にできるので,読者のみなさんはぜひ試してほしい[2]。

　注意点　弾力性は,分母と分子に何をとるかによって,まったく別物になってしまうので,かならず「何の何」弾力性とはっきり表現する必要がある。ただ漠然と「弾力性」と言っただけでは,何を指しているのかがわからず,無意味な表現になる。弾力性は便利な概念ではあるが,使い方を間違えると,大きな誤解に導かれる可能性もあるので,理論的な定義と内容をよく理解しておく必要がある。その最たる例を,次に見てみよう。

　確認問題 8-1　価格を 1,000 円から 100 円値下げしたところ,需要量が 500 個から 600 個に増えた。このとき,需要の価格弾力性の値を求めよ。

8-2　弾力性と曲線の傾き

　曲線の傾きとの関係　図 8-2 の (a) と (b) を見比べてみてほしい。(a) には傾きの急な需要曲線が描かれており,(b) には傾きの緩やかな需要曲線が描かれている。この 2 つを比べてみるとき,需要の価格弾力性がより大きいと

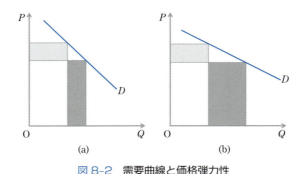

図 8-2　需要曲線と価格弾力性

---

[2]　ただし,計算作業が容易であるからといって,得られた結果が妥当性を持つとは限らない。妥当な値になっているか否かの判断は,結局,測定者自身で行うしかなく,そのためには計算技術に頼るだけでなく,理論そのものを深く理解するとともに,何より現実の経済に対する総合的な判断能力が必要になる。

言えるはどちらだろうか。売上金額の面積を比べてみれば，明らかに (b) の方が，価格弾力性が大きいと言えるだろう。すなわち，2本の異なる需要曲線を比較する場合には，傾きのより緩やかな需要曲線の方が，需要の価格弾力性が大きいと言えるのである。

ところが，ここから一足飛びに，「弾力性とは要するに，曲線の傾きのことなのだ」という結論にとびついてしまうと，それは大きな間違いになってしまうのである。確かに，弾力性は曲線の傾きと密接な関係を持つ概念だが，傾きそのものではないことに注意する必要がある。では，どのように違うのか。それをここで確かめておこう。

傾きとの区別の必要性　需要の価格弾力性と需要曲線の傾きが同じものでないことは，(8-6) の定義式を見れば，じつは明らかなことである。なぜなら，(8-6) 式を変形すると次のようになる。

$$e = \left|\frac{\frac{\Delta Q}{Q}}{\frac{\Delta P}{P}}\right| = \left|\frac{\Delta Q}{Q} \bigg/ \frac{\Delta P}{P}\right| = \left|\frac{\Delta Q}{Q} \cdot \frac{P}{\Delta P}\right| = \left|\frac{P}{Q} \cdot \frac{\Delta Q}{\Delta P}\right| = \left|\frac{P}{Q} \bigg/ \frac{\Delta P}{\Delta Q}\right| \quad (8\text{-}7)$$

(8-7) 式で，需要曲線の傾きに相当するのは $\Delta P/\Delta Q$ の部分である[3]。すなわち，(8-7) 式は，

$$e = \left|\frac{\frac{P}{Q}}{\text{需要曲線の傾き}}\right| \quad (8\text{-}8)$$

という意味を持つわけである。したがって，需要の価格弾力性は，需要曲線の傾きと密接な関係を持つには違いないが，傾きそのものではないわけである。需要の価格弾力性は，需要曲線の傾き（の絶対値）と P/Q という2つの値によって決定される。そして P/Q とは，需要曲線上の点と座標原点を結ぶ直線の傾きを意味するだろう。そうすると，需要の価格弾力性とは，改めて図8-3の

---

[3]　繰り返しになるが，本書では，ΔP も ΔQ もプラスの値としているから，図で右下がり需要曲線の傾きを表す場合には，$-\Delta P/\Delta Q$ のように，マイナスの符号をつける必要がある（図8-3参照）。しかし，弾力性はすべて絶対値（プラスの値）で定義されるので，以下，P/Q との比較においては，プラスの値としての，$\Delta P/\Delta Q$ の大きさだけ考えればよい。

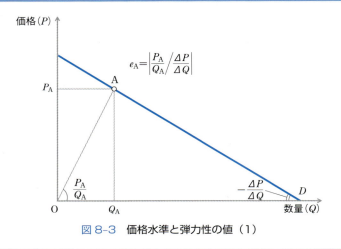

図 8-3　価格水準と弾力性の値（1）

ように表すことができるだろう。

　需要曲線上の任意の点 A における需要の価格弾力性は，この点と原点を結ぶ直線の傾き P_A/Q_A を需要曲線の傾き（の絶対値）$|\Delta P/\Delta Q|$（ΔP も，ΔQ もプラスの値のときは，単に $\Delta P/\Delta Q$ で割ればよい）で割り算した値である[4]。したがって，弾力性の値は，同じ需要曲線であっても，需要曲線上のどこではかるかによって，その値が異なるものになるのである。たとえば，いま見た点 A の場合，明らかに，P_A/Q_A の方が需要曲線の傾き（の絶対値）よりも大きな値になっている。したがって，この場合，需要の価格弾力性は 1 より大きくなる。

　ならばこの需要曲線は，まるごと弾力性が 1 より大きいかというと，そうではないのである。図 8-4 を見てみよう。同じ需要曲線上の（しかも，この需要曲線は直線だから傾きは常に一定である），異なる点 B を見てみると，需要曲線の傾きは同じ値だが，P_B/Q_B は明らかに曲線の傾き（の絶対値）よりも小さな値になっている。したがって，この場合，弾力性の値は 1 より小さくなる。同じ財・サービスに対する，同じ需要曲線であるにもかかわらず，場所が異なると，それだけで需要の価格弾力性は違う値になってしまうのである。言い換えれば，価格が P_A のときに若干の値下げをすれば売上も増加するが，価格 P_B

---

[4]　ここでは需要曲線を直線で表しているが，一般的な曲線で表した場合も内容は変わらない。

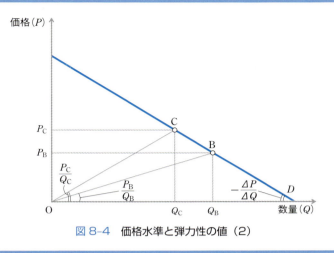

図 8-4 価格水準と弾力性の値（2）

のときに同じだけ値下げをしても，売上はかえって減少してしまうのである。これは，価格が高いときに値下げをする場合と，すでに十分安くなってからさらに値下げをした場合とでは，同じ値下げでも消費者に及ぼす効果が違ってくることを反映している。弾力性は，そうした日常経験をよく反映する概念と言えるかもしれない。

　弾力性は領域によって変わる　なお，点 C においては P_C/Q_C の値と需要曲線の傾き（の絶対値）が同じ値になっている。したがって，この場合，弾力性の値はちょうど 1 になる。以上を総合すると，図 8-5 にあるように，1 本の需要曲線は，弾力性の値が 1 になる点を境に，弾力性の値が 1 より大きい領域と，弾力性の値が 1 より小さい領域に分けられることになる。弾力性と曲線の傾きは，決して同じものではないのである[5]。

　しかしながら，図 8-6 にあるように，そして先ほども触れたように，異なる需要曲線を比較する場合には，傾きの緩やかな需要曲線の方を弾力的な需要曲線と呼んで差し支えない[6]。なぜなら，図 8-6 の点 M を見てみると，これは

---

[5] なお，点 C と，座標原点と，需要曲線と横軸の交点（これを「需要曲線の足」という）で作られる三角形は，2 つの底角が等しくなるから二等辺三角形になる。したがって，弾力性が 1 になる生産量 Q_C は，原点と需要曲線の足のちょうど中点になる。作図上の目安として覚えておくとよい。

[6] 「弾力的」という表現は，厳密には弾力性の値が 1 を超える場合をいい，弾力性の値が 1 を下回↗

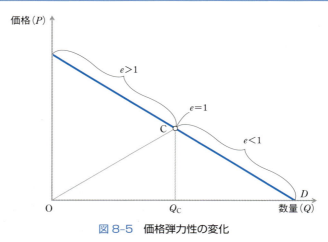

図 8-5 価格弾力性の変化

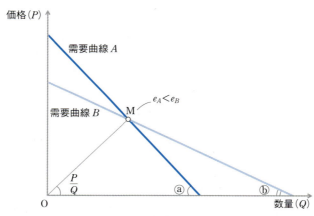

図 8-6 異なる需要曲線の傾きと弾力性

2本の需要曲線の交点だから，P/Qの値は双方とも同じである。しかし，需要曲線 A の傾きⓐと需要曲線 B の傾きⓑを比べてみれば，明らかにⓐの方が（絶対値では）大きい。ということは，分母がより大きい需要曲線 A の方が，弾力性の値としては小さくなる，すなわち，非弾力的ということになる。傾きの

◨る場合を「非弾力的」という。ただし，異なる需要曲線を比較する場合には，相対的に弾力性の大きい方を「弾力的」，小さい方を「非弾力的」と表現することが多い。

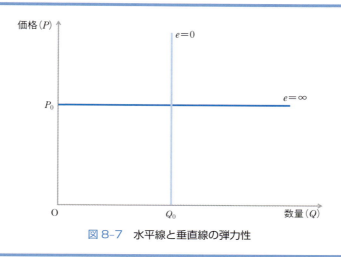

図 8-7　水平線と垂直線の弾力性

より急な需要曲線は弾力性が小さく非弾力的になり，需要曲線 B のように，傾きの比較的緩やかな曲線は，弾力性が大きく弾力的になるわけである。弾力的・非弾力的という表現は，経済学の著書・論文では日常語に近い頻度で現れるので，その違いを正確に理解しておく必要がある。

　特別なケース　　最後に，弾力性の特別なケースについて言及しておこう。図 8-7 には，需要曲線が水平あるいは垂直になるという，極めて特殊なケースが描かれている。このような場合，需要の価格弾力性はどのような値になるだろうか。水平ということは，価格がほとんどまったく変化しない，すなわち，ΔP が限りなくゼロに近いことを意味する。ということは，$|\Delta P/\Delta Q|$ の値も限りなくゼロに近いということなので，そうした値を分母に持つ弾力性の値は無限大になる。水平の需要曲線の価格弾力性は無限大∞である。われわれは，こうした需要曲線が，完全競争市場において個別企業が直面する需要曲線として存在することを知っている。したがって，完全競争市場における個別企業は，無限大の価格弾力性を持つ需要曲線に直面していることになる。無限大の価格弾力性を持つとは，価格のわずかな変化が無限大の需要量変化をもたらすことを意味する。完全競争下の企業が，単独で価格をわずかでも低下させることができたら，そのときには，収拾がつかないほどの需要増に見舞われることにな

8-2　弾力性と曲線の傾き　　153

ると言ったのはこのことを指している。

垂直の需要曲線は，もし存在するとすれば，需要量が価格に関係なく，先に固定されているようなケースに相当する。これは，その財・サービスが酸素のように絶対的に必要なもので，その消費量をわずかでも減らされるくらいなら，無限大の代金を払ってもいいというくらいに，限界効用が無限大に上昇するような財である。したがって，この場合には，$|\Delta P/\Delta Q|$の値が無限大∞になる。そうすると，それを分母に持つ価格弾力性の値は逆にゼロになる。すなわち，垂直の需要曲線の価格弾力性はゼロである。これは，価格をいくら引き上げても，需要量がまったく反応しないことを意味するから，それを図で示せば，垂直線ということになるわけである。

確認問題 8-2　図 8-4 の需要曲線が $Q = 600 - \frac{1}{2}P$ で示されるものとしよう。このとき，$P = 800$，$P = 600$，$P = 400$ のそれぞれの場合における，需要の価格弾力性の値を求めよ。

8-3　弾力性と租税の帰着

最終的に負担するのは誰か　弾力性のひとつの応用として，租税の帰着という問題がある。租税の帰着問題とは，ある税が課されたとき，それを最終的に負担するのは誰か，そしてそれはどのような割合で負担されることになるかを問う問題である。

第7章でわれわれは環境税を取り上げ，これが死重的損失を一方で出しながらも，それを上回る社会的余剰を生み出すことを見た。その際，環境税は，二酸化炭素を排出している市場から恩恵を受けている，消費者ならびに生産者がともに分け合う形で負担することになると述べたが，それが実際にはどのような割合での負担になるのか，あるいはどのような場合に，消費者側の負担が重くなり，どのような場合に企業側の負担が重くなるか，といった問題には触れてこなかった。しかし，これは現実的には非常に重要な問題である。そして，この問題に取り組むうえで重要なカギを握るのが，弾力性なのである。

弾力性を使った分析　図 8-8 に，先の環境税を再掲しよう。ただし，今

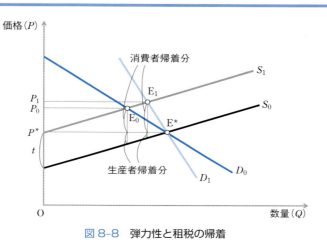

図 8-8 弾力性と租税の帰着

回は傾きの異なる 2 本の需要曲線が同時に描かれている。すなわち，何らかの理由によって，需要が弾力的になる場合と，非弾力的になる場合の，2 つの場面が想定されていると考えればいいだろう。傾きの緩やかな需要曲線 D_0 を弾力的な需要曲線，傾きの急な需要曲線 D_1 を非弾力的な需要曲線と呼ぶことにしよう。当初，この 2 本の需要曲線は同じ点 E^* で供給曲線 S_0 と交わっていた。すなわち，当初の均衡点は，両方の需要曲線とも E^* であり，均衡価格は P^* ということになる。

さて，ここに環境税が，税率 t で課せられたものとしよう。その結果，供給曲線は S_1 にシフトする。2 本の需要曲線は傾きが異なるから，課税後の新しい均衡点はもはや同一にはならない。需要曲線 D_0 と供給曲線 S_1 との新しい均衡点を E_0，需要曲線 D_1 と供給曲線 S_1 との新しい均衡点を E_1 でそれぞれ示すことにしよう。さて，この場合，この環境税 t の消費者と企業の負担割合はそれぞれどのようになるだろうか。

　消費者の負担分とはどのようなものと考えればいいかというと，それは結局，環境税によって生じた価格の上昇分として考えればいいだろう。この値上がりはすべて，環境税の課税によって生じたものだから，消費者は自らが支払う価格の上昇分として，環境税の一部を負担するわけである。したがって，税率か

8-3 弾力性と租税の帰着

ら価格上昇分を取り除いた残りが，企業によって負担される部分になる。そうすると，図8-8において，需要曲線 D_0 の場合，価格は P^* から P_0 にまで上昇し，需要曲線 D_1 の場合は，P_1 にまで上昇することがわかる。ということは，需要曲線 D_0 の場合，消費者は $(P_0 - P^*)$ だけ税を負担し，需要曲線 D_1 の場合，消費者は $(P_1 - P^*)$ だけ税を負担することになるわけである。この価格上昇分を課税の消費者帰着分と表現する。そして，t からそれぞれの価格上昇分を引いた残りが，課税の生産者帰着分ということになる。

図8-8 から，消費者帰着分は需要曲線 D_1 の方が大きく，したがって，生産者帰着分は，需要曲線 D_1 では小さくなることがわかる。需要曲線 D_1 とは需要の価格弾力性が小さい場合である。ここから一般的に次のように言うことができる。すなわち，間接税は，需要の価格弾力性が小さい場合に，それだけ多く消費者側に帰着する傾向がある，ということである。裏から言えば，需要の価格弾力性が小さい市場では，間接税の企業への帰着割合は小さくなる傾向がある，ということである。ざっくばらんに言えば，需要の価格弾力性が小さい市場ほど，間接税は消費者側がより多く負担するものになり，弾力性が大きい市場ほど，間接税は企業側がより多く負担するものになる，ということである。

具体例　需要の価格弾力性が小さい市場とは，どのような財・サービスを扱う市場だろうか。価格弾力性が小さいということは，価格が高くなっても，消費者があまり需要量を減らせない財・サービスということだろう。したがって，これはいわゆる生活必需品に類する財・サービスと考えていいだろう。食料品や光熱費の類は，一定程度の消費が避けられないので，価格が高くなったからといって，容易に消費量を減らせるものではない。こうした財やサービスの場合に，価格弾力性は相対的に小さくなる傾向があるわけだが，そうした市場に間接税が課された場合には，それはより多く，消費者が負担するものになる。そういう傾向が，1つの原理として存在するわけである。

逆に，需要の価格弾力性が大きい市場というのは，消費者にとってかならずしも必要不可欠な財・サービスを扱っているわけではなく，値段しだいでは，お客が一気にいなくなってしまうような市場ということになる。こうした市場では価格を上げにくいから，その分，企業側の税負担が大きくなる傾向が出てくるわけである。

価格弾力性が小さい市場とは，価格を上げることで売上金額が増えるタイプ

の市場だから，これは間接税導入に同意を得やすい市場とも言える。しかし，それは同時に，消費者側の負担割合を大きくする政策でもあるわけだから，実際そうなることが望ましいと判断できる事例かどうか，政策当局はよく見極める必要があるだろう。

余剰分析 vs 弾力性分析　余剰分析は，市場全体における効率性を問題とするものだから，税の負担が，消費者と生産者でどのように分けられるかといった分配の問題をちょくせつ扱うものではない。それは，分析単位があくまで消費者余剰と生産者余剰の合計である点にも現れている。たとえば，何らかの事情で，消費者余剰が減少しても，それを上回る生産者余剰が現れれば，社会的余剰は差し引きプラスになるから，市場効率としては改善されたことになる。しかし，これは消費者利益の犠牲のうえに，企業側の利益が向上することを意味するわけだから，公平性の観点からは，本来もっと問題視されてよい。しかしながら，通常，余剰分析に対してこのような批判が行われることは稀である[7]。

これに対して帰着問題は，負担の分配を明示的に扱うものである。租税政策を議論する場合には，余剰分析によって効率性への影響を慎重に検討しながらも，租税の帰着がどこへ向かうかという負担の公平性について，併せて配慮していく必要がある。その意味で，余剰分析と弾力性分析は，常にワンセットの実践力として考えていく必要があるだろう。公平性の視点を欠いた効率性政策は，かならずやどこかで，誰かの生活に脅威を及ぼす。しかし，「配慮」は理論が自動的に行ってくれるものではない。それは，経済理論を知るわれわれが，われわれの意思によって行わなくてはならないものである。そして，そうした「配慮」を，理論がひそかに求めていることに，われわれはよく耳を傾ける必要があるのである。

---

[7] これは，現在のように，企業側の利益が内部留保のような形で，企業組織に長期にわたって貯め込まれるようなことがなく，利益分配や株式配当のような形を通じて，企業利益が早晩「人間」に還元されることを前提していたためと思われる。そのような前提に立てば，人間は一面においてかならず消費者でもあるわけだから，生産者余剰は最終的には，消費者に還元されるものと考えることもできただろう。ならば，まずは効率性を優先し，分けるべきパイを最大にしてから，配当なり財政支出なりを通じて，余剰が消費者に還元されるのを待つのが得策ということにもなるだろう。しかし，現実においては企業の内部に留保されたものが簡単に分配されるとは考えにくく，その利益還元を受けるのも，企業の株式を保有する一部の消費者に限られている。したがって，現代の経済において，初期の新古典派時代と同様の効率・分配関係を無条件に想定するのはいささか楽観的に過ぎ，場合によっては，分配問題・格差問題の無視・隠蔽にもつながりかねない。

第8章　練習問題

問題Ⅰ　次の文章の空欄に適当な語句を入れなさい。
1. 需要の価格弾力性とは（　　　）の変化率に対する（　　　）の変化率を表す。
2. 税収の税率弾力性は，（　　　）の変化率を（　　　）の変化率で割ったものである。
3. 消費の所得弾力性を定義するとしたら，（　　　）の1％の変化が（　　　）の何％の変化をもたらすかを示す数値ということになる。
4. 需要の価格弾力性が1を超えているとき，需要は価格に対して（　　　）と表現する。
5. 需要の価格弾力性が1を下回るとき，需要は価格に対して（　　　）と表現する。
6. 完全競争市場における個別企業の需要曲線の価格弾力性は（　　　）である。
7. 垂直な需要曲線の価格弾力性は（　　　）である。
8. 2本の異なる需要曲線においては，傾きが（　　　）方が弾力的になる。
9. 価格弾力性が（　　　）のときは，価格を下げても上げても，売上金額は変化しない。
10. 需要の価格弾力性が小さくなると，間接税の（　　　）への帰着分が大きくなる。

問題Ⅱ　次の問いに答えなさい。
ある財の需要曲線が $Q = 600 - \frac{1}{2}P$，供給曲線が $Q = 200 + \frac{1}{2}P$ で表されるものとしよう。そして，この市場に財1単位につき，20の間接税が従量税方式で課税されるものとしよう。
1. この課税による超過負担の大きさを求めなさい。
2. 課税前の均衡点における需要の価格弾力性の値を求めなさい。
3. 税額20のうち，消費者に帰着する分，生産者に帰着する分は，それぞれにいくらになるか。

問題Ⅲ　間接税は，価格弾力性の小さい方へより多く帰着するというのは，供給の価格弾力性についても当てはまるか。図に傾きの異なる2本の供給曲線を引き，同率の従量税を課した場合の，消費者帰着分と生産者帰着分をそれぞれ求め，供給の価格弾力性が小さい場合に，生産者帰着分がより多くなることを確かめよ。

第 9 章

不完全競争の理論
－独占理論とゲーム理論－

現実経済の市場は，程度の差こそあれ，独占的な要素をかならず持っている。独占市場について知ることは，現実的な市場について考える第一歩になる。そのためには，多種多様な市場の姿を包括的に捉える理論が必要になる。独占理論とゲーム理論は，ミクロ経済学を実践的な学問にするうえで，欠かすことのできない知識になるだろう。

9-1 完全競争と不完全競争

不完全競争市場 完全競争市場は，市場の効率性を最大限に発揮させるために構想された，理想的な市場である。したがって，完全競争市場が現実に現れることは，まずないものと考えてよい。現実の市場では，企業の数がもっと少なかったり，製品の質に何ほどかの差異があったりして，各企業がそれぞれ特定の顧客層を，大なり小なり獲得しているものである。消費者が特定の企業から財を購入しているとすれば，そこには程度の差こそあれ，独占の要素が含まれていることになる。現実経済の市場は，独占的な要素を，どこかしら，かならず持つものなのである。

独占的な市場は，完全競争市場と比べて，どのような性質あるいは特徴を持つだろうか。本章では，この問題について検討していこう。しかし，一口に独占的な市場と言っても，そこには多種多様な形態が存在する。市場に文字通り1つの企業しか存在しない場合, これを独占という。企業が2社存在する場合は，独占と区別して複占といい，3～5社程度で市場の大半を占めている場合は寡

占と言われる。現実の市場で，もっとも多く見受けられるのは寡占である。そして，これらをひっくるめて不完全競争市場と表現する[1]。

　ゲーム理論　　独占市場には，文字通り競争は存在しないが，複占以降になれば競争が生じる。しかも，複占や寡占においては，自社の競争相手がどの企業かを，はっきり認識したうえで競争することになるから，常に相手の出方を見ながら，あるいは，出方を予想しながら，自社の行動を決めることになる。こうした行動を戦略的行動と表現する。これにも，多種多様なケースが考えられ，理論的にも多様で複雑な分析が必要になる。ここを舞台に大きく発展したのが，ゲーム理論である。

　したがって，独占と複占・寡占では，理論の内容が大きく異なることになる。ゲーム理論は，今日それだけで1科目を必要とするくらい大きな領域になっているから，初級のミクロ経済学を扱う本書では，ゲーム理論については若干の紹介にとどめ，以下ではおもに独占理論に重点を置いて検討することにしよう。文字通りの独占市場というのも，政策的に作られた場合を除き，現実にはほとんど存在しないが，完全競争論の反対の極をおさえておくことで，現実的な寡占論に入っていくための，足場が得られるのである。

　歴史的背景　　独占理論は，歴史的には，完全競争論よりも古くから存在する。完全競争論は，いつ，誰が言い始めたものか，じつはよくわからないところがあるのだが，今日のように整った形で議論されるようになったのは，20世紀もだいぶ経ってからである。これに対して独占理論の方は，19世紀半ばには，すでに萌芽的なものが存在していた。しかも，日本では，イギリス経済

---

[1] 不完全競争という言葉は，本来もっと狭い意味合いの言葉であった。これはJ.ロビンソンの著書『不完全競争の理論』（1933年）に由来するもので，消費者の選り好みや，個々の市場が地理的に離れていること等から，各企業は準独占的な市場を形成しているものの，他企業の参入を抑制できるほど強い独占にはなっていないという，言わば独占と競争の中間的な市場構造を意味する言葉であった。また，不完全競争とよく似た概念に，E. H. チェンバリンの独占的競争論（1933年）というものがあり，これは独占的要素が発生する理由を，ロビンソンのように消費者側の事情に求めるのではなく，企業側の積極的な製品差別化に求めようとしたものだった。この2つの理論は発表年が奇しくも同年であり，一見内容もよく似ていたので，ひとまとめに語られることも多かったが，チェンバリンの議論は企業から消費者への主体的な働きかけという，それまでの適応的な企業像を超えようとする試みがなされていた点で画期的なものであった。いずれにしても，今日使われている不完全競争市場という言葉は，ロビンソンのものと直接の関係なく，完全競争論以外の市場理論を指す包括的な名称として用いられている。ロビンソン，チェンバリン等の議論については井上義朗『コア・テキスト経済学史』（新世社，2004年）参照。

史を近代経済史の典型と考える傾向があったから，完全競争を彷彿とさせるような，無数の小さな企業で構成される市場がまずあり，それが後になって，規模の経済性などを背景に，寡占市場や独占市場に転換して行ったと半ば常識的に理解してきたが，19世紀半ばに，最初の独占論・複占論を築いたフランスのA. A. クールノーの著作などを見ると，まず独占から話が始まり，それが徐々に，競争的な市場構造へ向かって，開かれていくような展開になっている。つまり，経済が王権を背景とする独占企業に支配されていた時代から，自由競争の可能な市民の時代へと，次第に権力が解体されていく過程として，フランス近代化の過程をそこにダブらせながら描いているのである。

したがって，独占，寡占といった現実的な市場構造を論じる場合には，その形成の背後にかならず，その国，その地域の歴史があることを踏まえる必要がある。それをせずに，形式的な理論だけを一方的に当てはめて理解しようとすると，大いなる誤解に導かれる危険性がある。ゆえに，以下，展開される独占理論も，独占市場の平均的な傾向を整理した理論であって，現実の独占市場は，そうした理論では汲み尽くせない，歴史的個性をかならず伴って現れていることを，あらかじめ承知しておく必要があるだろう。

9-2　独占企業と限界収入

完全競争市場との比較　さて，独占市場のもっとも基本的な特徴は，市場に企業が1社しか存在しないことにある。ということはつまり，独占企業は，市場全体の需要をすべて，1社で引き受けなくてはならないということである。経済学的に言えば，独占市場では，独占企業1社が直面する個別の需要曲線と，市場全体の需要曲線が，同じものになるということである。これを，完全競争の場合と比べてみよう。

図9-1 (a) は，完全競争市場下にある1企業を表したものである。この1企業が直面する個別需要曲線は，これまでも確認してきたように，無限大の弾力性を持った水平の需要曲線で表すことができる。これに対し，独占企業の場合は，いきなり市場全体の需要曲線に直面することになるから，市場の需要曲線がそのまま個別の需要曲線になる。すなわち，図9-1 (b) のようになるわ

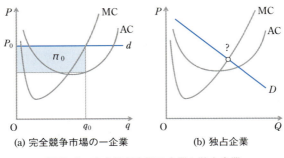

図 9-1　完全競争市場の企業と独占企業

けである。

　完全競争市場において，企業は価格＝限界費用となる生産量を選択することで，利潤を最大にすることができた。図 9-1 (a) で確認すれば，与えられた価格を P_0 とするとき，企業はこれと限界費用が等しくなる生産量 q_0 を選択することで，利潤 $π_0$ を獲得することができる。では，独占企業の場合は，どのように生産量を決定すれば，利潤を最大にできるだろうか。しかも企業の数が 1 つしかない以上，無数の企業で織りなされる市場メカニズムは，もはや機能しない。したがって独占市場では，価格についても，独占企業が自ら決めなくてはならないものになる。

　独占企業は自由に振る舞えるか　　このように聞くと，一瞬，独占とは文字通り「王」になることを，あるいは独裁者になることを意味するように思えるだろう。競争相手がいないのだから，好きなだけ高い価格を消費者に押しつけ，好きなだけの暴利を貪り食うことができるように思えるだろう。確かに，生活必需財においては，消費者が購入をやめることができないから，そうなる危険性は決して小さくないだろう。しかし，一般の財・サービスの場合は，消費者の需要価格を無視して，好きなだけ高い価格をつければ，結局，消費者が去っていってしまい，儲けがまったく失われてしまう可能性がある。それでは元も子もないので，独占企業といえども，市場を無視して，好き勝手に価格を決めるわけにはいかないのである。では，どのような価格にすればよいか。これもまた，独占企業が抱える重要な問題になる。

表 9-1　限界収入（1）（独占企業）

	Q	P	$P \cdot Q$	$\Delta PQ =$ MR	MC
	10 万個	100 円	1,000 万円	45 万円	25 万円
	11	95	1,045	35 = 35	35
◎	12	90	1,080	25	45
	13	85	1,105		

そこで図 9-1 (b) に戻ってみよう。いま、単純化のために費用曲線については、完全競争論の場合と同じものを使うことにしよう[2]。そうすると、完全競争の場合は、水平の個別需要曲線と限界費用曲線の交点で生産量を決めたのだから、同じように、独占市場の場合は、右下がりの個別需要曲線と限界費用曲線の交点で生産量を決めればよいではないかと一瞬思うが、これはダメなのである。なぜダメなのか。数値例を使って考えてみよう。

<u>独占市場の選択する生産水準</u>　右下がりの需要曲線に直面しているということは、販売量（需要量）を増やすときに、価格をいくらか引き下げなければならないことを意味する。たとえば、表 9-1 にあるように、いま、ある市場で独占が形成されていて、独占企業が価格を 100 円に定めたとき 10 万個の製品が販売できて、その結果、1,000 万円の売上収入が得られていたものとしよう。そして、独占企業が売上収入を増やすため、販売量を 11 万個に増やそうしたところ、価格を 1 個 95 円にしないと売り切れないことがわかり、その価格で販売したものとしよう。その結果、売上収入は 1,045 万円に増加した。

これによって、確かに売上収入は増加したわけだが、しかし、これはいささか奇妙な結果ではなかろうか。というのは、価格 95 円で 1 万個余計に販売したわけだから、売上は 95 円 × 1 万個 = 95 万円増えなければおかしいのではなかろうか。だのに、実際には 1,045 万円 − 1,000 万円 = 45 万円しか増えていない。なぜ、これだけしか増えないのだろうか。

---

[2] 独占が形成された背景に規模の経済性があるとすれば、「市場の失敗」のところで論じたように、費用曲線は完全競争下の企業と同じものにはならないだろう。ただし、以下の議論は、規模の経済性を前提した場合も、結論的にはほぼ変わらないので、議論が複雑になるのを避けるため、ここではこうした単純化を認めることにする。

これは，販売量を増やすときに5円値下げをしたことが，追加分1万個に対してだけでなく，これまでの10万個に対しても適用されなくてはならないからである。先の10万個と追加分1万個のあいだに，製品上の差異は何も存在しないから，1個につき5円値下げをするのなら，それは10万個についても同じように適用されなければならない。そうすると，追加分については確かに95万円の収入増があるわけだが，そこから10万個分の値下げによる収入減を差し引かなくてはならないから，結局，

$$95万円 - (5円 \times 10万個 =) 50万円 = 45万円 \qquad (9\text{-}1)$$

という計算になるわけである。この45万円が，右下がり需要曲線の下で，販売量を追加したときに得られる本当の追加収入ということになる。追加収入であるから，経済学ではこれを，限界収入[3]と定義する。

　さて表9-1には，右端に，販売量（＝生産量）を1万個ずつ追加していくときの限界費用も示されている。表によれば，生産量を10万個から11万個に増やすときの限界費用は25万円である。ならば，生産量を増やしたとき，追加的に得られる収入の方が，追加的に発生する費用よりも大きいことになるから，独占企業はこれを実行するだろう。

　では，11万個からさらに1万個増やして，12万個にしたらどうだろう。表9-1によれば，先と同様の計算を行うと，このとき，独占企業の限界収入は35万円になることが示されている。一方で，限界費用はどうかというと，限界費用は逓増するので少し高くなり，偶然にも同じ35万円になっている。では，もう一声というので，13万個にまで増やすとどうなるか。限界収入はもはや25万円にまで低下する一方，限界費用はもっと高くなって45万円になっている。ということは，13万個まで生産してしまうと，限界収入が限界費用を下回って，損失が発生することになる。合理的な経営者は，こうした損失が発生しないように生産量を調整しなければならないので，かくして，独占企業の生産量は12万個で決定されることになるだろう。

　かくして，われわれは，独占市場における利潤最大化原則を手に入れた。すなわち，独占企業は，限界収入と限界費用が等しくなる生産水準を選択するの

---

[3] 限界収入は英語でMarginal Revenueなので，頭文字をとってMRと表記することが多い。本書もこれを踏襲する。

である。この生産水準を選択すれば，そこにいたる過程で生じる差額収益（これは収入と費用の差額だから，独占企業の生産者余剰と考えてよい）をすべて手に入れる一方，その水準を超えると発生する損失部分はいっさい出さずに，一連の生産計画を終えることができる。したがって，この限界収入＝限界費用という条件が，独占企業にとっての利潤最大化条件になる。独占企業は，限界収入＝限界費用となる生産量を選択することで，利潤を最大にすることができるのである。

利潤最大化条件は同じか

さて，完全競争市場における利潤最大化の条件は，価格＝限界費用であった。それに対して，独占市場における利潤最大化条件は，限界収入＝限界費用になることがわかった。ということはしかし，利潤最大化の条件には，2種類のものが存在するということなのだろうか。あるいは，市場構造の違いに応じて，その都度，いろいろな利潤最大化条件が出てくるということなのだろうか。しかし，対象が変わるごとに結論が変わるようなものを，果たして「理論」と呼んでよいものだろうか。

結論を先に言うと，この2つの条件は，じつは同じ条件なのである。すなわち，価格＝限界費用という条件と，限界収入＝限界費用という条件は，内容的にはまったく同じものなのである。このことを確かめておこう。表9-2は，完全競争市場下の1企業について表9-1と同じように，販売量を1単位ずつ追加していったときの，限界収入を示したものである。ただし販売個数は，小さな1企業であることを考慮して，10個，11個…という単位で測定している。さてそのとき，限界収入はどのような値になっているだろうか。

そもそも，これまで完全競争論を議論していたときには，限界収入という概

表9-2　限界収入（2）（完全競争市場の1企業）

q	p	$p \cdot q$	MR
10個	100円	1,000円	
11	100	1,100	100
12	100	1,200	100
13	100	1,300	100

念は出てこなかった。なぜかというと，これも何度も見てきたように，完全競争市場では，企業は水平の個別需要曲線に直面している。これは，与えられた価格の下で，無限大の需要に直面していることを意味する。ということはつまり，販売量を増やしていくとき，価格をまったく下げずに済むということである。完全競争下では，販売量が増加するとき，独占市場のように価格を下げる必要がないわけである。

ならば，たとえば販売量が 10 個から 11 個に増えるとき，売上収入はどれだけ増えるかといえば，それは単純に，価格分だけ増えるはずである。価格はまったく低下しないのだから，10 個から 11 個に販売量を増やしたとき，売上収入は単純に，追加分 1 個の価格分だけ増えるはずである。つまり，完全競争市場における限界収入は，価格に等しいのである。ゆえに表 9-2 の限界収入の欄には，価格 100 円がそのまま記入されている。

したがって，次のように整理してよいだろう。利潤最大化条件は，市場構造にかかわらず，限界収入＝限界費用として考えるのが正しいのである。しかしながら，完全競争市場においては，その限界費用がたまたま価格に等しいので，これを特別に，価格＝限界費用と書くことができる。ただ，それだけのことなのである。これを一応整理しておこう。

> 利潤最大化条件：限界収入（MR）＝限界費用（MC）
> ただし，完全競争市場では，限界収入（MR）＝価格（P） (9-2)
> ゆえに，
> 完全競争市場では，利潤最大化条件：価格（P）＝限界費用（MC）

と書けるわけである。追加的な収入と追加的な費用が均等化するところで，差額収益の合計が最大になるというのは，考えてみれば自明の理であって，したがって，これはどのような市場構造の下でも，あるいは他の事例においても，かならず成り立つ論理なのである。

確認問題 9-2 　表 9-1 で，販売量が 11 万個から 12 万個に増えるとき，また 12 万個から 13 万個に増えるとき，それぞれの限界収入が表中に示されるような値になる理由を，(9-1) 式にならい説明せよ。

9-3 独占均衡と独占利潤

価格と生産量の決定　独占企業は，限界収入＝限界費用となる生産量を選択することがわかった。しかし，われわれはまだ，限界収入の関数を把握していない。また，独占企業が決定する価格，ならびに利潤の大きさも求めていない。これらについて，今度は図を使って考えてみよう。

限界収入とは，販売量（生産量）を1単位追加したときに得られる，収入の増加額だから，数学的には，収入金額を生産量で微分することによって得られるはずである。価格を P，生産量を Q とすれば，限界収入 MR はまず次のように定義できる。

$$\text{MR} = \frac{dPQ}{dQ} \tag{9-3}$$

ただし，独占企業の場合，価格 P はもはや与件ではない。価格と生産量の関係が右下がりの需要曲線で示される以上，価格は生産量とともに変化するもの，すなわち，生産量の関数 $P(Q)$ として捉える必要がある。したがって，(9-3) 式は，正しくは次のようになる。

$$\text{MR} = \frac{dP(Q)Q}{dQ} \tag{9-4}$$

これを展開すると[4]，

$$\text{MR} = P + Q\frac{dP}{dQ} \tag{9-5}$$

これが，限界収入の一般式になる。dP/dQ は，需要曲線の接線の傾きを表すから，その符号は常にマイナスになることに注意する必要がある。したがって，この式は，価格から，価格の変化分×販売量を差し引いたものが限界収入になることを示している。先の (9-1) 式は，この (9-5) 式を数値例で示したものである。限界収入関数を図示するには，図9-2 のような作業を行う必要がある。

---
[4] この展開については，60ページの「補論・補-4節 3.」を参照せよ。

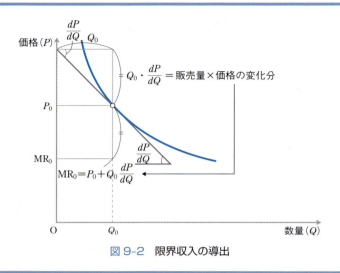

図 9-2 限界収入の導出

このような作業をすべての生産量について行い，その結果を 1 本の曲線に連ねることで，限界収入の曲線が得られるのである。

これはずいぶんと大変な作業になるわけだが，いささか幸運なことに，限界収入関数は，需要関数が線形（直線）で与えられた場合には，極めて簡単な関数になる。すなわち，需要関数が，$P = a - bQ$ のように与えられたとすると，収入関数は，

$$PQ = aQ - bQ^2 \tag{9-6}$$

になり，これを Q で微分すると，

$$MR = a - 2bQ \tag{9-7}$$

という式になる。すなわち，線形の需要関数に対する限界収入関数は，需要関数と縦軸切片が同じで，傾きが 2 倍の直線になるのである。図示すれば，図 9-3 のようになる。以下では，この形の限界収入関数を使って議論を進めよう。

図 9-3 に独占企業の費用曲線を重ねてみると，図 9-4 のようになる。これが，独占企業の基本的な分析図になる。そして，われわれは，限界収入と限界費用

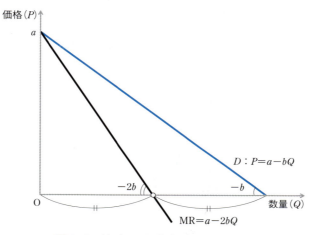

図 9-3　線形の需要曲線と限界収入曲線

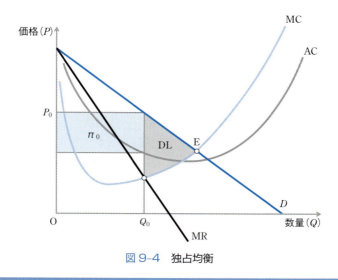

図 9-4　独占均衡

が等しくなるところで生産量が決定されることをすでに知っているから，図 9-4 で言えば，それは限界収入曲線と限界費用曲線の交点に対応する生産量，すなわち Q_0 ということになる。

　かくして生産量が決定されたので，独占企業はこれを市場で販売する。この

9-3　独占均衡と独占利潤　　169

生産量を，市場でちょうど売り切るためには，どのような価格水準を設定する必要があるだろうか。それを教えてくれるのが，他ならぬ需要曲線である。需要曲線は，それぞれの価格の下で消費者が求める購入量を示す曲線だから，Q_0 に対応する価格を独占企業が自ら設定すれば，Q_0 をちょうど売り切ることができるはずである。図9-4 でいえば，P_0 という価格がそれに該当するだろう。独占企業は好きなだけ高い価格をつけるのではなく，需要曲線上の価格を選択するのである。独占企業といえども市場を無視できないと言ったのはこのためである[5]。

独占企業の利潤　　かくして，独占企業の価格と生産量を，われわれはともに求めることができた。後は，独占企業が取得する利潤である。図9-4 には，この利潤も示されている。利潤の求め方は完全競争の場合と同じである。すなわち，価格から平均費用を差し引いて，生産量をかければよい。すなわち，図9-4 に π_0 と記した長方形の面積が，独占企業が獲得する利潤の大きさということになる。

独占企業は何らかの参入障壁を築いているはずである（そうでなければ，独占でなくなっているだろう）。それは，技術的に優れているか，参入のための資金が膨大で，他の企業が容易に参入を決意できないか，いろいろなケースが考えられるが，いずれにしても，この利潤は当面消滅しないから，図9-4 が独占市場の均衡状態を表すものになる。

独占市場の問題点　　さて，この均衡状態を，われわれはどのように評価することができるだろうか。完全競争の長期均衡状態と比較してみれば，これはもはや明らかと言っていいだろう。すなわち，独占市場では，完全競争のよ

---

[5] 補足すると，もし仮に，独占企業が需要価格を無視して，それよりも高い価格を提示すると需要量はとうぜん減少する。しかし，前章で学んだように，もしこのとき需要の価格弾力性が1より小さければ，需要量を減らしても売上金額は増加するはずだから，独占企業が価格を高くする誘因は存在するはずである。しかしながら，そうはならないのである。なぜなら，いま直面しているのは限界収入がプラスの領域であり，限界収入がプラスということは，価格を下げたとき，正の追加収入が得られて収入金額総額が増加することを意味するから，このとき需要の価格弾力性はかならず1より大きいのである。よって，価格を引き上げた場合には，収入金額はかえって減ってしまうから，独占企業は需要価格以上の価格を設定する誘因を持たないのである。なお，限界収入がマイナスになると収入総額は減少を始めるから，そこから先が，価格弾力性が1より小さい領域になる。限界収入がマイナスになるのは，限界収入曲線が横軸を横切って以降だが，限界収入曲線と横軸との交点は，需要曲線と横軸との交点のちょうど半分の所にある。そしてこの点は，需要の価格弾力性がちょうど1になる点であった。これはしたがって偶然ではない。このことを数式上で確かめてみよ。

うに平均費用曲線の最低点ではなく，それよりはるかに手前のところで，最終的な均衡を得てしまう。したがって，消費者は同じ製品を，完全競争の場合よりもはるかに高い価格で購入しなければならず，それを反映して，競争市場であれば実現したはずの均衡点 E と比べ，独占市場は薄い影をつけた死重的損失 DL を発生させている。独占市場が完全競争市場に比べ，効率性の点で劣ることは明らかである。

　ただし，この結論に対しては，次のような反論がある。確かに独占企業は，短期的には独占利潤を獲得するが，それが次の技術革新のための投資資金として用いられれば，長期的には生産効率をより高めることになるのではないか。完全競争市場は，利潤を残せないところまで価格を下げてしまうので，各企業の手元には自己資金と言えるものが残らない。これは，現在の技術水準の下ではもっとも効率的な生産を行っていることになるかもしれないが，将来の技術水準を高めることにはつながらない（投資を行うには，新たに借金をしなければならない）。したがって，独占を一方的に不効率と見なすのは間違いである，というものである。

　これは，新オーストリア学派系の議論に多く見られる見解だが，確かに一理ある見解である。完全競争論は，基本的に「時間」という概念を持たないので，こうした未知の未来という視点を入れる場合には，完全競争論とは異なる判断が必要になることは，認識しておく必要がある[6]。ただし，それが未知の未来である以上，独占企業がかならず，有益な投資に独占利潤を用いる保証もまた存在しないことを，忘れてはならないだろう。企業が独占利潤を内部留保として貯め込む一方になったり，投機的な資産運用に回すだけになったりすれば，独占利潤が長期的な生産効率の向上をもたらすとは限らなくなる。これはしたがって，その時々の状況に応じて判断していくしかないが，独占の基本はあくまで参入機会の抑制にあること，このことの意味を考えることが，独占問題の基本であることを，ここで再度，確認しておこう。

---

[6] 経済学では，時間的視野を持たない議論を静態論，時間的視野を持つ議論を動態論といって区別する。ただし，時間的視野といっても，将来の出来事がある程度予測でき，各事象を確率的に捉えることができる場合と，何が起こるかまったくわからないという場合とでは，事柄の本質がまったく違ってくるので，それぞれ別個の議論が必要になる。この問題については，『読む　マクロ経済学』で改めて取り上げることにしよう。

9-4　寡占市場と囚人のジレンマ

>独占市場との違い　　では次に，やや補足的な扱いにはなるが，寡占とゲーム理論の関係について，その基本的な部分だけ述べておこう。寡占と独占の基本的な違いは，まず第1に，寡占市場には競争が存在すること，第2に，その競争相手が誰であるかがはっきりわかること，それゆえ，相手の出方しだいで，こちらの行動も変えていく必要があること，基本的にこの2点に求められる。もちろん，完全競争市場にも競争は存在するが，相手の数が多過ぎて，競争相手を具体的に意識することはない。競争相手の出方を見ながら，あるいは出方を予想しながら，自社の行動方針を決めていく必要があること，これが寡占市場に独特の競争条件になると言ってよい。このような企業どうしの関係を，推測的相互依存関係と表現することもある。

以下では，もっとも基本的なケースに話を限定するため，企業は2社しか存在せず，高い価格を設定するか，低い価格を設定するかの2つの行動しか選択肢がないものと想定しよう[7]。双方とも同じ行動を選択すれば，相対的な競争力は変わらないことになるが，一方が高価格を選択したとき，他方が低価格を選択すれば，低価格を選択した企業が，より多くの需要を獲得することになるだろう。しかし，選択肢が2つに限られていることは双方とも承知しているものの，そのどちらを相手が選択してくるかは事前にはわからない。価格は両社とも同時に決定するものとし，したがって，その組み合わせしだいで，双方の明暗が一度にはっきりすることになる[8]。

>囚人のジレンマ　　さて，この話を続ける前に，ある逸話を紹介しておこう。囚人のジレンマという，ゲーム理論の代名詞のような逸話である。いまここに，2人の囚人がいるものとしよう。この2人は骨董品を盗もうとして逮捕されたのだが，どうも余罪がそうとうにありそうだ。だが2人並べていくら尋問して

---

[7]　したがって，厳密にはこれは複占というべきだが，複占も含めて寡占と表現する場合もあるので，ここでは寡占として議論を進める。

[8]　このように，双方の選択が同時に示され，双方の利得が同時に決まるゲームを同時手番ゲームという。これに対し，相手の選択を見てから，自分の行動を決めることができるゲームを逐次手番ゲームという。ジャンケンなどは同時手番ゲームの典型であり，将棋やチェスなどは逐次手番ゲームの典型である。

も，いっこうに口を割りそうな気配がない。そこで刑事は一計を案じ，2人を別々の部屋に入れ，それぞれに次のような提案をもちかけた。

> お前たちは現行犯で逮捕されたのだから，このままでも6か月の実刑はかたいだろう。しかし，お前が余罪を自白すれば，裁判所は情状酌量の余地ありとしてお前には執行猶予がつき，刑務所には入らなくて済むだろう。つまり刑期は0か月になるわけだ。だが，相方が自白してお前が黙秘を続けた場合は，立場が逆になって，相方は0か月，お前は余罪が加わって12か月ムショ送りになるだろう。両方とも自白したらどうなるかって？ それは余罪が加わるわけだから，刑期は少し長くなって両方とも9か月になるだろう。じゃあ，自白なんかするもんかって言うつもりだろうが，こうしているあいだに相方が全部自白してしまったら，お前だけ12か月くらうことになるんだぞ。それでもいいのか。まあ，よく考えるんだな。

2人の囚人は，しばらく考え込んでいたが，やがて2人ともポツリと言った。「すべてお話しいたします」。

なぜ，2人の囚人は自白を決意したのだろうか。2人はおそらく表9-3のような表をとっさに頭に思い浮かべたのである。この表は，2人の囚人が自白と黙秘のどちらかを選択したとき，2人がどのような境遇に置かれることになるかを示したものである。たとえば，囚人Aが自白を選択し，もう1人の囚人Bも自白を選択した場合は，右下のマスが選ばれたことになって，両者とも9か月の服役になることが示されている。各マスとも左側の数字が囚人Aの服役期間，右側の数字が囚人Bの服役期間を示している。ゲーム理論では，各

表9-3　囚人のジレンマ

A＼B	黙秘	自白
黙秘	6, 6	12, 0
自白	0, 12	9, 9

人の行動選択によって，各人が受け取ることになる結果を利得と表現する。利得は効用で表してもよいし，金額で表してもよい。普通，より大きな数字を求めるものとして描かれることが多いが，いまの例では服役期間というありがたくない利得が示されているから，なるべく数字の小さい方を選ぼうとするだろう。

そうすると，先の刑事の申し出は表9-3のように整理できる。すなわち，いま見たように，両方とも自白を選択した場合は，両方とも9か月の服役という利得を得ることになる。一方で，両方とも黙秘を通した場合は，両方とも6か月の服役という利得を得る。しかしながら，囚人Aが自白して，囚人Bが黙秘した場合は，囚人Aの服役期間は0，その代わり囚人Bは12か月の服役になり，逆に，囚人Aが黙秘して，囚人Bが自白した場合は，囚人Aの服役は12か月，囚人Bの服役期間は0になる。

これをもとに，囚人Aと囚人Bは，自白と黙秘のどちらが，自分の利益になるかを考えたのである。そうすると，囚人Aの場合，仮に囚人Bが自白を選択するとしたら，自分も自白をすれば9か月の服役で済むことになるが，もし黙秘を通していたりすると12か月くらうことになる。したがって，この場合は自白をした方が有利になる。ではもし，囚人Bが黙秘を通すとしたらどうか。自分も黙秘を続けた場合，自分も6か月入ることになるが，自分だけ自白してしまえば，刑務所には入らず刑期は0で済む。したがって，この場合も自白した方が有利になるのである。ならば，迷う必要はない。囚人Bがどちらに転ぼうと，自分は自白をするべきである。かくして「すべてお話しいたします」になったわけだが，囚人Bもまったく同じことを考えたはずだから，結局2人とも自白することになって，刑事の思惑は見事に的中し，2人は仲良く9か月牢屋に入ることになったのである。

しかし，2人の囚人はどこか納得のいかない顔をしている。考えられるすべてのケースについて最善の選択をしたはずなのに，気がつけば2人とも9か月くらっている。もし2人とも黙秘を通していれば，2人とも6か月で出られたのだから，この結果は少しも最善のものではない。なぜ，こういうことになったのか。どこかでミスをしただろうか。いや，もう一度考え直してみても，やはり自白するのが正しい選択に思える。だがその結果は，2人にとって少しも最善のものではない。まさに，囚人のジレンマである。

表9-4 囚人のジレンマと寡占企業

A＼B	高価格	低価格
高価格	10, 10	2, 12
低価格	12, 2	5, 5

　ナッシュ均衡　ここで寡占企業の例に戻ることにしよう。寡占企業も多くの場合，囚人のジレンマと同様の事態に置かれることが多い。その例を表9-4に示してみよう。企業の選択肢は価格を高く設定するか，低く設定するかの2つに1つである。両社とも高価格を選択すれば，両社ともに10の利潤を獲得できる。両社ともに低価格を選択すれば，両社ともに5の利潤を獲得する。しかし，1社が高価格を選択したとき，もう1社が低価格を選択したら，低価格企業の方が多くの需要を奪って，低価格企業の利潤は12に拡大する一方，高価格企業の利潤は2にまで減少する。

　この場合，2つの企業はどちらの選択肢を選ぶだろうか。企業Aの立場で考えれば，企業Bが高価格を選択したとき，自分が高価格を選択すれば10の利潤を獲得できるが，裏をかいて低価格に打って出れば，12の利潤を獲得できる。一方，企業Bが低価格を選んだとき，企業Aが低価格を選択すると利潤は5になるが，高価格を選んでいたら利潤は2にまで減ってしまう。したがって，企業Aは，確信を持って低価格を選択するだろう。企業Bも同様の推論を行うので，結局，2社とも低価格を選択し，両社の利潤はそれぞれ5ということになるだろう。

　だが，これは両社にとってもっとも好ましい状態とはいえない。両社とも高価格を選んでいれば，両社ともに10の利潤を獲得できたのである。しかし結果は，両社ともそれより少ない5の利潤に甘んじることになる。しかもこれは，想定される相手の行動に対して，それぞれ最適な選択を行った結果として現れたものだから，前提条件に大きな変化でもない限り，これと異なる結果が現れることはないだろう。このように，他のプレーヤーの行動を与件とするとき，そのそれぞれに対して，自己の利得が最大になるような行動を各プレーヤーが

選択しているとき，そのゲームはナッシュ均衡の状態にあるという。

ナッシュ均衡から離れようとするゲームのプレーヤー（この例では寡占企業）は存在しない。なぜなら，そのようなことをすれば，そのプレーヤーの利得が低下してしまうからである。しかしながら，ナッシュ均衡は，各プレーヤーにとって，もっとも有利な結末を約束するものではない。囚人のジレンマは，その典型的な例である。ゆえに，何とか競争関係を回避して，共謀や結託をはかろうとする動機が働き始めるのである。

繰り返しゲーム　では，競争関係にあるかぎり，寡占企業がともに高価格を選択する可能性は絶対にないかというと，じつはそうとも言えないのである。表9-4の結果は，消費者からすれば好ましい結果といえるから，これが決して覆されないのであれば，寡占になってもそれほど心配する必要はないように思える。しかしながら，次のようなケースが考えられるのである。囚人のジレンマは，ゲームが1回しか行われない場合には，回避のしようがない。しかし，企業の競争は1回限りのゲームではなく，毎日毎日，繰り返されていくゲームである。そのような繰り返しゲームになると，企業の行動に変化が生じる可能性があるのである。

戦略と行動　そのためには，企業がある特別な戦略を持ってゲームに臨む必要がある。ゲーム理論で言う戦略とは，プレーヤーの行動方針を表す言葉である。起こり得るすべての状況に対して，あらかじめ決めておく行動方針のことを戦略といい，その都度とられる1つひとつの行動は，文字通り行動と表現される。戦略とはしたがって，とるべき行動の連鎖，あるいは行動の集合を表すものである。さて，以下では企業が次のような戦略をとるものと仮定する。すなわち，企業はどちらも，常に相手の行動に合わせた行動を選択する，というものである。つまり，一方の企業が高価格を選択したら，他方の企業も高価格を選択し，一方が低価格を選択したら，次の期には他方も低価格を選択するのである。

このような戦略が予想されると，両社は，今度はともに高価格を選択しようとする。つまり，あたかも両社が協力しあって，高い利潤を守ろうとするかのような行動を，結果的に選択するようになるのである。なぜ，そのようなことが起こるのだろうか。

この場合，両社はまず，高価格から選択しようとするだろう。なぜなら，こ

ちらは相手に追随し，相手もこちらに追随してくるのだから，始めに高価格を選択しておけば，以後ずっと 10 の利潤を獲得することができるからである。問題は，一方がとつぜん戦略を変更し，いきなり低価格に切り換えてきた場合，どうなるかである。この場合，低価格に切り換えた企業は一時的には高い利潤 12 を得ることができるだろう。しかし，次の期には，他方の企業が追随してくる結果，利潤は両社とも 5 に減少し，抜け駆けをした企業が高価格に戻らない限り，この状態がずっと続くことになる。これでは，一時的に高利潤を手に入れたとしても，長期的には，両社とも高価格を維持した場合にくらべ，はるかに低い利潤しか獲得できなくなるだろう。だから，初めに低価格を選択したり，初め高価格を選択しながら，途中で裏をかいて低価格に切り換えたりすることには，経済的な合理性がないのである。

しっぺ返し戦略 では，仮に，どちらかが裏をかいて低価格を選択した場合，そこから再び高価格に戻ることはありうるだろうか。自分から高価格に戻れば，確かにいったんは利潤を 2 にまで減らすことになるだろう。しかし，他方の企業も高価格に追随してくれば，利潤は 10 に戻り，以後この状態を維持できれば，一時的な損失はすぐに取り戻すことができるだろう（もし，他方が追随してこなければ，再び低価格に戻る（追随する）ことで，他方の企業が高利潤を得る機会を失わせることができる。他方の企業もそうなることを予見できるので，低価格にとどまることはない）。したがって，高価格から始めても，低価格から始めても，結果的には両社とも，高価格を維持するようになるのである。

このような，相手の行動に絶えず追随していこうとする戦略を**しっぺ返し戦略**，または**おうむ返し戦略**という[9]。しっぺ返し戦略が**無限回繰り返しゲーム**においてとられた場合には，このように囚人のジレンマが回避され，協調的にも見える行動がとられる可能性があるのである。したがってそのような場合には，競争的な寡占市場であるはずなのに，消費者利益が打ち消されてしまう可能性が出てくるわけである。

---

[9] 英語では tit-for-tat strategy という。なぜ「しっぺ返し」かというと，企業 B が協調を乱して低価格に切り替えた際，企業 A が追随して企業 B の利潤を悪化させることが，一種の懲罰的行為に見えるからである。「やられたら，やられた通りに，やり返す」というのがその趣旨である。また，高価格から低価格への切り替えは，相手が追随してきそうだと思うだけで，見合わされることになるだろうから，両社が本当にしっぺ返し戦略に従っているかどうかは，実のところ重要ではないのである。

> ゲーム理論的状況の特徴　では，しっぺ返し戦略がとられてていさえすれば，かならず囚人のジレンマが回避されるかいうと，これもそうとは言い切れないのである。たとえば，ゲームが無限に続くのではなく，ゲームに最終日があることがわかっている場合を考えてみよう。明日がゲームの最終日とわかっていたら，それ以後，しっぺ返しを受ける恐れはないわけだから，一方の企業，たとえば企業Ｂが，その最終日に裏切りをはたらく可能性が改めて出てくるだろう。なぜなら，企業Ａが高価格を維持していれば，企業Ｂだけ12という利潤を獲得できるからである。しかしそうした企業Ｂの思惑を，企業Ａはとうぜん事前に察知しているだろう。とすれば，企業Ａも，最終日には同じく低価格戦略をとろうとするだろう。そして企業Ｂは，それも承知のうえで，やはり低価格戦略をとらざるを得ない。なぜなら，企業Ａが低価格戦略をとったとき，自分が高価格戦略を維持していたら，自分だけ利潤を下げてしまうからである。

かくして，最終日の戦略は（低価格―低価格）にほぼ間違いなくなるだろう。では，最終日の１日前はどうかというと，最終日の戦略が先に決まっているのなら，最終日に改めてしっぺ返しを受ける恐れもないわけだから，最終日の１日前は，最終日とまったく同じ状況になるだろう。ならば結果も同じになるはずで，両社の戦略は（低価格―低価格）になるだろう。そうすると，同じことが最終日の２日前にも当てはまることになり，同様に３日前，４日前…とさかのぼっていって，結局，最初の第１日目から（低価格―低価格）の組み合わせ，すなわち，囚人のジレンマが復活することになるだろう[10]。

このように，しっぺ返し戦略による囚人のジレンマの回避は，有限回繰り返しゲームでは通用しなくなるのである。そして，繰り返しゲームが有限回になるか，無限回になるかは，客観的に定まるものというよりは，プレーヤーの判断や気持ちに左右されることが多い。企業間の競争はずっと続くものだと考えれば，無限回でイメージするかもしれないし，競争は続くとしても，現在と同じ条件の下での競争は一定期間で終わるから，そのあいだに決着をつけなければならないという意識を持てば，有限回のゲームをイメージするかもしれない。

---

[10] このように最終状態から逆算していって現在の状況，もしくは現在から先の戦略を考えることを逆向き推論法，または後ろ向き帰納法（backward induction）という。逆向き推論法は，ゲーム理論においてもっとも頻繁に使われる思考法の１つである。

第９章　不完全競争の理論

このように，ゲーム理論的状況においては，常に複数の結論，複数の均衡がありうることを，承知しておく必要があるのである。

　以上は，ゲーム理論のほんの片鱗に過ぎない。完全競争あるいは独占のケースと異なり，寡占市場はさまざまな様相を見せることに特徴がある。寡占市場が実践的な経済学の主たる舞台になるのはそのためであり，その多様な現実をいかに理論的に捉えていくかに，経済学の挑戦があると言っていいだろう。

　確認問題 9-4　表 9-3 とは異なる数値で，囚人のジレンマを生み出す利得表を作ってみよ。

第9章 練習問題

問題 I 下記の文章の空欄に適当な語句を入れなさい。
1. 生産量を1単位追加したときの，収入増加分を（　　　）という。
2. 需要曲線が線形のとき，限界収入曲線は（　　　）が同じで，傾きが（　　　）になる。
3. 完全競争市場では（　　　）と限界収入が同じになる。
4. 独占市場では，限界収入と（　　　）が等しくなるところで生産量が決定される。
5. 限界収入曲線と横軸との交点で，需要の価格弾力性は（　　　）になる。
6. ゲーム理論において，他のプレーヤーの戦略に対して，自己の利得を最大にする戦略を，各プレーヤーがそれぞれ選択しているとき，このゲームは（　　　）にあるという。
7. ゲームの結果から逆算して，戦略を決定することを（　　　）という。
8. （　　　）においては，囚人のジレンマが成立しない可能性がある。

問題 II 次の問いに答えなさい。
ある独占企業の総費用関数が $C(Q) = 500 + 20Q$，直面する需要関数が $P = 100 - 2Q$ でそれぞれ表されるものとしよう。
1. 限界費用関数，平均費用関数，限界収入関数をそれぞれ求め，需要関数とともに，同じ図のうえに描きなさい。
2. 独占均衡となる価格と生産量をそれぞれ求め，1.の図中に書き入れなさい。
3. 独占利潤となる部分を1.の図中に斜線で示し，その大きさを求めなさい。

問題 III ゲームの利得表が次のように与えられるとき，各ゲームのナッシュ均衡となる戦略の組み合わせを (a, b) のように記しなさい。なお，（　　　）内の左側はプレーヤーAの戦略，右側はプレーヤーBの戦略を表すものとする。

1.

A\B	a	b
a	2, 1	1, 2
b	1, 0	0, 1

2.

A\B	a	b
a	3, 2	1, 1
b	1, 1	2, 3

3.

A\B	a	b	c
a	0, 5	6, 7	5, 8
b	2, 4	7, 4	6, 5
c	1, 3	5, 0	4, 4

〔ヒント〕 プレーヤーAの場合，プレーヤーBの戦略のそれぞれに対して，プレーヤーAの利得が一番大きくなる数値を○で囲む。プレーヤーBについても同様の作業を行う。その結果，両方の数値が○で囲まれているマスが現れたら，そこがナッシュ均衡になる（ナッシュ均衡は1つとは限らない）。

第10章

無差別曲線分析（1）
－序数的効用理論への発展－

ここまで，効用価値論をベースに，さまざまなミクロ経済理論を検討してきた。本章から，いよいよ無差別曲線論の世界に入る。今日のミクロ経済学は無差別曲線論を標準とするので，ここから先の議論には，ぜひとも習熟する必要がある。しかし，結論はいままでの議論と基本的に変わらない。効用価値論のどこを，どのように強化して，無差別曲線論が現れたのか。そのことを理解しておくことが，無差別曲線への深い理解につながるだろう。

10-1　基数的効用理論から序数的効用理論へ

　　効用価値論の弱点　　　前章までの議論は，すべて効用価値論に基づいている。効用価値論は，ちょくせつには需要理論を基礎づけるものだが，その後，頻繁に用いるようになった消費者余剰という概念も，需要曲線から導出されたものである以上，効用価値論に基づいていると言ってよい。したがって，消費者余剰を含む社会的余剰も，効用価値論に基づくものであり，その意味では，これまで行ってきた効率性分析のすべてが，効用価値論に基づいていると言ってよい。

　しかしながら，効用価値論はまったくスキのない議論というわけではない。効用価値論には，じつは大きな弱点があって，それを克服しない限り，ミクロ経済学のさらなる発展は望めなかった。この問題は，新古典派の開祖の人々によっても十分自覚されていたが，本格的に取り組まれるようになったのは，1930年代以降である。そしてその結果，ミクロ経済学の基礎は，それまでの

効用価値論から，無差別曲線論へと，大きく移行することになった。

効用価値論の弱点を端的に示す例として，第3章で検討した，加重限界効用均等法則を取り上げてみよう。複数財に関する需要法則として示された加重限界効用均等法則は，効用価値論の到達点を示すものであると同時に，じつは，その弱点についても切実に表しているのである。加重限界効用均等法則を再掲すると，

$$\frac{MU_1}{P_1} = \frac{MU_2}{P_2} = \frac{MU_3}{P_3} = \cdots \tag{10-1}$$

$P_1, P_2, P_3\cdots$は，それぞれ財1，財2，財3の価格を表し，MU_1, MU_2, MU_3 …は，それぞれの財の限界効用を表している。加重限界効用とは，それぞれの限界効用を価格で割り算することで，各財に1円を投じたときに得られる限界効用の大きさを表すものである。この値が他よりも大きいということは，同じ1円から得られる限界効用が，他の財より大きいことを意味するから，加重限界効用の小さい財から，大きい財へと予算を回していけば，消費者はそれだけ大きな効用を得ることができる。そのような調整をすべて終えたときに現れる関係が，（10-1）式に示される加重限界効用均等法則であった。

>効用は量的数値か<　　この議論は，それはそれで，直観的な説得力を持っているだろう。そして，考え方そのものに何か大きな誤りがあるわけでもない。しかしながら，(10-1) 式をあくまで1本の数式として見るとき，分母は価格だから数値で示されるのは当然として，こうした割り算を成立させるためには，分子の限界効用も，ある「量」を持った数値でなければならない。数値自体は，どのようなものであってもよいが，とにかく何らかの「量」を持った数値として限界効用が示されないと，それを価格で割り算するという行為が成り立たない。つまり，加重限界効用均等法則は，本来，主観的で心理的な概念であるはずの「効用」を，あたかも測定可能な量的数値のように扱う必要がある議論なのである。

これはもちろん，加重限界効用均等法則だけに限られた話ではない。そもそも効用価値論では，総効用を限界効用の「総和」として定義していた。つまりそこでは，限界効用が合算可能な数値であることを，断りなく前提していたわけである。あるいは，同じことになるが，個人の消費者余剰を求める際にも，

われわれは，（金額表示の）限界効用と価格の差額を「合計」するという作業を行ってきた。金額表示になっていたので，合計する作業に特に抵抗を感じなかったわけだが，しかしそこで実際に合算されていたのは限界効用である[1]。

基数的効用理論　　さらに，市場全体の消費者余剰を求める際には，文字通り，個人の消費者余剰を集計（つまり合算）していた。この場合にはしたがって，単に限界効用を合算しただけでなく，異なる人々の限界効用を合算していたことになる。トピア君の消費者余剰と，アガソさんの消費者余剰を合算して，市場の消費者余剰を得る…そういった作業を，われわれはこの間，ずっと行ってきたわけである。こうした行為が，理論上とはいえ可能なことと前提しないと，効用価値論は成立しない。このように，効用を，足したり割ったりすることのできる，量的数値として表現する姿勢を基数的効用理論という。基数とは，普通の数値，すなわち，2とか3とかいった数値のことである。そういった数値で効用を計測することを，あたかも可能なことのように前提するのが，基数的効用理論なのである。

　しかし，言うまでもなく，こういうことは，本当はできない。自分がバナナを食べたときの満足感を数値で表現することはできないし，ましてや，異なる人物の満足感を比べて，彼の満足感の方が大きいとか，彼女の満足感は彼の2倍であるとか，そういう話にはそもそも意味がない。アガソさんに「あなたが食べるより，私が食べた方がもっとおいしいんだから，そのリンゴ，こっちに寄こしなさいよ！」と言われたって，トピア君としては茫然とするしかない。確かに，言葉の綾としてなら，あるいは例え話としてなら，こうした言い回しをすることもあるだろう。しかし，これを学問的な理論の原点に据えるとなると，言葉の綾では済まなくなってくる。繰り返すが，これは「理論的にはありうるが，現実的には難しい」といった類の話ではない。それは，氷河が割れる音を聞いて，いちばん感動したのは誰かと問うにも等しい，空虚で不合理な物言いなのである。

　では，実際に可能な効用の比較，実際に無理のない効用の扱い方とは，どのようなものだろうか。少なくとも，異なる人物の効用を比較して，その大小を

---

[1] たとえば，第1財と第2財の金額表示の限界効用を合算するときには，$\mu MU_1 + \mu MU_2$という作業を行うわけだが，これは$\mu (MU_1 + MU_2)$と書き直せるから，実際には限界効用を合算していたことになる。

決めるというのは，可能なことでも，意味のあることでもないだろう。一人ひとりの感動や効用は，私の方が誰に勝るとか，誰の分は無視できるほど小さい，などと言えるものではない。それはまさしく，人それぞれに固有のもの，その人だけのものである。では，一人ひとりの内面に入れば，そこでは効用が数値ではかれるかといえば，これもやはり無理だろう。「私にとって，バナナの限界効用は，リンゴの限界効用よりも 30 大きい」とは，真顔で言えたせりふではない。

　　大小比較は可能　　そうすると実際にできることといえるのは，それぞれの個人の内部における，効用の大小比較だけになるのではないだろうか。バナナの効用がリンゴの効用より 30 大きいとは言えないが，バナナの方がリンゴよりも効用が大きいとは（つまり，バナナの方が，リンゴよりもうまいとは）言えるだろう。そして，それだけで，じつは十分なのである。それだけ認めておけば，いままで展開してきたすべての理論を，本質を損なうことなく，そのまま引き継ぐことができるのである。それを可能にしたもの，それが無差別曲線なのである。

　　序数的効用理論　　無差別曲線論においては，もはや効用を数値で表現する必要はない。それぞれの個人の内部において，効用の大小さえ区別できれば，あるいは，効用の大きい順に，順番をつけることさえできれば十分なのである。このような効用価値論のあり方を序数的効用理論という。序数とは，順序数のことで，1 番，2 番…といった数値がそれに当たる。この数値は単に順位を示すものだから，1 番と 2 番を足して云々というような作業は，とうぜん考えられない。無差別曲線論も，広い意味では効用価値論に属するものだが，それはあくまで序数論としての効用価値論であることを，ここで確認しておこう。

　　確認問題 10-1　　本のページ数は基数だろうか，序数だろうか。本の章を表す数値（第 1 章，第 2 章…など）は基数だろうか，序数だろうか。

10-2　無差別曲線とは？

　　同じ効用を示した 1 本の曲線　　無差別曲線とはどのようなものか。無差別

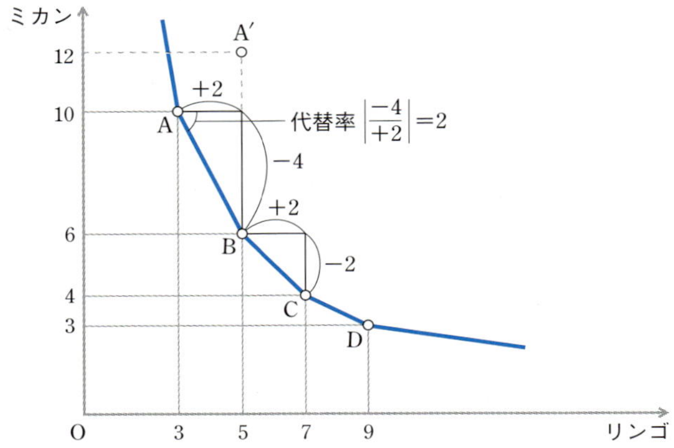

図 10-1　無差別曲線の導出

曲線とは，財を消費した際の効用水準を，1 本の曲線で表したものである。同じ効用水準をもたらす数量の組み合わせは一通りとは限らないので，点ではなく線で示されるのである。

効用水準の相対評価　少し具体的に考えていこう。いま，トピア君が，ブレド氏から，ミカン 10 個とリンゴ 3 個が入っているバスケットを与えられたものとしてみよう。縦軸にミカンの量，横軸にリンゴの量をはかれば，この組み合わせは，図 10-1 の点 A で示すことができるだろう。そこで，このバスケットを「バスケット A」と呼ぶことにしよう。ミカンとリンゴが入ったバスケットには他にもいろいろなものがあり，それぞれ別の名前で呼ばれている。そのなかには「バスケット A′」というものもあり，なかをこっそりのぞいてみると，ミカンが 12 個，リンゴが 5 個入っていた。

さて，もしトピア君が，バスケット A でも，バスケット A′ でも，どちらでも好きな方を選んでいいと言われたら，トピア君はどちらを選ぶだろうか。この場合にはおそらく，トピア君は迷うことなくバスケット A′ を選ぼうとするだろう。なぜと言って，バスケット A′ には，バスケット A よりたくさんのミカンとリンゴが入っているのだから，どちらでもいいというのなら，トピア君は迷わずバスケット A′ を選ぶだろう。つまりこのとき，トピア君はバスケッ

ト A′ の方が，バスケット A よりも，自分にとって効用水準が高いと判断したのである。バスケット A の効用水準を $U(A)$，バスケット A′ の効用水準を $U(A')$ とすれば，このとき，$U(A) < U(A')$ という関係が成立していたことになるだろう。

バスケット A′ の組み合わせは，図 10-1 では点 A′ で示される。点 A′ のように，2 財とも点 A より量が多い点は，点 A の右上方，あるいは北東方向に現れるので，図 10-1 では，ある点よりも北東方向にある点ほど，高い効用水準を示すものになる。このことをまず覚えておこう。

バスケットの中身を変える　では，バスケット A′ はしばらくお預けにして，次に，ブレド氏が次のようなことを言ってきたとしよう。すなわち，「バスケット A に，新たにリンゴを 2 個加えよう。その代わり，今度はミカンを何個か取り除くことにする。トピア君は，何個までだったら減らしてよいと考えるかね？」というのである。ミカンをまったく取り除かないとしたら，リンゴが増えた分，効用水準が高くなるから，バスケット A′ と同類になって，トピア君も迷う必要がないわけだが，今回は代わりにミカンを減らされるので，トピア君もいささか迷うことになる。

何個まで減らしてよいかとは，何個以上減らしてしまうと，バスケット A と同じ効用水準が保てなくなるかということだろう。つまりこれは，バスケット A と同じ効用水準を示す，ミカンとリンゴの，別の組み合わせを聞かれているのと同じことである。

選択上無差別の関係　さて，トピア君はしばらく考えていたが，「実感としては 4 個までです」と答えたとしよう。すなわち，点 A の組み合わせ（ミカン 10 個，リンゴ 3 個）と，新たな（ミカン 6 個，リンゴ 5 個）という組み合わせが，トピア君にとっては，同じ効用を感じる組み合わせになっているということである。このような場合，経済学では，この 2 つの組み合わせを選択上無差別の関係にあると表現する。

（ミカン 6 個，リンゴ 5 個）の組み合わせを，バスケット B と呼ぶことにすると，それは図 10-1 の点 B で示されるものになる。しかし，点 A と選択上無差別になるのは，点 B だけに限られないだろう。バスケット B にさらにリンゴを 2 個加え，その代わり，ミカンをさらにいくつか減らせば，バスケット B と選択上無差別になるバスケット C を作ることもできるだろう。ただこの

場合，先ほどと同じように，ミカンを4個まで減らすことができるかどうかはわからない。リンゴは初め3個だったが，バスケットBになるとき5個になり，それがさらに増やされるわけだから，リンゴはずいぶん多くなっている。一方で，ミカンは初め10個あったが，すでに4個減らされて6個になっている。それをさらに減らすというのだから，ミカンはそろそろ余裕のない状態になっている。したがって，トピア君は，今度は4個も減らすわけにはいかず，（たとえば）2個減らすのが限界だと答えたとしよう。そうすると，バスケットBと選択上無差別になるバスケットCの中身は（ミカン4個，リンゴ7個）ということになる。バスケットCは図10-1の点Cで示される。

　バスケットCは，バスケットBと選択上無差別である。したがって，バスケットCはバスケットAとも選択上無差別である。すなわち，点A，点B，点Cはいずれも同じ効用水準を示す，ミカンとリンゴの異なる組み合わせを表している。点Bは，点Aよりもリンゴが2個多く，ミカンが4個少ない。点Cは，点Bよりもリンゴが2個多く，ミカンが2個少ない。一方を増やし，他方を減らすことで，同じ効用水準だが個数はそれぞれに異なる組み合わせを，いくつも見出すことができるわけである。

　<u>代替率</u>　　これはある意味で，一方の財で他方の財の埋め合わせをした，あるいは一方の財で，他方の財の代理をつとめさせた結果と理解していいだろう。つまり，点Aから点Bにかけては，リンゴ2個でミカン4個の代理をつとめさせ，点Bから点Cにかけては，リンゴ2個でミカン2個の代理をつとめさせたわけである。言い換えれば，点Aから点Bにかけてはリンゴ1個がミカン2個の代わりになり，点Bから点Cにかけてはリンゴ1個がミカン1個の代わりになったということである。この比率，すなわち，リンゴ1個がミカン何個の代理をつとめたかという数字を，仮に代替率と呼んでおこう[2]。代替率は図10-1では，点Aと点Bを結ぶ直線の傾きとして，あるいは点Bと点Cを結ぶ直線の傾きとして，絶対値で示される。しかも，この代替率は決して一定ではなく，リンゴの数が増えるにしたがい，次第しだいにその値が低下する傾向がある点に注意する必要がある。

　<u>無差別曲線の登場</u>　　このようにして，点A，点B，点C，さらには点Cと選択上無差別になる点，あるいは点Aとそもそも選択上無差別であった点

---

[2] 代替率だけではまだ経済学用語とは言えないので，仮にという但し書きをつけておく。

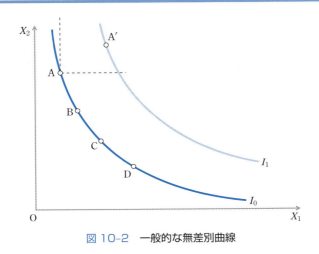

図 10-2　一般的な無差別曲線

などをすべて見つけ出し，それらを 1 本の線で結び合わせれば，図 10-1 にあるような，多少ギクシャクとした形の，右下がりの曲線が得られるだろう。この曲線を，経済学では無差別曲線と表現するのである。無差別曲線とは，選択上無差別となる財の組み合わせを，1 本の曲線で連ねたものである[3]。

ただし，無差別曲線は本来図 10-1 のようなギクシャクした形のものではない。これは，点 A と点 B，あるいは点 C がずいぶん離れているので，たまたまこのような形になったので，もっと近い点で同じような作業を行えば，無差別曲線は図 10-2 のような，滑らかな曲線で描くことができる。以下では，この図 10-2 のような形のものを無差別曲線と呼ぶことにする（その場合，横軸は第 1 財の数量 X_1 をはかり，縦軸は第 2 財の数量 X_2 をはかるものとする）。

確認問題 10-2　図 10-1 には点 D も記されており，財の組み合わせは（リンゴ 9 個，ミカン 3 個）になっている。このとき，点 C から点 D にかけての代替率を求めよ。

---

[3] 無差別曲線は英語で Indifference curve なので，頭文字 I でそれぞれの無差別曲線を示す。

10-3　無差別曲線の基本性質

3つの基本性質　　無差別曲線には，決して忘れてはいけない重要な性質がいくつかある。

① **無差別曲線は，原点から遠い位置にあるものほど，高い効用水準を示す。**

　本来，無差別曲線は無数に存在する。なぜなら，どのような財の組み合わせも，かならず何らかの効用を示すはずであり，ならば，図中に存在するすべての点が，何らかの無差別曲線に含まれるはずで，図10-2は，本当はそうした無数の無差別曲線で1点漏らさず埋め尽くされているはずなのである。しかし，それらをすべて描くことはできないので，代表的に数本の無差別曲線だけを示しているのである[4]。

　したがって，点 A' を通る I_1 のような無差別曲線もとうぜん存在する。そして先に確認したように，$U(A) < U(A')$ という関係がある。点 A を含む無差別曲線 I_0 上のすべての点は点 A と同じ効用水準であり，点 A' を含む無差別曲線 I_1 上のすべての点が点 A' と同じ効用水準だから，I_1 はまるごと I_0 よりも効用水準が高いと言える。これを $U(I_0) < U(I_1)$ と表記しよう。視覚的な言い方をすれば，無差別曲線は北東方向にあるものほど，あるいは，原点から見て遠い位置にあるものほど，高い効用水準を示すものになるのである。

　ただし，それはあくまでより高い効用水準を示すだけであって，I_1 の効用水準は I_0 の2倍であるとか，I_0 と I_1 の効用水準を足すと，I_2（図には示されていない）の効用水準に等しくなる，などということはできない。そのような表現をしたら，基数的効用理論に戻ってしまう。ここに描かれているのは，あくまで1個人（いまの例ではトピア君）の胸の内にある無差別曲線であって，仮にアガソさんの無差別曲線図がトピア君のものとそっくり同じに見えたとしても，だからと言うので2人の効用水準は同じだ，などと言うことはできないのである。

---

[4] 無差別曲線は地図の等高線に似ている。地図上のすべての地点が何らかの高度を持つ以上，本当は，地図は無数の等高線で埋めつくされているのだが，そのすべてを描くことに実用上の利益がないので，50メートル単位，100メートル単位で代表的な等高線だけ記しているのである。これに鑑みて，以前の教科書には，無差別曲線図という代わりに，無差別マップという表現を使っているものもあった。

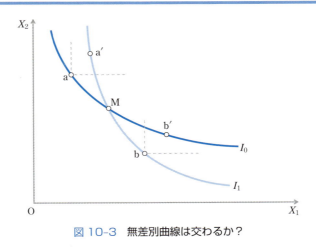

図 10-3　無差別曲線は交わるか？

② 無差別曲線は決して交わらない。

　では，同じ図上にある，異なる 2 本の無差別曲線が，たまたま交わるということはありえるだろうか。つまり図 10-3 に描かれているような事態は，起こり得るだろうか。結論から言うと，このようなことは，絶対に起こらない。無差別曲線 I_0 は交点 M と同じ効用水準の点を連ねたものであり，無差別曲線 I_1 も交点 M と同じ効用水準の点を連ねたものである。ならば，I_0 と I_1 は同じ無差別曲線として一致しなければならず，別々の相異なる無差別曲線として現れることはありえないのである。

　あるいは，もう少していねいに説明すれば次のようになる。無差別曲線 I_0 上に点 a をとり，無差別曲線 I_1 上に点 a′ をとる。そうすると，点 a′ は点 a の北東方向（2 財とも量が多い）にあるから，$U(a) < U(a')$ となる。一方，点 a′ と点 b は，同じ無差別曲線 I_1 上にあるから，$U(a') = U(b)$ である。その点 b のやはり北東方向に点 b′ が存在する。両者の位置関係から $U(b) < U(b')$ である。したがって，これらをつなげれば，$U(a) < U(b')$ にならなければおかしいわけだが，点 a と点 b′ はともに無差別曲線 I_0 上の点だから，$U(a) = U(b')$ となってこの結論に矛盾する。すなわち，こうした事態は，論理的にありえないのである。

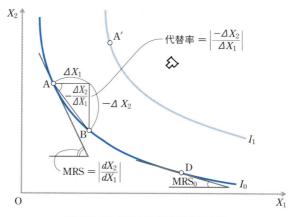

図 10-4　限界代替率逓減の法則

③　無差別曲線は原点に対して凸である：限界代替率逓減の法則

　これは，無差別曲線の形を決める性質である。原点に対して凸（トツと読む。これに対して凹はオウと読む。デコボコとは読まないので注意する必要がある）とは，原点に向かって張り出すような形をしているということであり，図10-2 の無差別曲線も確かにそのような形をしている。

　なぜこうなるのかというと，それは先に見た代替率に関係がある。図 10-1 にもう一度戻ると，ミカンとリンゴの代替率は，リンゴの数が増えるにしたがいだんだん小さくなる，すなわち，逓減する傾向を示している。その結果，原点に対して凸の形になるのである。

　これと同じことを図 10-4 で確かめておこう。図 10-1 のような代替率は，図 10-4 においても，まずは点 A と点 B を結ぶ直線の傾き（の絶対値）（$|-\Delta X_2/\Delta X_1|$）として求めることができる[5]。しかし，点 A と点 B はそうとう離れているので，もっと小刻みな調整が可能な図 10-4 では，もっと小さな ΔX_1，ΔX_2 で考える必要がある。そのためには，以前も行ったように，点 B

---

[5] X_1 を増やし，X_2 を減らすから，直線 AB の傾きは負の符号を持つことになる。しかし，X_1 何個で X_2 何個の代わりをつとめさせたかという話をするとき，プラス・マイナスの符号は必要ないから，代替率の話をするときには，絶対値をとって符号を消してしまう。つまり，マイナスをつけて正の値（絶対値）にする。

を思い切り点 A に近づけて（すなわち，ΔX_1 を思い切り小さくして），そのときに現れる（$|-\Delta X_2/\Delta X_1|$）の値を読めばよい。

そうすると，点 B を点 A と重なり合うほどに近づけた場合の直線 AB の傾きは，点 A における接線の傾きと事実上同じものになり，したがって，その場合の代替率は，点 A における接線の傾き（の絶対値）として表現されるものになる。これを<u>限界代替率</u>と定義する[6]。すなわち，

$$\text{限界代替率（MRS）} = \left|\frac{dX_2}{dX_1}\right| = \lim_{\Delta X_1 \to 0}\left|\frac{-\Delta X_2}{\Delta X_1}\right| \quad (10\text{-}2)$$

である。この限界代替率が逓減の傾向を示すので，その結果として，無差別曲線は原点に対して凸の形を示すことになるのである。これを<u>限界代替率逓減の法則</u>という。

限界効用逓減の法則との類似　効用価値論においては，限界効用逓減の法則というものがあった。それに対して，無差別曲線分析では，新たに，限界代替率逓減の法則というものが出てきた。この 2 つは，名前がよく似ている。ところがよく見てみると，似ているのは名前だけではないことがわかる。

(10-2) 式に，すなわち，dX_2/dX_1 に 1 をかけ算してみよう。1 をかけ算するだけだから，数式の値に影響はない。ただし，1 そのものではなく，これを dU/dU としてかけ算してみよう（U は効用を表す）。そうすると，(10-2) 式は，次のようになるだろう。

$$\left|\frac{dX_2}{dX_1}\right| = \left|\frac{dX_2}{dX_1} \cdot \frac{dU}{dU}\right| = \left|\frac{dU}{dX_1} \cdot \frac{dX_2}{dU}\right| = \left|\frac{\dfrac{dU}{dX_1}}{\dfrac{dU}{dX_2}}\right| \quad (10\text{-}3)$$

(10-3) 式の右端にある dU/dX_1，dU/dX_2 とは，第 1 財，第 2 財をそれぞれわずかに追加したときに得られる効用の増加分を表している。すなわち，これら

---

[6]　限界代替率は，英語で Marginal Rate of Substitution なので，頭文字をとって MRS と略記する。(10-2) 式を若干補足すると，A 点における接線の傾きは，無差別曲線を A 点で微分することによって得られる。図 10-4 のように縦軸に X_2 をとる図では，無差別曲線は $X_2 = I(X_1)$ のような式で示されるので，接線の傾きを求めるには，この X_2 の式を X_1 で微分すればよい。その結果求まる dX_2/dX_1 の値は，(接線が右下がりだから) 必ずマイナスになる。一方で，限界代替率は絶対値 (正値) で定義されるから，MRS = $|dX_2/dX_1|$ の絶対値記号を開ける場合には，MRS = $-dX_2/dX_1$ となることに注意する必要がある。

はそれぞれ第 1 財の限界効用（MU_1）と第 2 財の限界効用（MU_2）に他ならないのである。したがって，(10-3) 式は次のように書き直すことができる。

$$\mathrm{MRS}(\downarrow) = \left| \frac{dX_2}{dX_1} \right| = \frac{\mathrm{MU}_1(\downarrow)}{\mathrm{MU}_2(\uparrow)}(\downarrow) \qquad (10\text{-}4)$$

　限界代替率とは，じつは限界効用の比率だったわけである。ただし，限界代替率と限界効用の比率とでは，分母と分子に現れる財が，それぞれ逆になっていることに注意しよう。限界代替率逓減の法則とは，X_1 の増加とともに，MRS の値が逓減していくことを示すものだが，効用価値論に立ち戻ってみると，X_1 が増加すれば X_1 の限界効用 MU_1 は低下し，減少する X_2 の限界効用 MU_2 は逆に上昇するはずである。したがって，MU_1/MU_2 の値は逓減していく，つまりは MRS と同じ方向の変化を見せるわけである。

　限界代替率逓減の法則と，限界効用逓減の法則は，指し示す内容自体は，まったく同じものなのである。あるいは，限界代替率が逓減するのは，限界効用が逓減するからだと言っていいのである。しかし，限界効用でこのことを表現するためには，限界効用を基数的な数値で表さなければならない。だが，同じことを限界代替率で表現する場合には，dX_1，dX_2 といった財の増加・減少分，すなわち数量概念だけあれば十分である。確かにこれを実際に計測することは困難だが，数量自体は実際に存在する概念である。ならば，実際に存在する概念だけを使って，同じ内容を表現できる限界代替率の方が，限界効用よりも概念として無理のない，優れたものと言えるのではないか。1930 年代以降の経済学者は，このように考えたわけである。基数的効用理論から序数的効用理論への発展の背景には，実際に経験できる世界のなかで議論を進めようとする，科学性への志向がおおいに影響していたことを，われわれは理解しておく必要があるのである。

　確認問題 10-3　無差別曲線が $X_1 \cdot X_2 = 40$ という式で表されるとき，$X_1 = 2$ のときの X_2 の値と，その下での限界代替率の値を求めよ。

10–4　基数的効用理論は無用になったか

便宜上の問題　それでは，基数的効用理論は，もはやまったく無用の長物になったのだろうか。われわれがこれまで検討してきたことは，すべて，ただの回り道に過ぎなかったのだろうか。

基数的効用理論は，実際には，今日の経済学でも頻繁に用いられている。それは特に，前章で検討したゲーム理論などにおいて顕著であり，また，余剰分析に関しても，序数的効用理論に置き換えることはできるのだが，実際には，これまで用いてきたような，三角形の面積を使った分析の方が，はるかに多く使われている[7]。

これらはいずれも，基本的に説明上の便宜によるものと考えてよい。理論的には，序数的効用理論を用いるべきなのだが，基数的効用理論には，ちょくせつ直観に訴えてくるわかりやすさがある。そのため，基数という性質に過度に依存しない限りは，基数的効用理論を用いてもいいだろうと判断しているわけである。

効率性と公平性の問題　だが，基数的効用理論と序数的効用理論のあいだには，こうした便宜的な事情とは別次元の，もっと本質的な違いがある。そしてそれは，経済学の主題，あるいはその目的にも関わるほどの重要な問題なのである。

本書では，経済学の基本的な課題を，市場の効率性に置いてきた。基数的効用理論においても，これまで見てきたように，効率性の分析は積極的に行えるから，この点に関する限り，基数的効用理論と序数的効用理論のあいだに，何らかの差異があるようには見えないだろう。ところが，学史的に見ると，経済学の基本的課題を，こうした効率性分析や稀少資源の最適配分に絞るようになったのは，序数的効用理論が一般化して以降なのである。

基数的効用理論，すなわち効用価値論は，効率性分析もさることながら，じつはそれ以上に，公平性の問題に深く関わろうとした経済理論であった[8]。なぜ

---

[7]　ちなみに，余剰分析で用いられる三角形は，その事実上の考案者の名前をとって，マーシャルの三角形と呼ばれる。

[8]　効用は英語で Utility というが，これは功利主義 Utilitarianism と同じ語源の言葉である。功利主義の理論的基礎が効用価値論だったと言ってもよい。功利主義というと，損得勘定だけで行動する

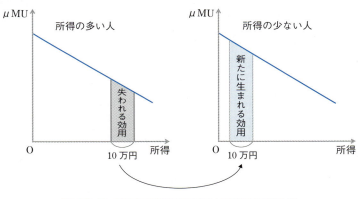

図 10-5 　所得の限界効用逓減と所得再分配政策

そうなるかというと，ここに，まさしく限界効用逓減の法則が関係してくるのである。ただし，この場合の限界効用は，一般の財に関するものではなく，人々の所得についての限界効用に関するものである。本書では，簡単化のためとして，所得もしくは貨幣の限界効用を一定と仮定しているが，実際には，貨幣の限界効用は，所得の増加とともに逓減する可能性が高いものである。

すなわち，年収が1億円のときの10万円と，所得をほとんど失ったときの10万円では，同じ10万円でもそのありがたみが違ってくることは，誰しも否定しようのない，経験的な事実と言っていいだろう。もしそうだとしたら，図10-5 にあるように，年収1億円の人から10万円を取り，これを所得のほとんどない人に支給すれば，失われる効用よりも，新たに生み出される効用の方が大きくなって，社会全体の効用を増加させることができるのではないか。これが，いわゆる所得再分配政策の基本的な考え方であり，これを理論的に基礎づけたのが効用価値論だったのである。限界効用逓減の法則には，所得分配の

> 私益優先の思想のように思われがちだが，これは大きな誤解である。Utility を辞書で調べると，功利・効用と並んで「公益事業」という意味がある。これは矛盾でも何でもなく，功利主義とはそもそも公益主義の哲学だったと言ってよいのである。たとえば，功利主義の開祖 J. ベンサムの有名な「最大多数の最大幸福」という原則は，どう見ても個人の行動原則を表すものではない。これは何をもって「公益」と考えるかを判断する際の基準を与えるものだった。もちろん，そこには少数利益の犠牲という大きな問題が含まれているけれども，功利主義を私益優先主義とする誤りからはそろそろ脱した方がよい。以下に述べる事柄も，功利主義のこうした性格と深く関係している。

公平化が，社会全体の効用を高めることにつながるとする，ひとつの思想的含意があったことをわれわれは知っておく必要があるのである。

<u>基数的効用理論 vs 序数的効用理論</u>　しかしながら，この場合にも，所得の多い人が失う効用と，所得の少ない人が得る効用を，な̇ぜ̇比較することができたのかという問いは，やはり残るわけである。序数的効用理論からの批判は，この場合にもまさしく，成り立つものと言えるだろう。

それでは，序数的効用理論の立場から，公平性の問題に対してはどのように取り組むことができるのかというと，これは極めて難しいことになる。なぜと言って，序数的効用理論は，個人間の比較を原理的に否定したわけだから，Aさんの境遇はBさんの境遇と比̇較̇し̇て̇公平だろうか，と問うこと自体，自らの原則に反する（というより，基本的に矛盾する）ことになりかねないからである[9]。その結果，経済学は公平性の問題を次第に脇に置くようになり，それよりも効率性を優先して，分けるべきケーキをまず大きくしようとする姿勢（すなわち，経済成長を優先する姿勢）を示すようになる。その背景には，もちろんマクロ経済学の発展があるのだが，そうした姿勢が，序数的効用理論の発展期とも微妙に重なっていることに，われわれは注意しておく必要があるだろう。

しかし，いくらケーキを大きくしてみたところで，それが人々に行き渡らないようでは，ケーキを大きくした意味がない。公平性をめぐる問題は，経済学が回避し通せる問題ではないのである。基数的効用理論は，確かに一時代前の理論と言わざるを得ない側面を持つが[10]，それが問うていた問題そのものは，少しも時代遅れのものになっていない。効用価値論の欠陥を克服しながら，いかにして効率性と公平性のバランスを回復させるか。これこそが，現代経済学の最大の課題であると言っていいだろう。

<u>確認問題 10-4</u>　社会が効率性だけに傾いた場合と，公平性だけに傾いた場合の問題点を，それぞれ3つずつあげよ。

---

[9] 序数的効用理論が公平性の問題をまったく扱おうとしなかったわけではない。この点については，第13章で検討する。

[10] たとえば序数的効用理論が含意する，個人，個人を比較不能な固有の存在（かけがえのない存在）として見る目線も，個人，個人を合算可能な等質的存在として見ようとする功利主義からは，出て来にくいものになる。基数的効用理論が基本的に公益主義につながる傾向を持ち，序数的効用理論が基本的に自由主義につながる傾向を持つことには，それぞれ理由があるわけである。

第10章 練習問題

問題I 次の文章が正しければ○，誤りであれば×をつけ，その誤りを正しなさい。

1. 基数的効用理論では，異なる個人について，効用の大小を比較できると考える。
2. 基数的効用理論では，効用の加算はできないものと考える。
3. 序数的効用理論では，効用の加算はできないが，効用の個人間比較は可能と考える。
4. 序数的効用理論では，個人間効用比較は無意味だが，個人内部での効用加算は有意味と考える。
5. 無差別曲線は，原点から遠く離れるほど，小さな効用水準を示すものになる。
6. 2本の無差別曲線が交わることはないが，接することはありえる。
7. 無差別曲線が原点に対して凸であることと，限界代替率が逓減することとは同じことである。
8. 限界効用とは，序数的効用理論の概念である。

問題II 次の問いに答えなさい。

効用関数が $U(X_1, X_2) = X_1 \cdot X_2$ で示されるものとしよう。効用水準が32として特定化されると，この効用関数は，同じ効用水準をもたらす X_1 と X_2 の，さまざまな組み合わせを表す無差別曲線になる。このとき，

1. この無差別曲線を図示せよ。同時に，無差別曲線の関数式を示せ。
2. 限界代替率を表す一般式を求めよ（この作業は，効用水準を数量で割り算するので，効用を基数的に扱うことになるが，ここではそのまま作業を進めよ）。
3. $X_2 = 16$ であるときの，X_1 の値を求めよ。また，そのときのMRSの値を求めよ。
4. $X_1 = 4$ の場合のMRSを求め，MRS逓減の事実を確かめよ。

問題III 次の問いに答えよ。

アガソさんは，紅茶を飲むとき，かならず角砂糖を2個入れる。この組み合わせは決まっていて，角砂糖の数を2個以上に増やしても，紅茶を継ぎ足して量を増やしても，アガソさんの効用水準はまったく変化しないものとする。この場合のアガソさんの無差別曲線を図に示せ。（これは紅茶と角砂糖のあいだにまったく代替性がないことを意味する。このような場合，紅茶と角砂糖はたがいに完全補完財の関係にあるという）。

第11章

無差別曲線分析（2）
－再び，なぜ需要曲線は右下がりか－

効用価値論を無差別曲線論に置き換えたとき，これまでの需要曲線はどうなるだろうか。われわれは，限界効用逓減の法則をもとに，右下がり需要曲線を導出した。無差別曲線からも，右下がりの需要曲線は導出できるのだろうか。それとも，無差別曲線の世界になると，需要曲線に，何か変化が生じるのだろうか。無差別曲線論は，効用価値論では到達しえなかった，新しい世界にわれわれを導いてくれる。

11-1　予算制約の明示化

　無差別曲線分析　　効用価値論は，需要曲線に，理論的な基礎を与えるものだった。効用価値論を手放すことは，右下がり需要曲線の基礎を手放すことでもある。効用価値論を引き継ぐ無差別曲線論は，果たして，需要理論に新たな基礎を与えることができるのだろうか。本章では，この重要な問題に取り組む。無差別曲線論からも，右下がり需要曲線は導出できるのだろうか。

　需要曲線を導き出すためには，個々の需要量の決定について，まず明らかにしなければならない。ある価格の下で，どのように需要量が決定されるかがわかれば，価格が変化したとき，需要量がどのように変化するかを，知ることもできるだろう。そうして得られる価格と需要量の組み合わせを跡づけていったとき，そこに現れるのが需要曲線である。

　予算の制約を考える　　さて，これまでわれわれは，消費者の予算について，あまりはっきりとした検討を行わずに来た。しかし，現実の消費者は，かなら

ず予算上の制約を持っており，その限られた予算の配分を通じて，効用の最大化をはかるのである。そこで，ここからは消費者の予算制約を明示的に取り扱うことにしよう。予算制約の下での効用最大化，これが合理的な消費者の行動目標になるのである。

予算線　　そこで，いまある消費者（再び，トピア君に登場してもらおう）の予算金額を Y 円としよう。トピア君は，これを2種類の消費財にあてるものとし，各財の価格はそれぞれ P_1，P_2 で与えられているものとしよう。第1財の購入量を X_1，第2財の購入量を X_2 とすれば，2つ合わせて，購入代金は $P_1 X_1 + P_2 X_2$ ということになるだろう。これが Y 円以下でないと，トピア君はこれを買うことができない。したがって，トピア君の予算制約は，次のように表すことができるだろう。

$$Y \geq P_1 X_1 + P_2 X_2 \tag{11-1}$$

これを変形すれば

$$X_2 \leq \frac{Y}{P_2} - \frac{P_1}{P_2} X_1 \tag{11-1}'$$

このようにすれば，予算制約を，X_2 を縦軸とする図表上に示すことができる。それを図11-1に示そう。(11-1)′式は右下がりの直線で示されることになり，この直線を含めて，これよりも下に属する領域が，この予算制約の下で購入可能な X_1 と X_2 の組み合わせを表すことになる。(11-1)式，または(11-1)′式（の等式部分）を予算線と言う。

トピア君の効用最大化　　図11-1には，X_1 と X_2 のさまざまな組み合わせが示されている。点aから点dまでは予算内の点であり，点eは予算線上の点だから，これは(11-1)式または(11-1)′式の等号が成立しているとき，すなわち，予算をめいっぱい使っている状態を表している。点fのような予算線よりも上方にある点は，予算オーバーを意味するので，トピア君には購入できない。つまり，点f以外の点であれば，どの組み合わせも，実際に購入することができるわけである。では，トピア君はどの点を選択したら，この予算制約の範囲内で，効用を最大にすることができるだろうか。

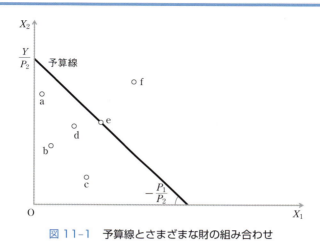

図 11-1　予算線とさまざまな財の組み合わせ

確認問題 11-1　予算を 2,000 円，第 1 財の価格を 100 円，第 2 財の価格を 50 円とするとき，予算制約の範囲を図示せよ。

11-2　予算制約の下での効用最大化

無差別曲線の見方　ここで効力を発揮するのが無差別曲線である。図 11-1 にトピア君の無差別曲線を重ねると図 11-2 のようになる。こうすれば，バラバラに散らばっている各点の効用水準を，比較することができるようになる。そうすると，点 a，点 b，点 c は，実際には，同じ無差別曲線 I_0 上の点だったことがわかる。3 つの点は，それぞれ異なる数量の組み合わせではあるけれども，トピア君にとっては同じ効用水準の点であったわけである。しかし，そのいずれの点よりも，高い効用水準を示すのが点 d である。点 d を乗せている無差別曲線 I_1 は，I_0 よりも高い位置にあるから，I_0 よりも効用水準が高い。したがって，トピア君は少なくとも，点 a，点 b，点 c を選択することはないだろう。

効用最大化を実現する点　このように考えていけば，結局，トピア君が行

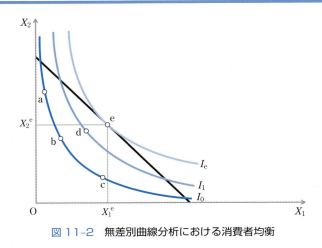

図 11-2　無差別曲線分析における消費者均衡

うべきことは，予算制約の範囲内にある点のなかで，もっとも高い位置の無差別曲線に乗っている点を探し出すことになるだろう。言い換えれば，予算制約の領域上を通過する無差別曲線のうち，もっとも高い位置にある無差別曲線を探し出すことができれば，トピア君にもっとも高い効用水準を与える財の組み合わせを，見つけ出すことができるわけである。では，この条件の下で，無差別曲線はどこまで引き上げることができるだろうか。

　図 11-2 を見れば明らかなように，もっとも高い位置の無差別曲線とは，予算線と接する無差別曲線 I_e である。無差別曲線 I_0 から I_1 へ，さらにその上へと引き上げていけば，やがて無差別曲線は予算線と接する位置に到達するが，そこから 1 点分でも上に上がってしまうと，無差別曲線は予算線から離れてしまうことになり，そうなると，その無差別曲線上のどの点を選んでも，点 f と同じく予算オーバーになって，もはやトピア君には手の届かないものになる[1]。

---

[1] もう少し分析的に考えたい場合は，次のように考えればよい。効用最大化をもたらさない無差別曲線 I_0 や I_1 は，予算線とのあいだに 2 つの交点を持っている。そして，無差別曲線 I_0 と I_1 を比較してみると，効用水準が高い I_1 において，2 つの交点間の距離が縮まっていることがわかる。つまり，効用水準が上がるにしたがい，無差別曲線と予算線の交点間の距離が小さくなるのである。したがって，この距離がもっとも小さくなるときが，効用水準がもっとも高くなるときである。では，2 点間の距離はどこまで小さくなれるかというと，それは 2 点が重なって 1 点になるときまでである。2 点間の距離がそれ以上に小さくなることはない。したがって，無差別曲線と予算線の交点が 1 点に

かくして，われわれは，1つの結論を得たことになる。

すなわち，予算制約の下での効用最大化は，予算線と無差別曲線の接点で与えられる。この接点が指し示す財の組み合わせを選択したとき，消費者は予算制約の範囲内で可能な，もっとも高い効用水準を手に入れることができるのである。図 11-2 でいえば，トピア君が予算線と無差別曲線 I_e との接点である点 e を選択したとき，彼の効用水準は最大になるのである。この点 e こそが，無差別曲線分析における消費者均衡の状態を表すものになる。したがって，点 e に対応する X_1^e，X_2^e が，それぞれ第 1 財，第 2 財の需要量になる。

限界代替率＝相対価格となる　消費者均衡の状態を表す点 e において，予算線は無差別曲線の接線になっている。さて，前の章でわれわれは，無差別曲線の接線の傾き（の絶対値）を，限界代替率として定義した。したがって，均衡点において，限界代替率と予算線の傾き（の絶対値）は同じ値になる。一方，予算線の傾き（の絶対値）は何を表していたかというと，(11-1)′式を確認すれば明らかなように，これは $|-P_1/P_2|$（$=P_1/P_2$）だから，第 1 財と第 2 財の価格の比率，すなわち，相対価格を表している。ここから次のような関係を確認できる。すなわち，無差別曲線分析における消費者均衡においては，2 財の限界代替率と相対価格が等しくなるということである。これを式で示せば，次のようになる。

$$消費者均衡の状態において^2，$$
$$限界代替率\left|\frac{dX_2}{dX_1}\right| = 相対価格\left|-\frac{P_1}{P_2}\right|\left(=\frac{P_1}{P_2}\right) \tag{11-2}$$

効用価値論においては，価格＝（金額表示の）限界効用が，消費者均衡の条件であった。あるいは，いまと同じように複数財を扱う場合には，加重限界効用均等法則が，消費者均衡の条件であった。それに対して，無差別曲線分析では，この限界代替率＝相対価格が，消費者均衡の条件になる[3]。例によって，同

なるとき，効用水準が最大になるわけだが，交点が 1 点ということは，交点が接点になったことを意味するだろう。ゆえに，無差別曲線が予算線と接したとき，効用水準が最大になると言えるわけである。

[2] 限界代替率を絶対値で定義しているので，相対価格についても絶対値で定義する。

[3] ただし，この条件はいわゆる必要条件であって，十分条件ではない。すなわち，消費者均衡になればこの条件はかならず成り立つが，無差別曲線の接線と予算線が平行でありさえすれば，この条件は，他の無差別曲線においても成り立つから，これが成り立つからといって，それが一番高い↗

様の議論に対して，複数の原理が現れているように見える。これらのあいだに，何か関係はないのだろうか。

そこで，前の章の（10-4）式をもう一度見てほしい。そこでは，限界代替率と限界効用のあいだに，次のような関係があることを見た。

$$\mathrm{MRS} = \frac{\mathrm{MU}_1}{\mathrm{MU}_2} \tag{10-4}$$

この式に（11-2）式を代入してみよう。そうすると，次のようになる。

$$\mathrm{MRS} = \frac{P_1}{P_2} = \frac{\mathrm{MU}_1}{\mathrm{MU}_2} \tag{11-3}$$

したがって，（11-3）式は，次のようになるだろう。

$$\frac{\mathrm{MU}_1}{P_1} = \frac{\mathrm{MU}_2}{P_2} \tag{11-4}$$

これはしかし，加重限界効用均等法則そのものである。すなわち，限界代替率＝相対価格とは，加重限界効用均等法則を別の形で表現したものに他ならないのである。したがって，第3章で検討した，加重限界効用均等法則はコスト＝ベネフィットの均等化を意味していること，コスト＝ベネフィットの均等化こそ経済的合理性の本質であること等々の含意は，限界代替率＝相対価格という形を通じて，無差別曲線分析にもそのまま引き継がれているのである。ただし，それを加重限界効用均等法則で表現しようとすると，基数的効用の前提が必要になるが，限界代替率＝相対価格であれば，必要になるのは，2つの財の価格と数量だけである。これらはいずれも実際に存在する数値だから，ならば，概念的に無理の少ない限界代替率＝相対価格を用いた方がいいであろう，と経済学者たちは考えるようになったのである[4]。

▷位置の無差別曲線になるとは限らない。つまり，この条件は消費者均衡になるためには成立する必要があるが，これさえ満たされれば，消費者均衡の条件として十分だとは言えないわけである。

[4] もっとも，一見して言わんとするところがピンと来るのは，加重限界効用均等法則の方かもしれない。限界代替率＝相対価格も同じことを言っていると言われても，始めのうちは（いや，そうとう年数を経ても）やはりピンとこない。これも，基数的効用理論がいまでも用いられる理由のひとつと言えるかもしれない。

確認問題 11-2　予算線が確認問題 11-1 で与えられたものであるとき，消費者均衡点における限界代替率の値を求めよ。

11-3　最適配分と機会費用

資源配分が最適に行われない場合　ここで，資源の最適配分という概念について，少し違う角度から検討しておこう。無差別曲線分析においては，予算線と無差別曲線の接点において，消費者は，予算制約の下での効用最大化を実現できる。言い方を換えると，この点を選択することで，消費者は，限られた予算をもっとも無駄なく使うことができる。つまり，予算という一種の「稀少資源」を最適に配分するための条件が，消費者均衡の条件として示されているわけである。

供給理論の場合も同様で，短期においては，社会的余剰を最大にすることが，また，長期においては，企業が最小最適規模で生産を行うようになることが，資源の最適配分，最適利用になることを，われわれは，繰り返し確認してきた。稀少な資源の最適配分を考えること，これがミクロ経済学の中心課題であることを，ここで改めて確認しておこう。

では仮に，その資源配分が最適に行われていないときには，いったい何が起こるのだろうか。どのような条件が満たされていないことをもって，経済学は，資源配分が最適でないと判断するのだろか。

機会費用　たとえば，加重限界効用均等法則に再び立ち戻って，考えてみよう。予算配分が最適でないとは，たとえば，

$$\frac{\mathrm{MU}_1}{P_1} > \frac{\mathrm{MU}_2}{P_2} \tag{11-5}$$

のような不等式を残したまま，財の購入が行われている場合である。このとき，第2財の購入にあてている資金を，第1財の購入に回せば，もっと高い効用を得られたはずなのに，そうしないで第2財を買い続けていることが，予算配分の最適性を損ねているという判断になるわけである。これを少し別の言い方で言えば，この人は，第2財を購入し続けることで，その資金を第1財に回して

いたら得られたはずの高い効用を得る機会を，みすみす見逃しているということになる。すなわち，予算を無駄にするとは，予算を最適に使っていたならば得られたはずの効用を得る機会を，みすみす失うことを意味する。このように，予算や資源をある用途に固定することで，他の用途に使う機会を失うことを，経済学では機会費用と表現する。

　機会費用は，簡単なようでいて，なかなか身につかない概念なので，いま一度正しく定義しよう。機会費用とは，資源をある用途に用いたことで，他の用途に用いていたら得られたかもしれない，効用や収益が失われることを表現したもので，一般には，資源を他の用途に用いていたら得られたであろう効用や収益の最大値をもって，機会費用の大きさと定義する。

　なぜ，最大値かといえば，それが資源や予算配分の適性をはかる目安になるからである。現在の予算の使い方では，機会費用を下回る効用しか得られないとすれば，それは予算の使い方に改善の余地があることを意味するだろう。逆に，いまの予算の使い方が，機会費用を満たすものになっているならば，それ以上の効用や収益を与える方法は他にないわけだから，予算なり資源なりは，文字通り，最適に使われていることになるだろう。

　注意する必要があるのは，機会費用はかならず発生するということである。資源をある用途に用いたら，そのとき必然的に，その資源を他の用途に用いる機会は失われるわけだから，機会費用はどんな場合にもかならず発生するのである。したがって，機会費用は，金銭的な費用とはまったく別種の概念であることをよく理解する必要がある。仮に，原油が無償で提供されれば，金銭的な原油費用はゼロになるだろう。しかし，その場合でも，その原油をある財の生産に使えば，その瞬間，他の財の生産に使う機会は失われるわけだから，このとき機会費用はいつもと変わらず発生する。もしも他の財に用いていたら，より大きな収益が得られたとすれば，金銭的な費用はゼロであっても，機会費用的には赤字ということになる。

　したがって，資源利用の適性を示す真の尺度は機会費用であって，金銭的な費用や利潤ではないことがわかる。過去最高の利潤を計上したとしても，それよりさらに大きな利益を上げる機会を見逃していたとしたら，機会費用的にはむしろ赤字という判断になるのである。このことから，資源配分の効率性を問う経済学の立場からすれば，真の費用概念と言えるのは機会費用であって，金

銭的費用ではないことになる。企業行動における費用の捉え方と，経済学的な費用の捉え方には，基本的な相違があること，このことをよくおさえておく必要がある。

ただし，まさしくそうであるがゆえに，実際の市場の動き，実際の企業の動きを考える場合には，金銭的な費用や利潤の動向を無視するわけにはいかないのである。資源配分は機会費用を償うように用いられるべきだが，機会費用を実際に知ることは不可能に近いから，現実の企業行動は機会費用ではなく，金銭的な費用を目安に行われざるを得ないだろう。だから，その結果，仮に社会的余剰が最大化されていたとしても，それが機会費用を償っているかどうかは，じつのところ，わからないのである。真の経済的合理性は，金銭的な利潤を高めることと決して同じことではない。経済学を知るわれわれは，常にこの観点から，市場経済と資本主義を評価していかなくてはならないのである。

本書も当面，金銭的な費用を基準に，企業や市場の動向を考えていくことになるが，その場合にも，機会費用の存在を忘れてはならないのである。

　確認問題 11-3　　いま，1億円の資金を株式投資に回した場合，見込み配当額が100万円，国債で運用した場合の見込み利息が120万円，設備投資した場合の期待利潤が90万円であるとしよう。資金の用途がこの3つしかない場合，資金1億円の機会費用は何％になるか。

11-4　再び，需要曲線は右下がりか

　消費者均衡点の変化　　では，議論を元に戻そう。そして，いよいよ需要曲線に話を進めよう。以上のような分析方法を前提とするとき，果たして右下がり需要曲線は導出できるのかどうか。

需要曲線とは，一言でいえば，価格の変化に対して需要量がどのように変化するかを捉えたものである。そこで，無差別曲線分析において価格が変化したときに，消費者均衡点がどのように変化するかを調べてみよう。図11-3を見てほしい。

図11-3の点eは，図11-2のものと同じである。与えられた予算線に対し，

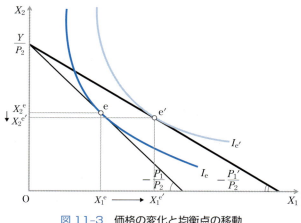

図 11-3　価格の変化と均衡点の移動

無差別曲線 I_e が点 e で接している。さて，ここで第 1 財の価格 P_1 が P_1' へ下落したものと仮定しよう。一方，第 2 財の価格 P_2 は変わらないままとしよう。そうすると，無差別曲線図にはどのような変化が現れるだろうか。

価格が変化した以上，予算制約はこれまでのものと同じにはならない。価格が P_1' へ下落すると予算制約は次のように変わるだろう。

$$Y \geq P_1' X_1 + P_2 X_2 \quad (P_1' < P_1) \tag{11-6}$$

したがって，予算線は次のようになる。

$$X_2 = \frac{Y}{P_2} - \frac{P_1'}{P_2} X_1 \tag{11-6}'$$

最初の予算線と比べて，変化したのは X_1 の係数，すなわち，予算線の傾きだけであることに注意しよう。その分子が P_1 から P_1' へと小さくなったのだから，これは予算線の傾きが緩やかになったことを意味する。この緩やかになった予算線を図 11-3 に描き入れれば，図中の少し太い予算線のようになるだろう。ある財の価格の変化は，相対価格の変化となって，予算線の傾きに影響を及ぼすのである。

そうすると，トピア君が直面する予算線はもはや (11-1)′ 式ではなく，(11-6)′ 式ということになる。トピア君は，(11-6)′ 式に対して，自身の新たな消費者均衡点を求めなくてはならない。そのための手続きはしかし，これまでのものと同じであって，新しい予算線と無差別曲線との接点を求めれば，それがトピア君の新しい消費者均衡点になる。図 11-3 では，その新しい均衡点は，(11-6)′ 式と無差別曲線 $I_{e'}$ との接点 e′ であり，新しい需要量はそれぞれ $X_1^{e'}$, $X_2^{e'}$ になる。価格が低下した X_1 の需要量は増加している。また財の価格が安くなったことで，トピア君の効用水準は I_e から $I_{e'}$ に上昇している。

　ここで，第2財の需要量が減少していることにも注目しよう。第1財については，価格が変化したのだから，需要量が変化しても不思議はないが，第2財は価格が変わっていないのだから，需要量は変化しないはずではなかろうか。これは，第1財の価格が安くなったことで，価格が変わっていない第2財が，相対的に割高なものに見えてきたという消費者心理を表していると解釈できる。そのため，価格が変わっていないにもかかわらず，第2財の需要量は，わずかながら減少したのである。相対価格の変化には，このような効果が伴うのである。こうした側面は，需要量を単体ごとに扱う効用価値論では，ほとんど気づくことのできなかった側面と言っていいだろう[5]。

　<u>無差別曲線分析に基づく需要曲線</u>　　さて，ここまで来れば，需要曲線までもう後一歩である。需要曲線は価格の変化と需要量の変化を跡づけたものだから，実際にそのような図を描いてみればよい。すなわち，図 11-4 として，第1財の価格を縦軸に，需要量を横軸にちょくせつとったグラフを描いてみよう。そしてそこに，価格 P_1 と需要量 X_1^e，価格 P_1' と需要量 $X_1^{e'}$ をそれぞれ記し，1本の曲線でつなぎ合わせてみれば，これまで通り，右下がりの需要曲線が現れる。これが，<u>無差別曲線分析に基づく需要曲線</u>である。こうしてわれわれは，結果的には，これまでのものと変わりない，右下がり需要曲線を再び手に入れることができたわけである。ただし，同じ右下がり需要曲線であっても，もはや基数的効用理論を必要とするものではなく，すべて序数的効用理論にのみ基づいて導出されたものであることを，ここで改めて確認しておこう[6]。

---

[5] ただし，かならずこのようになるとも限らないのである。次章では，第2財が第1財と何ほどか代替財の関係にあるにもかかわらず，第1財の需要量の増加といっしょに，第2財の需要まで増加する可能性があることを検討する。

[6] ちなみに，先ほどの相対価格の変化による第2財への影響は，第2財の需要曲線のシフトとし

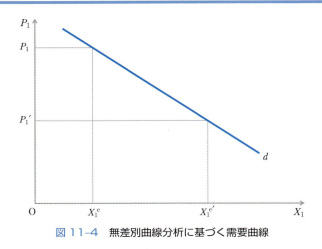

図 11-4　無差別曲線分析に基づく需要曲線

無差別曲線の形状は影響しないか　　以上が，無差別曲線分析に基づく，需要曲線論である。さて，読者のみなさんは，以上の説明で十分納得できたであろうか。われわれは再び，右下がり需要曲線を取り戻すことができた。したがって，われわれは安心して，この先の議論へ進むことができる…はずなのだが，どうもそれにしては，何かどこか，モヤモヤした感じが残されているのではないだろうか。図 11-4 が間違っているわけではない。大抵の場合は，これで十分である。しかし，いまの問題，すなわち，価格が変化したとき，新しい消費者均衡点がどこに現れるかという問題は，多分に，半ばフリーハンドで描いた無差別曲線の描き方に，かなりの程度依存してはいないだろうか。仮に，無差別曲線をもっと緩やかに描いたり，あるいはもっと急角度で描いたりしても，結果はまったく影響を受けないのだろうか。

たとえば，図 11-5 (a) のように，無差別曲線を図 11-3 よりもかなり緩やかな傾きで描いてみると，新しい均衡点 e′ は，元の均衡点 e よりも，左上に現れる可能性が出てくるのではなかろうか。ところが，もしそのようなこと

↘て描かれることになるだろう。第 2 財の需要曲線にとって，第 1 財の価格は与件だから，これが変化したことによる第 2 財の需要の変化は，曲線全体の（この場合には左方向への）シフトとして描かれることになる。

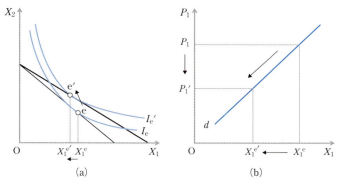

図 11-5　左下がりの需要曲線？

が起こると，需要量は価格下落の結果増加するのではなく，むしろ減少してしまうことになる。つまり，これを需要曲線に描けば，それは右下がりではなく，図 11-5(b)のような左下がりの需要曲線になってしまうのである。これはいったい何ごとだろうか。こういうこともじつはありえることを，無差別曲線分析は示唆しているのだろうか。それとも，これは作図上のアクシデントであって，現実にはありえないことなのだろうか。こうした疑問にケリをつけないと，われわれは安心して，右下がり需要曲線をこの先使い続けることができないだろう。この問題については，次の章でじっくり検討しよう。

　確認問題 11-4　　第 1 財の価格が下落し，第 2 財の価格は変化なしとした場合，第 1 財の需要量が増加し，第 2 財の需要量も増加するようなケースを図によって示せ。

11-5　等量曲線分析

　供給側にも適用する　　そこで，すぐ先に進みたいところだが，その前に，無差別曲線分析のひとつの応用について，ごく簡単に触れておきたい。無差別曲線分析は，基本的に消費者行動を対象とするものだが，生産者あるいは企業

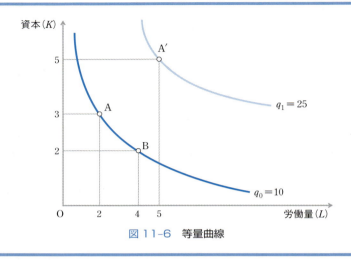

図 11-6　等量曲線

にとっても，この分析は決して無縁のものではないのである。

　これまでわれわれは，企業をもっぱら供給側で，すなわち，財の生産者という側面からのみ検討してきた。しかしながら，企業も，生産要素に対しては需要者として市場に現れることになる。だとすれば，企業にとっても，無差別曲線分析は，深い関わりを持つことが予想される。ただし，企業が目的とするのは効用ではないから，無差別曲線分析をそのまま使うわけにはいかず，生産活動に特有の要素を入れて，少しこれを改良する必要が出てくる。

　その改良版を図 11-6 に示すことにしよう。一見，無差別曲線とまったく同じ図に見えるが，図 11-6 では縦軸，横軸に，企業が生産に投入する生産要素が測られている。一口に生産要素といってもいろいろなものが考えられるが，ここでは生産要素を広く捉えるために，横軸には労働量 (L) をとり，縦軸には，労働力以外の生産要素を全部ひっくるめた資本 (K) をとることにしよう。この場合の資本とは機械設備に代表されるものだが，その他の原材料や資金なども含めて，ここでは資本と呼ぶことにしよう。そして，無差別曲線に相当するグラフは，資本と労働のさまざまな組み合わせから得られる一定の生産量を表すものと考えよう。これを無差別曲線と区別して，等生産量曲線または等量曲

線と表現する[7]。

等量曲線の特徴　等量曲線とは，一定の生産量を実現する，資本と労働のさまざまな組み合わせを表すものである。したがって，資本と労働の両方を増やした場合には，生産量それ自体も増加することになる。図 11-6 には，異なる生産量を示す 2 本の等量曲線が描かれている。等量曲線 q_0 は生産量 10 トンを生み出す，資本と労働のさまざまな組み合わせを示すものであり，等量曲線 q_1 は生産量 25 トンを生み出す，資本と労働のさまざまな組み合わせを示している。たとえば q_0 上の点 A では，10 トンの生産物を得るのに，資本が 3 単位，労働が 2 単位必要であることが示され，点 B では，同じ 10 トンの生産物を得るのに，資本 2 単位，労働 4 単位という組み合わせも可能であることが示されている。一方，点 A′ は資本 5 単位と労働 5 単位の組み合わせを示しており，点 A より両方とも生産要素が多く投入されているので，$q_0 = 10$ トンより多い $q_1 = 25$ トンの生産が可能になっている。資本と労働のあいだにどの程度の代替性があるかは，使われる技術に依存する。現実には，それほど自由に代替できるものではないが，ここでは一般的な形で議論を進めるために，滑らかな曲線で等量曲線を示すことにする。

技術的限界代替率　無差別曲線に限界代替率があるように，等量曲線にも一種の限界代替率が存在する。これは，同じ生産量を維持するとして，労働を 1 単位増やすとしたら，資本を何単位減らすことができるかを示したものである。限界代替率の場合と同じく，この値も，等量曲線の接線の傾き（の絶対値）で示される。これを限界代替率と区別して，技術的限界代替率（MRTS）と定義する[8]。

$$技術的限界代替率（MRTS）= \left| \frac{dK}{dL} \right| \qquad (11\text{-}7)$$

等費用線　さて，企業の場合は，こうした概念を使って，どのような分析を行うことができるだろうか。企業が効率的な生産を行おうとすれば，同じ生産物を得るのに必要な費用を，なるべく抑えようとするはずである。そこで，

---

[7] 等量曲線は英語で Isoquant という。頭文字をとると，無差別曲線と同じ I になってしまうので，本書では q を使うことにする。

[8] 技術的限界代替率は英語で Marginal Rate of Technical Substitution なので頭文字をとって MRTS と略記する。

企業は，一定の生産量を制約条件と考えて，そのときかかる費用の最小化を求めると考えていいだろう。これも一種の，制約条件の下における資源配分の最適化である。

いま，資本の価格（これは利子率で代表させることが多い）[9]をrとし，労働の価格は賃金で代表させてwと表記しよう。そうすると，資本の投入量をK，労働の投入量をLとすれば，生産費Cは次のようになるだろう。

$$C = rK + wL \tag{11-8}$$

これを等費用線と呼ぶ。図11-6に描くために，左辺をKにして変形すれば次式になる。

$$K = \frac{C}{r} - \frac{w}{r}L \tag{11-8'}$$

こうして，等費用線と等量曲線を1枚の図に表せば，図11-7のようになるだろう。等費用線C_0と等量曲線q_0は点Nで交わっているが，これは，生産量q_0を得るのに，点Nが示す資本と労働の組み合わせを選択すると，費用が全部でC_0かかることを意味している。

企業の費用最小化　　この費用を，企業はなるべく小さくしたいわけである。費用を下げるということは，Cの値を小さくするということだから，それはつまり，図11-7で言えば，縦軸切片（C/r）の値をなるべく小さくすることと同じである。つまり，等費用線が等量曲線と交わっている範囲内で，等費用線の位置をできるだけ引き下げること，これが企業の求めることである。ではどこまで下げられるかといえば，それは等費用線が等量曲線に接するまでである。等費用線をC_0から下へ下へと引き下げていけば，やがてかならず，等量曲線と接するC_1のような位置に来るだろう。しかし，そこから1点分でも下げてしまうと，等費用線は等量曲線から離れてしまい，生産量q_0を実現することができなくなってしまうのである。

---

[9] 機械設備などを購入するために資金を借りた場合，支払わなければならない代金は利子になる。ゆえに利子が資本の価格になる…。そう考えてもいいが，資本をたとえば資産運用のような他の用途に用いた場合，得られたかもしれないもっとも高い利子率をrとすると，資本を生産に用いることで失われる価値もrということになり，rが資本の代価すなわち価格ということになるだろう。この場合のrとはしたがって，資本の機会費用ということになる。

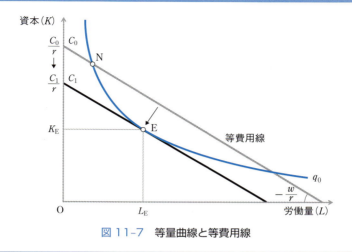

図 11-7 等量曲線と等費用線

したがって，次のように結論できるだろう。すなわち，**生産量を制約条件とする費用最小化は，等費用線と等量曲線の接点で実現される**。均衡点は点 E で与えられ，K_E，L_E がそれぞれ，最適な資本投入量，労働投入量を表すものになる。

そして，このとき再び，無差別曲線分析とよく似た条件が現れる。すなわち，等費用線と等量曲線が接するのであれば，等量曲線の接線と等費用線は同じものになる。したがって，両者の傾きも同じになる。等量曲線の接線の傾き（の絶対値）は技術的限界代替率であった。等費用線の傾き（の絶対値）は，(11-8)′式から明らかなように，$|-w/r|(=w/r)$，すなわち，労働価格（賃金）と資本価格（r）の相対価格である。ゆえに，この場合の均衡条件は次のようになる。

$$\text{技術的限界代替率}\left|\frac{dK}{dL}\right| = \text{生産要素の相対価格}\left|-\frac{w}{r}\right|\left(=\frac{w}{r}\right) \quad (11\text{-}9)$$

これらの知識をもとに，たとえば賃金が上昇した場合に労働量（＝雇用量）がどうなるか，あるいは利子率が低下したときに，資本と労働の組み合わせがどうなるか，といったような分析をさまざまに行うことができる。このように，無差別曲線は消費者行動だけでなく，企業や生産者の行動についても，新しい

分析領野を広げてくれるのである。

　さて，では需要曲線にもう一度戻ることにしよう。先ほど残した課題，すなわち，右下がりにならないような需要曲線は，本当に存在するのだろうか。いよいよ，無差別曲線の本領が発揮されるときが来た。

<u>確認問題 11-5</u>　賃金が下落し，利子率は変わらなかったとするとき，労働の投下量が増え，資本の投下量が減少するようなケースを図で示せ。

第11章 練習問題

問題Ⅰ 次の文章の空欄に適当な語句を入れなさい。
1. 予算をちょうど使い切る財の組み合わせを表す曲線を（　　　）という。
2. 予算制約の下での効用最大化は，予算線と無差別曲線の（　　　）で得られる。
3. 消費者均衡の状態において，限界代替率と（　　　）は等しくなる。
4. ある資源を他の用途に用いた場合の最大収益の値を（　　　）という。
5. 相対価格が変化すると，予算線の（　　　）が変化する。
6. 一定の生産量を実現する生産要素の組み合わせを連ねたものを（　　　）という。
7. 等量曲線の接線の傾き（の絶対値）は（　　　）と呼ばれる。
8. 一定の費用の下で投入可能な資源の組み合わせを示す曲線を（　　　）という。
9. 生産量を制約条件とする費用最小化の条件は，技術的限界代替率＝（　　　）である。
10. 生産要素をすべて2倍投入したとき，生産量も2倍になることを（　　　）という。

問題Ⅱ 予算線は確認問題11–1のものとし，効用関数は $X_1 \cdot X_2 = 200$ で示されるものとしよう。このとき，次の問いに答えなさい。
1. 消費者均衡の状態を図で示しなさい。
2. 消費者均衡における X_1, X_2 の値をそれぞれ求めなさい。
3. 第1財の価格が50円に低下したものとしよう。このとき，新しい均衡点における X_1, X_2 の値をそれぞれ求め，その下で得られる効用の大きさを求めなさい。

問題Ⅲ 等費用線を $C = 5K + 20L$ とし，等量曲線が $q_0 = K \cdot L = 100$ で与えられたものとしよう。このとき次の問いに答えなさい。（記号の意味は，本文と同じとせよ。）
1. 費用が最小になる均衡状態を図で示しなさい。
2. 費用が最小になるときの，資本と労働の投入量を求めなさい。
3. 最小化された費用の大きさを求めなさい。

第 11 章への補論
− 収穫法則について −

第 11 章で検討した等量曲線図を用いて，第 5 章でも触れた「規模の経済性」に関係する諸概念を整理することができる。

図 11-6 を図 11-補-1 として再掲しよう。この図を見ると，等量曲線も無差別曲線と同じように，右下がりで，原点に対して凸であることがわかる。すなわち，限界代替率と同様に，技術的限界代替率も逓減する性質を持っているわけである。限界代替率逓減は，限界効用逓減と関係していたけれども，技術的限界代替率の逓減は，具体的には何を意味するのだろうか。そこで，技術的限界代替率（MRTS）を次のように変形してみよう。すなわち，技術的限界代替率に 1（$= dq/dq$）をかけ算するのである（q は生産量）。そうすると，

$$\mathrm{MRTS}(\downarrow) = \left|\frac{dK}{dL}\right| = \left|\frac{dq}{dq} \cdot \frac{dK}{dL}\right| = \left|\frac{dq}{dL} \cdot \frac{dK}{dq}\right| = \left|\frac{\dfrac{dq}{dL}}{\dfrac{dq}{dK}}\right| = \frac{\mathrm{MP}_L(\downarrow)}{\mathrm{MP}_K(\uparrow)}(\downarrow)$$

(11-補-1)

となるだろう。MP_K や MP_L というのは初めて出てきたけれども，これは資本，あるいは労働を 1 単位追加したときに得られる生産量 q の増加分で，それぞれ資本の限界生産力，労働の限界生産力と名づけることができるだろう。1 点，注意が必要なのは，資本の限界生産力と言うときには，他の生産要素は一定のままだということ，すなわちこの場合で言うと，労働の投入量を一定に保ったまま，資本だけを 1 単位増やしたときに，生産量がどれだけ増えるかを示したものが，資本の限界生産力という概念になるということである。

そうすると，技術的限界代替率の逓減とは，労働の投下量を増やして，資本の投下量を減らしていくとき，労働の限界生産力 MP_L が次第に低下し，投入

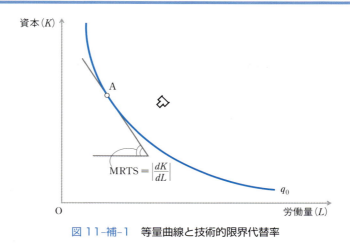

図 11-補-1　等量曲線と技術的限界代替率

量が減少していく資本の限界生産力 MP_K は，逆に上昇していくことを意味している。

　なぜそうなるかというと，いましがた確認したように，労働の限界生産力とは，労働量だけを追加して，資本その他は何も増やさない場合を考えている。しかし，働き手の数だけ増やしても，使える道具や機械の数が変わらないのなら，そのうち手持ち無沙汰になるような人が現れて，たとえば人数を2倍にしても，生産量が2倍になるようなことはないわけである。これが労働の限界生産力が逓減する理由である。これを労働の収穫逓減と表現することもある[10]。資本の限界生産力逓減についても同様である。今度は労働力の方がまったく増えないので，機械や道具だけ増やしても，俗にいう機械が遊ぶような事態が生じ，機械設備を増やしたほどには，生産量が増えないのである。これを資本の収穫

---

[10] もちろん，機械や道具が余ってしまうほど労働力が不足している場合は，労働力の追加によって，生産量はより多く増えるかもしれない。そのような場合には，労働の限界生産力逓増，あるいは労働の収穫逓増といった現象が起きる。資本の場合も同様である。ちなみに，昔，経済史の授業でこんな話を聞いたことがある。「日本の欲張りな地主は，1反の田んぼから得られるコメの量を増やそうと，労働力だけ増やし，労働者の数に合わせて田んぼを分割すれば収穫量も増えると思っていたのだが，思っていたほど収穫量は増えず，約束した給金を払ったら赤字になってしまったという話がよくあった。労働の収穫逓減を知らなかったために，何とも愚かなことをしたわけだが，そのせいなのか，日本では昔から，愚かな振る舞いをする人のことを，タワケモノ（田分け？者）という」と。

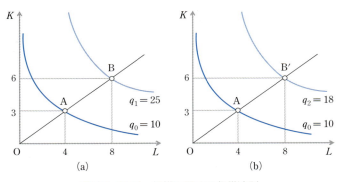

図 11-補-2　規模に関する収穫法則

逓減とも表現する。

　これに対して勘違いしやすいのが，規模に関する収穫逓減（あるいは収穫逓増）である。労働の収穫逓減，資本の収穫逓減は，労働力だけ，資本だけを増やしたときに現れる現象を言うが，「規模に関する」と言ったときは，労働力と資本の両方を同じ比率で増やしたときに現れる現象のことを言う。

　たとえば図 11-補-2 (a) を見てみよう。点 B は点 A のそれぞれ 2 倍の資本と労働力が投下されたときの生産量を表している。このとき，点 A の等量曲線は $q_0 = 10$ であるのに対し，点 B の等量曲線は $q_1 = 25$ と記されている。つまりこの場合，生産要素をそれぞれ 2 倍投じたのに対し，生産量は 2 倍以上増加していることになる。このような場合を，規模に関する収穫逓増と表現する。

　これに対して，図 11-補-2 (b) では，点 B′ は点 A の 2 倍の資源を投下しているのにもかかわらず，点 B′ の等量曲線は $q_2 = 18$ にとどまっている。これはしたがって，資源投下を 2 倍にしたのに，生産量は 2 倍以下にしか増えなかったことを意味するから，この場合は，規模に関する収穫逓減が生じていると言う。もし，資源の増加率と生産量の増加率が同じである場合は，規模に関する収穫一定ということになる。

　規模の経済性という概念は，資本と労働力の増加率を自由にした場合に，収穫逓増が生じる場合を言う，もっとも緩い概念である。生産量を 2 倍にするときに，資本と労働力をともに 2 倍にすることが最も効率的な生産方法になると

は限らず，たとえば，資本を 2.5 倍投下し，労働は 1.5 倍程度に抑えた方が，全体的な効率性が上昇することもありえるだろう。規模の経済性とは，このように資本と労働力の投下比率を自由に変えることを許したうえで，収穫逓増が生じることを表現したものである。生産要素の収穫法則，規模に関する収穫法則，規模の経済法則，これらはみなそれぞれ違う概念であることをよく理解しておいてほしい。

確認問題 11-補-1　図 11-補-2（b）で q_2 がいくつであれば，規模に関する収穫一定になるか。

第12章

無差別曲線分析（3）
－所得効果と代替効果－

無差別曲線分析は，需要理論の分析範囲を大きく広げてくれた。その結果，需要曲線が右下がり以外の形をとる可能性も出てきた。そうした現象は本当に起こるのか。起こるとしたら，その原因は何か。無差別曲線分析は，広範な分析視野を経済学にもたらしてくれる。無差別曲線が，いよいよその本領を発揮する。

12-1　名目所得と実質所得

無差別曲線分析の力　　無差別曲線分析は，効用価値論では辿り着くことの難しい，需要曲線の世界の奥地にまで，われわれを導いてくれる。われわれは，いまや，効用価値論よりも強固な地盤に立って，右下がり需要曲線の存在を主張することができる。と同時に，われわれは，需要曲線がかならず右下がりの形をとるとは限らず，場合によってはそれ以外の形，たとえば左下がりのような形をとる可能性があることにも気がついた。そうした現象は，現実に起こり得ることなのだろうか。もし，現実に起こるとしたら，それはどういう理由に基づくものなのだろうか。それは頻繁に起こることなのだろうか，それとも，めったに起こらない例外的な現象なのだろうか。

こうした問題に対しても，無差別曲線は理論的な分析を可能にする。ただし，これを行うには，無差別曲線分析について，もう一段階深いレベルの理解が必要になる。そこでまず，予算線の見直しから始めることにしよう。

予算（所得）の変化を考える　　前章でわれわれは，相対価格の変化が，予

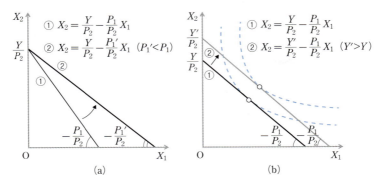

図 12-1　相対価格・所得の変化と予算線の変化

算線の傾きに影響を及ぼすことを見た。これを図 12-1 (a) に再掲しよう。前章と同様に，図 12-1 (a) には，第 1 財の価格が，P_1 から P_1' に低下した場合が描かれている。1 つの財の価格変化は，2 財のあいだの相対価格を変化させ，その結果，予算線の傾きに変化が生じる。しかしながら，予算線に影響を及ぼすのは財の価格だけではない。消費者が使うことのできる予算そのもの，すなわち，消費者の所得が変化した場合にも，予算制約はとうぜん影響を受けるだろう。それは，図の上ではどのように表現されるだろうか。

いま仮に，所得（予算）が Y から Y' に増加したものと仮定しよう。そうすると，予算制約はこれまでの，$Y \geq P_1 X_1 + P_2 X_2$ から，次のような式に変化するだろう。

$$Y' \geq P_1 X_1 + P_2 X_2 \quad (Y' > Y)$$

あるいは

$$X_2 \leq \frac{Y'}{P_2} - \frac{P_1}{P_2} X_1 \tag{12-1}$$

変化したのは所得だけだから，この場合，予算線の傾きは変化しない。(12-1) 式を図で示せば，図 12-1 (b) のようになるだろう（点線の無差別曲線はいま無視しよう）。すなわち，傾きは元の予算線と同じままで，縦軸，横軸の切

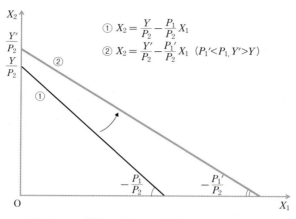

図 12-2　価格と所得の同時変化と予算線の変化

片が，それぞれ変化した直線になるだろう。一言でいえば，元の予算線を平行移動させた形になるわけである。このように，所得の変化は，予算の傾きではなく，予算線の位置に影響を及ぼすのである。

したがって，所得と価格がともに変化した場合は，予算線の位置と傾きの両方に変化が生じる。図12-2は，予算の増加と第1財の価格低下が，ともに生じた場合の予算線の変化を表している。

名目所得と実質所得　　図12-1 (b) あるいは（12-1）式のように，所得の金額そのものが変化することを，経済学では名目所得の変化と表現する。しかし，所得の変化は，じつはこれだけではない。たとえば，第1財の価格 P_1 が低下すれば，同じ所得金額，つまり同じ名目所得のままであっても，いままでより多くの第1財を買うことができるだろう。同じように，名目所得が増加すれば，第1財の価格がそのままであっても，いままでより多くの第1財を買うことができるだろう。つまり，財の価格の低下は，名目所得の増加と，実質的に同様の効果を消費にもたらすわけである。このような現象を，経済学では実質所得の変化と表現する。簡単にいえば，価格が低下（上昇）すると，同じ所得であっても，その実質的な購買力が増加（減少）するということである。

実質所得は，名目所得（Y）を財の価格（P）で割った Y/P で表される。価

格 P の低下は，名目所得 Y が一定のままでも，実質所得 Y/P を増加させる効果を持つわけである[1]。

例外的な需要曲線の可能性　そうすると，次のような事態が予想されるのではなかろうか。すなわち，第1財の価格低下が起きたとき，われわれはこれまで，相対価格は変化しても，所得金額は変化しないものとして議論を進めてきた。確かにそうに違いないのだが，いまの議論からすれば，第1財の価格が変化すると，名目所得 Y は変化しなくても，実質所得 Y/P_1 の方は，何ほどか変化することになるのではないだろうか。すなわち，図 12-1 (b) のような，予算線の位置を変えるような変化が，じつはひそかに生じていたのではないだろうか。

確かに，一見したところ，そのような変化は図上に現れていない。しかし，実質所得が何ほどか変化しているとすれば，予算線の位置も本当は何ほどか変化していて，それがどこか見えないところに，隠されているのではないだろうか。このように，図を見た目以上に，分析的に掘り下げて考える姿勢が，例外的な需要曲線の発見につながるのである。

確認問題 12-1　第1財の価格が変わらず，第2財の価格が上昇した場合，予算線はどのように変化するか。図で示しなさい。

12-2　スルツキー分解

相対価格の変化分を抜き出す　ある財の価格変化は，相対価格の変化と同時に，実質所得の変化をひそかにもたらしているのではないか。すなわち，財価格の変化は，2つの過程を経て，需要量に影響を及ぼしているのではないか。この着想を，もう少し理論的に展開してみよう。

名目所得にせよ，実質所得にせよ，所得の増加は予算線の位置を上方に引き上げる。だとすれば，これに接する無差別曲線も，より上方に位置するものに

---

[1] いまは第1財の価格変化だけを扱っているが，実際には，1つの財の価格だけが変化するということはなく，多くの財の価格が変化している。そこで，現実に実質所得を計測するときは，1つの財だけでなく，多くの財の価格変化の，一種の平均値を求めて計算作業を行う。このような，多数財の価格変化の平均値を，個別財の価格と区別して物価と表現する。

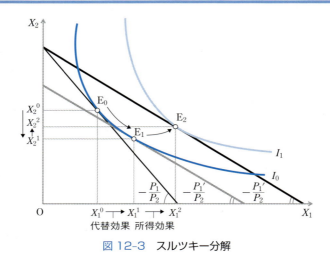

図 12-3　スルツキー分解

なるはずだから，所得の増加は，均衡状態における消費者の効用水準を，上昇させるはずである。図 12-1 (b) に点線で示した無差別曲線は，このことを示している。

ここで，前章の図 11-3 を図 12-3 として再掲しよう。この図は，第 1 財の価格低下によって，第 1 財の需要量の増加と効用水準の増大が，ともに生じていることを表している。この効用水準の上昇が，いま述べた隠された実質所得の増加によるものだとすれば，その部分をいったん分離できれば，後に残された部分として，相対価格の変化部分を純粋な形で取り出すことができるのではなかろうか。

代替効果　いささか複雑なことを考えているわけだが，図の上で考えれば，次のようになるだろう。図 12-3 の新しい予算線を，そのまま平行移動させて，価格が下がる前の無差別曲線 I_0 に接するまで，いったん引き下げてみよう。予算線を引き下げるということは，所得を引き下げるのと同じことである。この新しい接点を E_1 としよう。E_1 において，無差別曲線は最初のものだが，予算線の傾きは，価格が変化した後のものであることに注意しよう。すなわち，第 1 財の価格低下によって生じた，相対価格の変化と実質所得の増加のうち，実質所得の増加に当たる部分をいったん取り除くことで，需要量の変化のうち，

相対価格の変化にのみ由来する部分を取り出してみたわけである。それが E_0 から E_1 への変化である。需要量でいえば，X_1^0 から X_1^1 への変化部分が，相対価格の変化だけに由来する，需要量の変化分ということになる。相対価格が変化すると，効用水準を一定に保つためだけでも，割安になった第1財を増やし，割高になった第2財を減らすという調整が必要になるわけである。このような，相対価格の変化だけを原因とする需要量の変化を代替効果と表現する。

|所得効果|　　この代替効果の部分に，さらに，実質所得の増加部分が加わってくるわけである。それを示すには，いったん引き下げた予算線を，再び元の位置に戻してあげればよい。このときの予算線の上昇がすなわち，第1財の価格低下に伴う実質所得の増加部分を示すことになる。その結果，均衡点は E_1 から E_2 へとさらに移動することになるだろう。需要量でいえば，X_1^1 から X_1^2 までの増加が，実質所得の増加による需要量の増加部分を表すことになる。この部分を所得効果と表現する。

このように，第1財の価格低下は，代替効果による需要増加分（X_1^0 から X_1^1）と，所得効果による需要増加分（X_1^1 から X_1^2）を，合わせた結果として現れるのである。したがって，結果的には，これまでと同じく，需要量は X_1^0 から X_1^2 に，いっぺんに変化したように見えるだろう。価格が低下したとき，まず代替効果が現れて，その次に所得効果が現れる，というような段階的な変化を見せることはない。需要量の変化は，見た目には区切りのない，単一の現象として現れるだろう。しかし，このようにあえて理論的に分離してみることで，われわれは，需要変化の意味をより深く，より分析的に理解することができるようになるのである。このように，価格変化の効果を，代替効果と所得効果に分解して，需要量の変化を分析することをスルツキー分解という[2]。

|スルツキー分解の確認|　　ここで第2財の変化に注目してみよう。図12-3を見れば，価格自体は変化していない第2財についても，第1財と同じように，代替効果と所得効果が現れていることがわかる。しかし，その変化の仕方は，第1財よりもむしろ複雑である。

すなわち，E_0 から E_1 への変化において，第2財の需要量は X_2^0 から X_2^1 へ

---

[2] この分析を考案したオイゲン・スルツキーの名をとってこう呼ばれる。ただし図12-3はスルツキー本人のものではなく，これはJ. R. ヒックスによる改訂版である（スルツキー本人は，所得効果を取り除くのに，予算線を I_0 に接するまで戻すのではなく，E_0 を通過する位置にまで戻している）。今日では，ヒックスのものの方が一般的なので，こちらで解説する。

といったん減少している。これが，第 1 財の価格低下による第 2 財への代替効果である。第 1 財の価格低下は，第 2 財の価格が割高になったように見せるので，同じ効用水準を保つためだけでも，第 2 財の需要量は減少しなくてはならないのである。

しかし，これが第 2 財に現れる変化のすべてではない。図 12-3 では，これに加えて，所得効果の部分，すなわち，E_1 から E_2 への移動が第 2 財に及ぼす影響についても示されている。そしてそれは，第 2 財の需要量を X_2^1 から X_2^2 へと増加させていることがわかる。実質所得の増加は，割安，割高にかかわらず，すべての財の需要を（通常は）増加させるので，これにより，所得効果においては，第 2 財の需要量も増加しているのである。

しかしながら，図 12-3 では結果的に見る限り，所得効果による需要量の増加分は，代替効果による需要量の減少分よりも小さな値にとどまっている。そのため，最終的な第 2 財の需要量は，以前よりも減少する形になっている。これは，第 1 財に対して割高になったことの当然の帰結のように一見思えるが（そして，そのようにいままでは説明してきたが），それはしたがって，本当は正しい理解ではないわけである。これは，所得効果がたまたま代替効果よりも小さかったから，このようになっただけで，もし，所得効果による需要量の増加が，代替効果による需要量の減少よりも大きかったら，割高になったにもかかわらず，第 2 財の需要量は，結果的に増加していたかもしれないのである。

このように，代替効果と所得効果は，常に同じ方向に現れるとは限らない性質のものであることに注意する必要がある。そしてこのことがじつは，例外的な形状の需要曲線を理解するカギになるのである。

確認問題 12-2　① 第 2 財の価格が変わらず，第 1 財の価格が上昇した場合の予算線を描き，新しい均衡点を示しなさい。
② ①の結果をスルツキー分解し，第 1 財の需要量変化を，代替効果と所得効果に分けなさい。

12-3 ギッフェン・パラドックス

上級財　再び，第1財に話を戻そう。図12-3では，所得効果によって，第1財の需要量は増加している。このように，所得効果によって，需要量が増加する財のことを上級財と言う。図12-3では，第1財，第2財とも上級財である。われわれの日常生活において，所得が増えたら，購入量を増やしてもよいと思える財は，基本的に上級財である。一般的には，多くの財・サービスがこれに当てはまると考えていいだろう。

下級財　これに対して，図12-4を見てみると，この図では均衡点 E_0，E_1，E_2 の位置関係が図12-3と微妙に異なっている。すなわち，E_0 と E_1 の位置関係は図12-3と変わらないが，図12-3では，E_2 が E_1 の右上方にあったのに対し，図12-4では，E_2 は E_1 の左上方に位置している。なぜ，このようなことになるのかというと，この2つの図では，所得効果の現れ方に違いがあるからである。すなわち，図12-4では，第1財の需要量が，所得効果の結果，減少しているのである。そのため，均衡点は E_1 から E_2 へ向けて左側へ引き戻されるような格好になり，その結果，図12-4のような形になったのである。

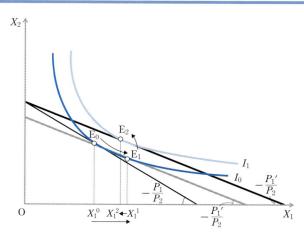

図12-4　下級財（劣等財）と負の所得効果

このように，所得効果によって，需要量が減少するような財を下級財もしくは劣等財という。これは，たとえば，所得が低いためにしぶしぶ使っているような財に現れる現象である。

所得効果の特徴　たとえば，トピア君は日本茶が大好きで，食後にはかならず日本茶を飲む習慣があるとしよう。しかし，トピア君はお金持ちにはほど遠いので，ふだんは極めて安価なお茶 C を飲んでいる。ところが，ブレド氏の会社が儲かったため，今月はアルバイトにも全員ボーナスが支給されたとしよう。このとき，トピア君は，お茶 C を買い足そうとするだろうか。それとも，日ごろなかなか手を出せない，高級煎茶 B を買おうとするだろうか。もし，トピア君がお茶 C をやめてお茶 B を買おうとするなら，お茶 C は，トピア君にとって下級財になる。お茶 C は，所得の増加によって需要量が減少する財であるから，これはトピア君にとっては下級財になるのである。もちろん，所得の高低にかかわらず，お茶 C を自ら好んで買っている人もいるだろう。そのような人は，所得が増えれば，お茶 C をもっと買い足そうとするかもしれず，その場合には，お茶 C は上級財になる。上級財になるか，下級財になるかは，消費者の選好しだいであって，財の属性などで客観的に決まる話ではない。

代替効果の特徴　このように，所得効果については，その現れる方向が，人によって，あるいは財によって，違ってくる可能性があるのである。代替効果においては，このようなことはない。無差別曲線が，原点に対して凸の右下がりである限り，代替効果はかならず，価格が低下した財の需要量を増加させるものとして現れる[3]。しかし，所得効果は正として現れる場合も，負として現れる場合もあるので，注意が必要なのである。

　それでも図 12-4 では，その負の所得効果が，正の代替効果を上回るほどの大きさにはなっていない。そのため，結果的には，価格が低下した第 1 財の需要量は増加することになるだろう。つまり，図 12-3 のケースと，見た目には何の違いもない現象に見えるだろう。両方とも，価格が低下した財の需要量

---

[3] 本書では取り上げないが，無差別曲線がこれ以外の形をとる場合には，負の代替効果が現れる可能性もある。また，本によっては，需要量を増加させる代替効果を，負の代替効果と表現しているものもある。これは，価格の低下が需要の増加をもたらすというように，変化の方向が逆のため，符号上の問題でそうなるのだが，いささか紛らわしいので，本書では需要量を増加させる場合を正，減少させる場合を負，と表現する。

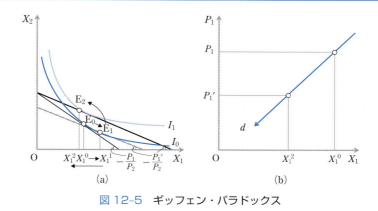

図 12-5　ギッフェン・パラドックス

は増加するという，通常の需要現象が現れただけのように見えるはずだ。

ギッフェン・パラドックス　ところが，図 12-5 (a) を見てみると，このケースでは，負の所得効果が極めて大きく現れたため，それが正の代替効果を凌駕して，結果的に，第 1 財の需要量を減少させている。つまり，第 1 財は，価格が低下したにもかかわらず（正しくは，価格が低下したがゆえに），需要量が減少しているのである。この関係を図に示せば，図 12-5 (b) のようになるだろう。すなわち，価格が低下すると，需要量が減少するという，左下がりの需要曲線が現れるのである。前章以来，われわれが懸念していた需要曲線は，やはり理論的には存在するのである。その原因は，極めて強く現れた負の所得効果にある。このように，負の所得効果が正の代替効果を上回る結果，価格の低下が需要量の減少を招くような事態を，その最初の発見者の名にちなんで，ギッフェン・パラドックスと表現する[4]。

ギッフェン・パラドックスは，下級財であることが原因で生じる現象だが，下級財であればすなわちギッフェン財になるとは限らないことを確認しておこう。たとえば，先の図 12-4 では，下級財であるにもかかわらず，ギッフェン・パラドックスは生じていない。トピア君にとって，お茶 C は下級財ではあるが，同時にギッフェン財でもあるかどうかはわからない。たとえば臨時ボーナスな

---

[4] ギッフェン・パラドックスが生じる財をギッフェン財という。価格が上昇して財の需要量が増加する場合も，ギッフェン・パラドックスという。

どないときに，売り出しセールか何かで，お茶Cの価格が安くなったとしよう。その結果，トピア君がお茶Cの購入量を減らすようなことがあれば，お茶Cはトピア君にとってギッフェン財だったことになる。しかし，臨時ボーナスが出たときには，確かに購入量を減らしたけれども，多少価格が安くなった程度では，お茶Bに切り換えるわけにもいかず，結局，少し余分にお茶Cを買い足していた，ということであったとすれば，お茶Cは，トピア君にとって下級財ではあるけれども，ギッフェン財とまでは言えなかったことになる。

レア・ケース　現実にギッフェン・パラドックスが起きているのかどうか，仮に起きているとして，どの程度一般的な現象か。これをめぐっては従来から諸説あって，特定の結論にはいたっていない。おそらく，市場規模の集団的な現象として現れることは，そうとう稀であると言っていいだろう。その意味で，われわれは，差し当たり，一般的な右下がり需要曲線を前提して議論を進めてよいと考える。ただ，個人のレベルで考えれば，ギッフェン・パラドックスはそれなりに実感される話かもしれない。読者のみなさんは，日ごろの生活のなかで，ギッフェン・パラドックスを経験していないかどうか，考えてみるとよい。そのような形で，毎日の生活経験を，理論的に反省する視点を持つようになること，これも（いや，もしかすると，これこそが），経済学の優れた一面なのである。

確認問題 12-3　第1財の価格は変わらず，第2財の価格が低下したとしよう。このとき，第2財が上級財のケース，ごく軽微な下級財のケース，ギッフェン・パラドックスが起きるケース，の3つのケースについて，それぞれ図で示せ。

12-4　労働供給論への応用

労働供給曲線　最後に，これまでの議論のひとつの応用として，労働供給曲線の性質について考えてみよう。常識的に考えれば，労働供給曲線は，賃金に対して右上がりの形状を示すものと予想される。しかし，これまでの理論を踏まえると，次のような可能性も考えられるのである。

図12-6は，ある個人について，縦軸に労働から得られる所得 y をとり，横

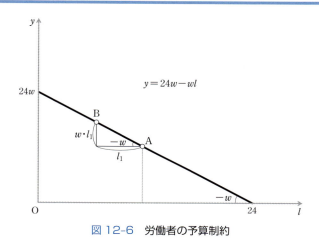

図 12-6　労働者の予算制約

軸に，それと代替的な関係になる非労働時間，すなわち，余暇 l をとっている[5]。労働所得は 1 時間当たりの賃金 w に，労働時間 n をかけた値として定義できるだろう。すなわち，$y = w \cdot n$ である。1 日は 24 時間だから，1 日の労働時間 n と余暇 l を合わせると，かならず 24 時間になる。すなわち，$n + l = 24$，あるいは $n = 24 - l$ である。これを労働所得の式に代入すれば，次式を得る。すなわち，

$$
\begin{aligned}
&y = w \cdot n \\
&n + l = 24 \quad \text{より} \\
&y = w(24 - l) = 24w - wl
\end{aligned} \tag{12-2}
$$

この (12-2) 式が，労働供給に関する制約条件になる。これを図に示したものが図 12-6 の直線である。縦軸の切片は，$l = 0$ の場合を示すから，余暇をまったく取らず，24 時間働き通した場合の労働所得を意味することになる。ゆえに，$y = 24w$ である。他方で，横軸切片は，24 時間まったく働かずにすべてを余

---

[5] 経済学で「余暇（Leisure）」というときは，労働所得を得られない時間という意味で使う。「休暇」のことではないので，若干注意が必要である。なお，この章に限り記号 l は労働時間ではなく，余暇を表すものとする。第 4 章などの記号と混同しないように注意してほしい。

12-4　労働供給論への応用　　233

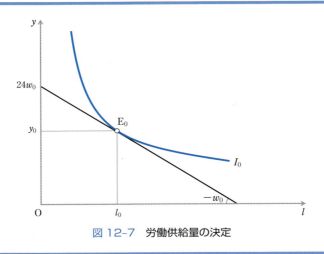

図12-7　労働供給量の決定

暇にあてた場合で，労働所得は0，$l = 24$ である。

(12-2) 式は，$24w$ を切片とする，傾き $(-w)$ の直線である。すなわち，この直線は，賃金を傾きとする一種の予算線になっているのである。たとえば，図の点Aから余暇時間を l_1 時間減らすと（＝労働時間を l_1 時間増やすと），それに賃金をかけた $w \cdot l_1$ だけ労働所得が増えることになる。したがって，労働者はこの予算線上で，余暇と所得の選択を行おうとするだろう。では，どの組み合わせを選択すれば，この労働者の効用は最大になるだろうか。

　労働者の効用最大化　　それを教えるのが無差別曲線である。この無差別曲線は，所得と余暇のあいだの選択に関する無差別曲線である。そうすると，図12-7にあるように，賃金がまず w_0 で与えられた場合，この労働者（今度はアガソさんに登場してもらおう）は，E_0 を選択することで，自分の効用の最大化をはかるだろう。したがって，アガソさんは l_0 という余暇時間を選択し，それ以外の時間 $(24 - l_0)$ を労働にあてて，その結果，y_0 だけの所得を得るということになる。

さて，ここで賃金が w_0 から w_1 へ引き上げられたと仮定しよう。このとき，アガソさんは，どのように選択を変えるだろうか。賃金の上昇は，(12-2) 式の傾きを大きくするから，予算線は図12-8のように，上向きに変化するだ

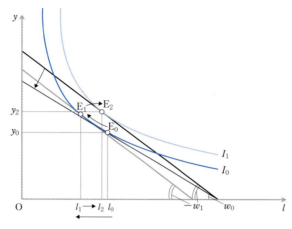

図 12-8　賃金の上昇と労働供給量の変化（1）

ろう（1日24時間に変わりはないから，横軸切片は変化しない）。その結果，図 12-8 において，アガソさんは，最終的には，均衡点 E_0 から E_2 へ移動することが示されている。つまり，余暇時間を l_2 にまで減らし，その分労働時間を増やして，所得を y_2 にまで増やそうとするだろう。無差別曲線のレベルも I_0 から I_1 に上昇している。すなわち，賃上げの結果，アガソさんの効用水準は上昇したわけである。この賃上げは，労働時間すなわち労働供給量を増加させているから，ここでは通常の右上がりの労働供給曲線が得られることになる。しかし，なぜそうなるのか。われわれは，すでにスルツキー分解を知っているわけだから，この問題にもこれを適用して，もう少し詳しく分析してみよう。

　余暇の機会費用＝賃金　　先ほどと同じように，価格（賃金）が変化した後の予算線を，最初の無差別曲線 I_0 と接する位置にまで，平行移動させてみよう。そして，平行移動させた予算線と無差別曲線 I_0 との接点を E_1 としよう。こうすることで，E_0 から E_2 までの変化を，E_0 から E_1 までの変化と，E_1 から E_2 への変化の，2段階に分けることができる。E_0 から E_1 までの変化が代替効果であり，E_1 から E_2 への変化が所得効果である。これにより，代替効果は余暇の時間を減らし，所得効果は余暇の時間を増やしていることがわかる。

　なぜ，アガソさんは，代替効果によって余暇の時間を減らしたのだろうか。

12-4　労働供給論への応用　　235

そもそも，賃金と余暇のあいだには，どのような関係があるのだろうか。余暇を1時間選択するということは，1時間分の賃金を失うということである。つまり賃金には，余暇によって失われる収益，すなわち，余暇の機会費用としての意味合いがあるのである。あるいは，余暇を1時間「買う」ためには，賃金分の「価格」を支払う必要があると考えてもよい。一言でいえば，賃金とは余暇の価格なのである。ゆえに，賃金が上がると，余暇の機会費用が上昇する，もっと簡単に言えば，余暇を買うための代金が上がることになる。そのため，賃金（価格）が上がると，余暇は高くなってあまり買えなくなる，すなわち，選好されなくなるのである。賃金の上昇が，余暇を減らす方向に代替効果を作用させるのはこのためである。

これに対して，所得効果は余暇を選好させている。アガソさんにとって，余暇は上級財だったわけだが，その意味するところは，所得が増えて余裕ができると，人は労働よりも余暇の方を選ぼうとする，そういう傾向が一般的な形で現れている，と考えていいだろう[6]。

賃金と労働供給の関係　さて，図12-8では，その所得効果による余暇の選好が，代替効果による労働の選好を上回るほどではなかったので，結果的には，賃金の上昇の結果，余暇を減らし，労働時間を増やすという選択が行われている。では，常にこのような結果になるかといえば，そうとも限らないのである。図12-9を見てみよう。ここでは，図12-8の場合よりも，かなり大幅な賃上げのケースが示されている。すなわち，賃金が w_0 から w_2 へと大きく引き上げられている。その結果，図12-9では，ついに，所得効果が代替効果を上回り，均衡点は E_0 から E_2 へと，余暇をより多く選好させる結果を招いている。

この場合も，代替効果はやはり労働を選好させる方向に作用している（ $l_0 \to l_1$ ）。しかし，大幅な賃上げが，所得に余裕感を与えたためか，所得効果

---

[6] 余暇に対して正の所得効果が現れるということは，裏から言えば，所得が増加すると，労働は選ばれなくなるということだろう。すなわち，労働は下級財になるわけである。そこには，労働は本来なら避けたい苦痛のもの，生きていくために仕方なく行う一種の犠牲，と見なす感覚があるだろう。これは確かに，われわれの日常感覚に合うものではあるが，ただ，これを自明の理のように扱うことには問題があるだろう。なぜ労働が，そういう地位のものでなくてはならないのか，所得のあるなしにかかわらず，自ら好きこのんで行えるようなものになってはいけないのか，そのためには労働の種類，労働の環境，労働の実態をどのように変えていったらいいか，そういった問いを忘れてはいけないだろう。労働供給関数論には基本的に，こうした問いの姿勢が欠けているように思われる。

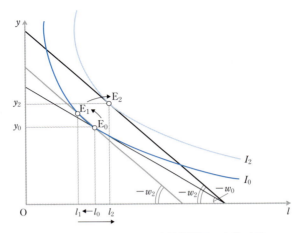

図 12-9　賃金の上昇と労働供給量の変化（2）

によって，余暇がそれを相殺するほどに選好されている（$l_1 \to l_2$）。したがってこの場合，賃金の上昇は，労働供給をむしろ減少させることになるだろう。

以上を整理すると，次のようになるだろう。すなわち，当初の賃金 w_0 からある程度までの賃上げについては，労働供給は増加するが，ある水準からさらに上へと賃金が引き上げられていくと，やがて労働供給は減少に転じる。これを図示すれば，図 12-10 のようになるだろう。これを後方屈折型労働供給曲線などと呼ぶことがある[7]。

ただしこれも，ギッフェン・パラドックスと同様，一つの理論的可能性であって，現実の，しかも市場レベルに集計された労働供給関数が，このような形になるかどうかはわからない。後方への屈折点がいつ現れるかも，一概には何とも言えないわけだから，これを安易に適用して，現行賃金を高過ぎるかのよう

---

[7] マルクス経済学であれば，この図をむしろ逆に読むだろう。すなわち，近代経済学では，いまのように，この図を下から上へと読むので，労働供給量がやがて減少すると考えるわけだが，マルクス経済学であれば，この図を上から下へと読むだろう。すなわち，賃金が w_2 から切り下げられていくと，労働者は生活を守るために，余計に働かなくてはならなくなる。その結果，労働供給量が増えていくのである。しかし，そうやって賃金が切り下げられていくと，やがて労働者は肉体的・精神的限界に達し，それを超えてしまうと，労働崩壊が起きて働くことができなくなり，その結果として，労働供給量が減少に転じるのである。どちらが現実的な説明力を持っているか，どちらが理論的に精緻な内容を持っているか，その判断は読者にゆだねよう。

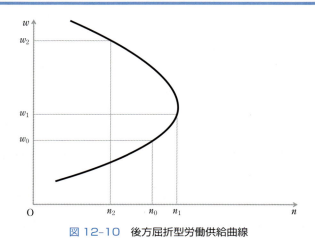

図 12-10　後方屈折型労働供給曲線

に主張するのは危険だろう。むしろ、そうした議論が安易な形で出てきたときに、その理論的基礎がこのようなものであること、そこには、所得効果の大きさを実際に計測することの難しさをはじめ、安易な適用をむしろ控えさせる理論的根拠が示されていることを、われわれは想起するべきであろう。

　無差別曲線には、これ以外にも、無数といってよいほどの応用可能性があるが、われわれの議論はここまでとしよう。

　市場経済を再検討　　さて、われわれは気がつくと、ミクロ経済学の世界のそうとう奥地にまでやってきたが、その最初の旅もそろそろ終わりに近づいた。次の最終章では、いま一度、市場経済の本質に立ち戻り、無差別曲線論の見地からすると、市場経済の本質は、どのようなものに見えてくるかについて、考えてみることにしよう。

　確認問題 12-4　　図 12-8 をもとに、賃金が w_1 から w_0 へ下がった場合に、労働供給が減少することを示せ。その場合、代替効果と所得効果は、それぞれどのような形で現れるか。

第12章 練習問題

問題Ⅰ 次の文章の空欄に，適当な語句を入れなさい。

1. 相対価格の変化は予算線の（　　　）に影響し，所得の変化は予算線の（　　　）に影響する。
2. 所得金額そのものを（　　　）所得，物価に対する所得の購買力を（　　　）所得という。
3. 物価が（　　　）すると，実質所得は大きくなる。
4. スルツキー分解とは，価格変化の効果を（　　　）と（　　　）に分解することをいう。
5. 第1財の価格が上昇するとき，代替効果によって第2財の需要量は（　　　）する。
6. 所得効果によって需要量が減少するような財を（　　　）という。
7. 負の所得効果が正の代替効果を上回る事態を（　　　）という。
8. ギッフェン・パラドックスにおいて，第1財の価格が上昇するとき，第1財の需要量は（　　　）する。
9. 賃金がある水準よりも高くなるにつれ，労働供給量が減少していくような労働供給曲線のことを（　　　）という。
10. 経済学では，労働所得を得られない時間のことを（　　　）と表現する。

問題Ⅱ いま，予算線が $Y = P_1 X_1 + P_2 X_2$，無差別曲線が $I = I(X_1, X_2)$，で与えられたものとしよう。そして，第1財は下級財であり，その価格が P_1 から P_1'，さらに P_1'' へと低下していくものとしよう。このとき，価格 P_1' までは第1財への需要量は増加したが，P_1'' に下落したとき，ギッフェン・パラドックスが生じたという。この一連の過程を図で示せ。

問題Ⅲ 次の問いに答えなさい。

1. Aさんは，余暇を何より大事に思うので，余暇を1時間増やしてもらえるなら，所得が多めに減らされてもいいと考えている。余暇よりも労働を好むBさんは，余暇を増やしてもらっても，失われる所得の埋め合わせにはあまりならないと考えている。この2人の人物の，余暇と所得に関する無差別曲線を1枚の図の上に描きなさい。
2. Bさんのような人の場合，Aさんよりも，後方屈折型労働供給曲線が，現れにくくなることが予想される。その理由を説明しなさい。

第13章

無差別曲線分析（4）
— 効率と公平 —

ミクロ経済学をめぐるわれわれの旅路も，そろそろ終わりに近づいた。旅の終わりにわれわれは，いま一度，市場経済の本質を見ることになる。市場の失敗を知るわれわれは，市場経済が万能の世界でないことを知っている。にもかかわらず，なぜ経済学は，市場経済を重視しようとするのか。市場経済の意義と限界を見極めること。経済学の真の課題がここにある。

13-1 交換の世界

市場経済とミクロ経済学　市場とは何か。市場経済とは，どのような性質を持つ経済なのか。経済学が，その歴史をあげて取り組んできた課題がこれである。古典派経済学，マルクス経済学，新古典派経済学，ケインズ経済学，制度派経済学などなど，経済学はその歴史を通じて，その思想と方法を次々に変化させてきたけれども，そしてその変化の歴史は，今日においても休むことなく続けられているけれども，その目指すところは詰まるところ，「市場経済とは何なのだ？」という問いに収斂すると言ってよい。われわれは，そうしたさまざまな思考のなかから，新古典派経済学を骨格として形成されてきたミクロ経済学を取り上げ，その基礎的な部分について検討してきた。新古典派経済学は，一貫した体系性を持つ優れた経済学であって，これを知らずに，さらには，これを正しく理解することを経ずに，経済学を語ること，経済問題を語ることはできない。

確かに，ミクロ経済学は，特に1980年代以降大きく変貌をとげ，もはや，

新古典派経済学をその骨格にすると言っただけでは不正確になる。ゲーム理論の本格的な導入もさることながら，経済制度や経済システムの比較研究を基礎づけた取引費用論の導入，さらには，本章でも後に取り上げる，効率性と公平性の対立問題により深く取り組んでいる社会的選択理論の展開など，伝統的な新古典派経済学とはかなり異なる思考様式を，今日のミクロ経済学は積極的に取り入れている。

その結果，現代のミクロ経済学は，市場経済の本質を問うというよりは，さまざまな資源配分（さらには所得分配）方法のメリット・デメリットの比較を通じて，経済システム全体の質的向上を目指そうとする，比較メカニズム論的な性格を強めている。その場合，市場メカニズムは，その数あるメカニズムのなかのひとつとして，位置づけられることになる。市場をひとつの手段，ひとつの選択肢として捉えようとする姿勢は，今後，経済学の学派に関わりなく，一般的な市場認識として，広く共有されるものになるだろう。

しかし，だからというので，「市場経済とは何か」という問いが，即座に無意味と化すわけではない。ミクロ経済学の主題や方法論がいかに進化しようと，われわれが市場経済のなかで生きているという事実，そしておそらくは，市場経済のなかで一生を終えるという事実に変わりはない。われわれが生活を営む舞台であり，ときにわれわれに自由をもたらし，ときに過酷なまでの脅威をもたらす市場経済とは，いったいそもそも何者なのか。この問いは，経済学という学問の，学としての起源にも由来する問いと言っていいだろう。ミクロ経済学の成果は，こうした問いの探求にこそ，役立たなければならないのである。

代替を通じた選択　　そこで，ここからは，無差別曲線の世界が描く，市場経済の本質について，考えてみることにしよう。無差別曲線の世界は，新古典派経済学が考える市場の世界を，端的に描き出すものと言ってよいが，その市場の世界とは，これまで見てきた通り，われわれ一人ひとりが，代替を通じた選択を繰り返すことによって，自らの効用水準の向上を目指す世界，一人ひとりが自らの意思と合理性に従って，自らの生活環境の改善を目指していく世界，それがわれわれの見てきた市場の世界であった。ここで何より重要なことは，そのように行動することが，個人の権利として前提的に承認されていることである。その意味で，新古典派経済学とは，近代社会の人権像と社会像を，素朴なまでに忠実に継承しようとした学派であり，その近代的な社会像をもっ

とも純粋に表現したもの，それがミクロ経済学の描く市場経済の姿なのである。したがって，市場経済が原因で，個人の権利や機会に何らかの制約や格差が生じているとしたら，それは近代社会の理念に反することとして，積極的な是正をはかる必要がある。これを自己責任の帰結と称して放置する姿勢ほど，近代市場経済の理念に反するものはない。

　　交換の発生　　さて，これまでは，代替的選択行動の範囲を，一人ひとりの個人に限定して，議論を進めてきた。しかし，当然のことながら，社会は複数の人間で構成されるものである。その複数の人々のあいだで，代替的選択行動が行われるとしたら，それはどのようなものになるだろうか。複数の人々のあいだで選択が行われるとしたら，それはおたがいの持ち物を，おたがいに交換し合うことを通じて，進められるものになるだろう。すなわち，複数の人々が存在する「社会」という視野において，無差別曲線の世界を描こうとすれば，われわれはそこに，交換の発生を見ることになるのである。交換を通じて，一人ひとりが自らの生活環境の改善をはかろうとする世界，それが，新古典派経済学の描く市場「社会」である。したがって，交換の行きつく先において，市場経済は，自らの本質を現すことになる。ミクロ経済学の描く市場経済の本質は交換にあり，その本質を知ることが，われわれの旅の終点になる。

　　確認問題 13-1　　物々交換が成立するためには，どのような条件が満たされる必要があるか。

13-2　パレート効率

　　2人の世界　　では，交換とは何だろうか。交換とは，経済学的には，どのようなものとして理解すればよいだろうか。ここで再び，無差別曲線が効力を発揮する。交換である以上，最低でも2人の人物が必要である。そこでトピア君とアガソさんに，もうひと働きお願いすることにしよう。まず，トピア君の状況を表すものとして，図 13-1 (a) を見てみよう。トピア君は第1財（仮にリンゴとしてもよい）を5個，第2財（ミカンとしてもよい）を10個持っている。図中の点 A で示されるこの組み合わせによって，彼は I_0 の無差別曲

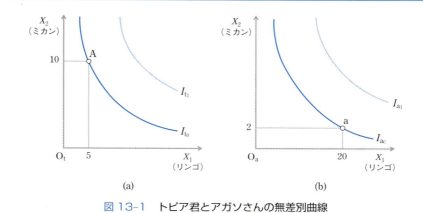

図 13-1　トピア君とアガソさんの無差別曲線

線が示す効用水準を得ている。一方，アガソさんの状況を表しているのが，図 13-1 (b) である。アガソさんは，第 1 財を 20 個持っているが，第 2 財は 2 個しか持っていない。それを示しているのが点 a であり，この組み合わせから彼女は，I_{a_0} の無差別曲線が示す効用水準を得ている。

　その 2 人が，いま路上で偶然出くわしたものと想定しよう。じつはトピア君は，ミカンが少し多いと感じており，できればリンゴをもう少し増やしたいと思っていた。一方，アガソさんは，リンゴばかり 20 個も持っていても仕方がないと感じており，それを誰かに譲って，その代わりミカンをもう少し増やしたいと思っていた。その 2 人が路上で出くわし，おたがいの持ち物をチラチラと眺めているうち，ふと，あることに気がついた。2 人のあいだでリンゴとミカンを取り換えっこすればよいのではないか。そうすれば，おたがいに満足度を高めることができるのではないか。そこで，さっそく交換の交渉に入るわけだが，さて，2 人はリンゴとミカンを何個ずつ交換すればいいだろうか。

　ボックス・ダイアグラム　　にらみ合いをしていても始まらないので，トピア君とアガソさんは一計を案じ，おたがいの無差別曲線図を重ね合わせてみることにした。すなわち，アガソさんの図を上下さかさまに 180 度回転させ，それをトピア君の図の上に重ねてみた。ただし，ただ適当に重ね合わせても意味がないので，いま現在の 2 人の状況，すなわち，点 A と点 a がちょうど重な

13-2　パレート効率　243

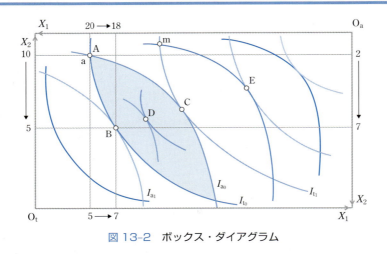

図 13-2　ボックス・ダイアグラム

るように，2枚の無差別曲線図を重ね合わせてみた。そうすると現れるのが図 13-2 のような図である。これをボックス・ダイアグラムという。

図 13-2 において，トピア君の原点は左下の O_t にある。O_t から右方向に向かってトピア君の第1財の所有量（X_1）が示され，上方向に向かって第2財の所有量（X_2）が示される。したがって，点Aにおいて，第1財の所有量は5個，第2財の所有量は10個になる。少しややこしいのがアガソさんの方で，アガソさんの原点は右上の O_a であり，ここから左方向に向かって，アガソさんの第1財の所有量が示される。アガソさんの場合は，横軸を左へ進めば進むほど，第1財の所有量（X_1）が増えるという点に注意する必要がある。同様に，アガソさんの第2財の所有量（X_2）は，O_a から下方向に向かって示される。かくして，アガソさんの点 a は，第1財20個，第2財2個の組み合わせを示すことになる。

物々交換の過程　さて，トピア君とアガソさんは，たがいのリンゴとミカンを物々交換することによって，自身の満足感，すなわち，効用水準を引き上げたいと考えている。効用水準を引き上げるとは，より上位の無差別曲線に移動するということである。点 A = a を起点にして，2人はどのようにすれば，無差別曲線のレベルを引き上げることができるだろうか。

たとえば，点 A = a から点 B に移るとどうなるか。点 B は，トピア君からみれば第 1 財 7 個，第 2 財 5 個の組み合わせを示す点であり，アガソさんからみれば，第 1 財 18 個，第 2 財 7 個の組み合わせを示す点である。ということはつまり，トピア君が第 2 財のミカンを 5 個アガソさんに渡し，その代わりに，第 1 財のリンゴを 2 個アガソさんから受け取れば，トピア君は第 1 財 7 個と第 2 財 5 個，アガソさんは第 1 財 18 個と第 2 財 7 個になって，2 人とも点 B に移動することができる。このような形で物々交換の過程を描くことができるわけである。

　パレート改善　　その結果，2 人の効用水準はどうなったか。点 A と点 B は，トピア君にとっては，同じ無差別曲線 I_{t_0} の上にある。したがって，この場合，トピア君の効用水準に変化はない。しかし，アガソさんにとって，点 B は無差別曲線 I_{a_1} の上にあって，これは O_a を原点とするアガソさんにとっては，I_{a_0} よりも上位の無差別曲線になる。したがって，点 B への移動はアガソさんの効用水準を上昇させることになる。ゆえにアガソさんは，この交換を強く希望するだろう。他方で，トピア君は効用水準の上昇こそないものの，効用水準が低下するわけではないから，この交換を特に拒む理由はない。その結果，この物々交換は 2 人のあいだで合意されるだろう。この交換は，トピア君の状態を不利にすることなく，アガソさんの状態を有利にするのである。このように，一方を不利な状態に陥らせることなく，他方をより有利な状態に導くことを，経済学ではパレート改善と表現する。

　いまの過程を，少し別の角度から考えてみよう。初め，トピア君は第 1 財を 5 個，第 2 財を 10 個持っていた。他方でアガソさんは第 1 財を 20 個，第 2 財を 2 個持っていた。したがって，2 人合わせて第 1 財は 25 個，第 2 財は 12 個存在することになる。いま，生産活動による財の増加を考えないことにすれば，この第 1 財 25 個，第 2 財 12 個という数量は，この 2 人で構成される世界の資源の総量を意味することになる。そしていま，われわれは，この資源総量を 2 人の人物に適切に配分することによって，2 人の効用水準をできるだけ大きくすることを考えているのである。こうした観点からすれば，パレート改善とは，一方を不利にすることなく，他方を有利にするような，資源配分の変更を行うことと考えることができるだろう。そのための手段として，いまわれわれは物々交換，すなわち，もっとも古典的な市場交換の効力を試しているわけである。

> パレート効率

パレート改善をもたらす資源配分は一通りとは限らない。たとえば、図13-2の点Cを見てみよう。図の煩雑化を避けるため、もはや具体的な数値は書き込まないが、先ほどと同じ要領で、トピア君とアガソさんのあいだで物々交換を行えば、点A＝aから点Cへの移動は可能である。このとき、何が起きるかというと、今度は、トピア君の効用水準が上昇する。点Aから点Cへの移動は、トピア君にとっては無差別曲線I_{t_0}からI_{t_1}への移動を意味するから、この移動によって彼の効用水準は上昇することになる。一方、アガソさんの効用水準は変化しない。点aも点Cもアガソさんにとっては、同じ無差別曲線I_{a_0}上の点だから、アガソさんの効用水準は上昇もしないが、低下もしない。したがって、点A＝aから点Cへの移動をトピア君は強く希望し、アガソさんは有利にも不利にもならないので、特に拒む理由がない。その結果、この交換も成立するだろう。そしてこの交換は、アガソさんを不利にすることなく、トピア君をより有利な状態に導く資源配分になっているので、これもパレート改善の一例になるわけである。

点A＝aから点Bへの移動も、点A＝aから点Cへの移動も、いずれもパレート改善をもたらすことがわかった。では、点A＝aから点Bへいったん移動し、その後、点Bから点Cへ移動したとしても、これもやはりパレート改善になると考えていいだろうか。そのような回り道をとったとしても、結局は、点A＝aから点Cへ移動することになるわけだから、一見、これもパレート改善と言っていいように思える。しかしながら、図をよく見てみると、それがじつは誤りであることがわかる。なぜなら、点A＝aから点Bへの移動は確かにパレート改善だが、点Bから点Cへ移動した場合、トピア君の無差別曲線はI_{t_0}からI_{t_1}へ上昇するものの、アガソさんの無差別曲線は逆にI_{a_1}からI_{a_0}へと低下してしまう。つまり、点Bから点Cへの移動は、アガソさんを不利にしてしまうのである。ゆえに、この移動は、一方を不利にせずに他方を有利にするというパレート改善の条件を満たさないのである。したがって、点Bから点Cへの移動は、パレート改善にはならないのである。

点B、点Cは、点A＝aから見ればそれぞれパレート改善をもたらす点と言ってよいが、いったんどちらかの点に到達したならば、もはやそこからの移動は、パレート改善をもたらすことなく、どちらか一方をかならず不利にしてしまう。このような状態、すなわち、一方を不利にすることなく、他方を有利にするこ

とがもはや不可能になったとき，経済学はこれをパレート効率，もしくはパレート最適の状態になったと表現する。

パレート効率の実現　　いったんパレート効率の状態になったら，そこからどのように資源配分を変更しても，かならず誰かの効用水準を引き下げてしまう。その意味で，パレート効率は資源を無駄使いしていない状態，資源がもっとも効率的に利用されている状態であると言ってよい[1]。交換は，そのパレート効率に，トピア君とアガソさんをおのずと導くのである。ここに，われわれは，交換の本質を見出すことができる。すなわち，交換はパレート改善を通じて，最終的に人々をパレート効率へと導くのである。ゆえに，交換を市場の本質と考えるのであれば，市場の本質的機能とは，パレート効率の実現にあると言ってよいことになるだろう。

どこでパレート効率となるか　　それでは，交換さえ行われれば，どのような交換であっても，かならずパレート効率を達成すると考えていいのだろうか。それとも，パレート効率に導く交換と，そうでない交換があるのだろうか。そこで図13-2をもう一度見てみると，まず，パレート改善の余地を残していた点A＝aと，パレート効率の状態を示す点B，Cのあいだに，あるはっきりとした違いのあることがわかるだろう。すなわち，点A＝aは，2人の無差別曲線の交点になっているのに対し，点B，点Cはいずれも2人の無差別曲線の接点になっている。つまり，パレート効率は無差別曲線の接点において現れるのである。そして，無差別曲線の交点から接点への移動が，パレート改善になるのである。

パレート改善には範囲がある　　では，交点から接点へ移動する交換であれば何でもよいかと言えば，じつはそうはならないのである。たとえば，やはり図13-2に記された点Eを見てみよう。この点も，2人の無差別曲線の接点には違いないから，パレート効率点となる可能性を持っている。しかし，点A＝aから点Eへ移動することが，パレート改善になるかというと，このときアガソさんの効用水準は低下してしまうので，これはパレート改善にならない。

---

[1] もし資源に無駄使いされている部分があるとすれば，その部分を適切に使い直すことによって，誰に悪影響を及ぼすことなく，誰かの効用水準を引き上げることができるだろう。パレート改善とは，このような状況を表している。したがって，そのような余地がもはや残されていないパレート効率は，資源の無駄使いがない，もっとも効率的な資源利用がなされている状態と考えることができるわけである。

点A＝aから点Eへの移動は，資源利用の効率性を高めることにはならないのである。

したがって，次のように整理することができるだろう。無差別曲線の交点から接点への移動は，原則的にパレート改善を意味するが，それには範囲があるのである。すなわち，トピア君もアガソさんも，最初の状態より効用を低下させないことを条件に，交換に応じるわけだから（不利にならないことが，パレート改善の条件だから），最初の無差別曲線よりも下方にある領域は，パレート改善の対象にはならないのである。パレート改善の可能な範囲は，トピア君にとっては I_{t_0} よりも上の方，アガソさんにとっては I_{a_0} よりも上の方（見た目には下の方）でなくてはならない。したがって，2人の条件が両立する範囲は，I_{t_0} と I_{a_0} を境界線とする「猫の目」のような形をした領域部分（図13-2の色づけした部分）ということになる。この（境界線も含めた）領域内への移動，これが点A＝aを起点にした場合のパレート改善の範囲であり，この領域内に存在する2人の無差別曲線の接点こそが，パレート効率点になるわけである。それは点B，C以外にも，数多く存在するだろう。

このように，パレート効率とは，最初の出発点に対して定義される相対的な概念であることに注意する必要がある。効率性とは，「より効率的になった」とか，「効率性が低下した」などと表現されるように，他の状態との比較によって定義される相対的な概念であって，比較の対象を持たぬまま「最高の効率性」なるものが定まるような，絶対的な概念ではないのである。ゆえに，点Eは，点A＝aに対してはパレート効率にならないが，点mに対してはパレート効率になるのである[2]。

では，その比較基準になる最初の点は，どのようにして現れるのだろうか。これは，人々が最初にどのような財を持っているか，あるいは，財が人々のあいだにどのように分配されているかによって決まるものだろう。つまり市場とは，財や所得の分配状況を受けて，それに応じて機能を開始するものなのである。ここにわれわれは，配分論と分配論の接点を見出すことができる。この問題については後に，改めて立ち返ることにしよう。

確認問題13-2　①　図13-2で点A＝aから点Dへの移動は，トピア君，

---

[2] こうして現れるパレート効率点を連ねた曲線を，契約曲線という。

アガソさんにとってどのような意味を持つだろうか。これはパレート改善になるだろうか。点Dはパレート効率点になるだろうか。それぞれ検討せよ。
② 点Cから点Bへの移動は可能だろうか。点Dから点Cへの移動は可能だろうか。それぞれ検討せよ。

13-3　厚生経済学の第1定理

ボックス・ダイアグラムによる分析　さて，ここまでは第1財と第2財の価格について，まったく触れずに議論を進めてきた。しかし，市場経済における取引は，本来，価格に対して各人が主体的に数量を選択することを通じて行われるものであって，ここまでの議論のような物々交換が，今日の市場経済において，ちょくせつ行われることは稀だといってよいだろう。では，2財の価格を明示的に導入した場合，パレート効率の議論はどうなるだろうか。

2財の価格は，これまで同様，予算線の傾きで表すことができる。そこで，トピア君とアガソさんが，いま同じ相対価格に直面しているものとして（つまり，同じ傾きの予算線に直面しているものとして），2人の予算線を示すことにしよう。すなわち，図 13-3 を見てほしい。図 13-3 (a) は，トピア君の予算線を示している。点Aは，彼の予算で購入可能な組み合わせのはずだから，この予算線上の点として示すことができる。ただし，点Aがトピア君の効用を最大にするとは限らない[3]。

同様に，図 13-3 (b) に，アガソさんの予算線と，現在の状態である点aを描くことにしよう。点aもアガソさんの予算で購入可能のはずだから，これも彼女の予算線の上にある。さて，以上を確認したうえで，再びアガソさんの図表を180度回転させ，今度は，2人の予算線が重なるように，かつ，点Aと点aも重なるようにして，2人の無差別曲線図を重ね合わせてみよう。そうすると，新しいボックス・ダイアグラムは図 13-4 のようになるだろう。

図 13-4 は，やはり，点Aと点aが，2人の効用を最大にする組み合わせで

---

[3] 予算と価格が与えられていて，トピア君が消費者均衡点以外の点を選択するはずはないと思われるかもしれない。その場合は，トピア君がまず点Aの組み合わせを与えられ，これを現在の市場価格で販売することで，この予算線が示す所得を得たものと考えればよい。そのうえで，トピア君は改めて，自身の効用を最大にする組み合わせを求めようとしているのである。

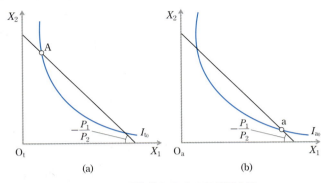

図 13-3 予算線と 2 人の無差別曲線

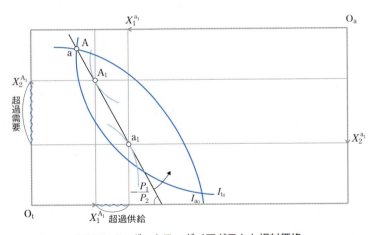

図 13-4 ボックス・ダイアグラムと相対価格

はなかったことを示している。図 13-4 によれば、トピア君は点 A ではなく、点 A_1 を選びたいはずであり、アガソさんは点 a ではなく、点 a_1 を選びたいはずである。そこで、2 人ともそれぞれ希望する点へ移動しようとするだろうが、それは果たして可能だろうか。

トピア君が点 A_1 に移った場合、彼は第 1 財を $X_1^{A_1}$ だけ求め、第 2 財を $X_2^{A_1}$ だけ求めようとするだろう。他方で、アガソさんが点 a_1 に移った場合、彼女は第 1 財を $X_1^{a_1}$ だけ求め、第 2 財を $X_2^{a_1}$ だけ求めようとするだろう。しかしな

がら，第1財について，トピア君の需要量 $X_1^{A_1}$ とアガソさんの需要量 $X_1^{a_1}$ を足し合わせても，ボックス・ダイアグラムの横軸の長さで示される，第1財の総量に届かない。すなわち，トピア君が点 A_1 に移動し，アガソさんが点 a_1 に移動した場合，第1財には余りが出てしまう。言い換えれば，超過供給の状態になってしまうのである。それだけではない。第2財の方を見てみると，トピア君が $X_2^{A_1}$ を需要し，アガソさんが $X_2^{a_1}$ を需要すると，2人の需要量を合わせた大きさは，ボックス・ダイアグラムの縦軸の長さで示される，第2財の総量を超えてしまう。つまり，第2財に関しては，超過需要が発生してしまうのである。

均衡状態への道筋　　いま，この第1財，第2財の価格が，需要と供給の関係だけで決まる，競争価格になっているとすれば，この事態を受けて，2つの財の価格は変化を始めるだろう。すなわち，超過需要になっている第2財の価格は上昇し（$P_2\uparrow$），超過供給になっている第1財の価格は低下する（$P_1\downarrow$）ことになるだろう。その結果，予算線の傾きはより緩やかなものになるだろう。

予算線の傾きが変われば，それに応じて，トピア君とアガソさんの需要量も再び変化することになるだろう。しかし，その結果，なお第1財に超過供給が現れ，第2財に超過需要が現れるあいだは，いまと同様の調整が続けられることになる。その結果，最終的には，図 13-5 のような状態に行きつくことになるだろう。

図 13-5 において，2人の均衡点は，点 $A_e = a_e$ で一致しており，その下で現れるトピア君の第1財への需要量と，アガソさんの第1財への需要量を合わせると，ちょうど第1財の総量に一致する。また，トピア君の第2財への需要量と，アガソさんの第2財への需要量を合わせると，ちょうど第2財の総量に一致する。したがって，第1財，第2財ともに，需要と供給が一致することになって，2人に均衡状態が訪れることになるわけである。

厚生経済学の第1定理　　さて，注意する必要があるのは，この点 $A_e = a_e$ において，2人の無差別曲線が接しているということである。つまり，点 $A_e = a_e$ はパレート効率点なのである。ここから次のような結論を導き出すことができる。すなわち，価格が需要と供給の関係だけで決まる競争価格になっていれば，その最終的な均衡点において，市場はかならずパレート効率を実現する。もっと簡単にいえば，競争均衡点とはすなわちパレート効率点なのである。

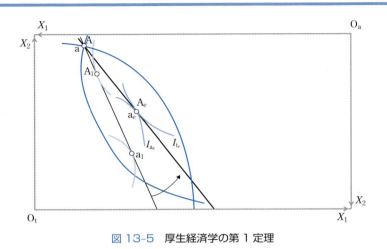

図 13-5　厚生経済学の第 1 定理

これを**厚生経済学の第 1 定理**という。

　前節では，パレート効率点は多数存在することになっており，そのなかのどれか 1 つが選ばれるという議論にはなっていなかった。ここに，競争価格という条件，すなわち，市場メカニズムを導入すると，パレート効率点は 1 つに定まることになり，厚生経済学の第 1 定理は，市場メカニズムが最終的にもたらすもの，それこそがパレート効率に他ならないことを示している。新古典派経済学，あるいはミクロ経済学が，原則的に市場メカニズムを重視するのは，このためである。**市場メカニズムが有効に機能すれば，誰の恣意によることなく，稀少な資源の最適な配分を実現することができる**。この結論こそが，ミクロ経済学の考える，市場経済の本質的機能なのである。

　ただし，これも前節で述べたように，この効率性はあくまで点 A ＝ a から始めて，その点よりも効率性を高めていった結果として得られるものである。そして，この点 A ＝ a は，トピア君とアガソさんが，当初どれだけの所得を持っていたかによって決まる点である。すなわち，トピア君とアガソさんのあいだの所得分配の状況が，その背景に存在するわけである。資源配分と所得分配。この 2 つの概念のあいだには，どのような関係があるのだろうか。そして，**配分の効率性**と**分配の公平性**のあいだにはどのような関係があると，ミクロ経済

学では考えているのだろうか。ミクロ経済学の旅の終点がここにある。

13-4　効率と公平

所得格差　　パレート効率とは，当初の所得分配，もしくは，当初，人々に与えられた財の量（これを資源の初期保有量という）を起点に，そこから調整を始めていって，もっとも効率的になる資源配分状態を表す概念である。したがって，初期保有量が変われば，それに応じて，パレート効率の内容も変わることになる。このことは，資源配分と所得分配のあいだの，どのような関係を示唆しているだろうか。

図 13-6 を見てみよう。これはブレド氏とアガソさんのボックス・ダイアグラムである。ブレド氏の原点が左下，アガソさんの原点はこれまで通り右上に置かれている。ブレド氏とアガソさんに与えられた初期保有量は点 M で示されている。明らかに，点 M においては第 1 財，第 2 財のほとんどをブレド氏が所有し，アガソさんの持ち分は，2 財ともにわずかである。すなわち，ブレ

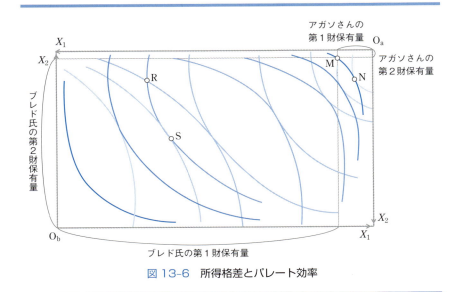

図 13-6　所得格差とパレート効率

ド氏とアガソさんのあいだには，すでにそうとうの所得格差が生じているわけである。

　さてしかし，この初期状態から始めても，パレート改善は可能である。たとえば点Mから点Nへ移動した場合，点Nは2人の無差別曲線の接点だから，これはこれでパレート効率になる。つまり，アガソさんの効用水準を落とさずに，ブレド氏の効用水準を上昇させることでパレート改善がはかられ，その結果，点Nに示されるようなパレート効率の状態が得られたわけである。パレート改善がはかられた以上，この経済はより効率的になったと評価される。平たく言えば，このとき経済は，前よりもよくなったと評価されるのである。

　効率性と公平性は連動しない　しかし，点Nへ移行する過程で効用水準を高めたのは，ただでさえほとんどすべてを所有しているブレド氏である。貧しいアガソさんは，この過程で自らの効用水準，満足度水準をまったく上げられずに終わっている。このような事態を「よくなった」と表現することには，おそらく多くの人が首をかしげるに違いない。なぜと言って，この過程は明らかに，不公平の度合いを増しているように見えるからである。しかし，市場メカニズムは，この過程を促進しこそすれ，抑制することはない。市場はパレート改善をはかるメカニズム，効率性を増進させるメカニズムであって，分配の公平化をはかるメカニズムではないからである。したがって，まず基本的に，次のことは認めざるを得ない。効率性と公平性はかならずしも連動しない。われわれの常識感覚からすれば，明らかに不公平の拡大に見える事態であっても，そこに効率性を増進させる余地がある限り，市場は効率性の増進に邁進するだろう。

　厚生経済学の第2定理　では，市場経済において，効率性と公平性を両立させることは，完全に不可能なのだろうか。効率的であり公平でもある経済を求めることは，どうしてもできないことなのだろうか。たとえば，いま何らかの手段によって，図13-6の初期保有量を点Mから点Rへ移動させたとしてみよう。点Rは常識的に考える限り，点Mよりは公平な初期保有量に，つまりは公平な所得分配に見えるだろう。そして点Rから先は，市場メカニズムに任せておけば，この経済はたとえば点Sへ移動し，パレート効率をおのずと実現させるだろう。このように，初期保有量をどのように変更しても，パレート効率を実現させることができるとする考え方を，厚生経済学の第2定理

という[4]。厚生経済学の第2定理を応用すれば，所得分配の公平化については政府の政策が担い，資源配分の効率化については市場メカニズムが担う，というように役割を分業することで，効率性と公平性の両立をはかることができるのではないか。このような考え方がひとつありえるのである。

序数的効用理論のほころび　この考え方は，われわれの常識感覚に訴える要素を確かに持つと言えるだろう。しかし，点Rへの移動は，なぜ正当化できるのだろうか。あるいは，なぜ点Rを，点Mよりも好ましい状態と判断できるのだろうか。序数的効用理論を前提にするとき，われわれは，このような判断を行うことができるだろうか。序数的効用理論は，効用の個人間比較を否定していたはずである。ならば，点Mから点Rへの移動において，アガソさんの効用水準は上昇するものの，ブレド氏の効用水準は低下するわけだから，点Rの方が点Mよりも好ましいとする判断を，序数的効用理論を前提に行うことはできないはずである。もし，裕福なブレド氏が失う効用より，貧しいアガソさんの得る効用の方が大きいはずだと言ったならば，それがいくらわれわれの正義感に訴えるものであったとしても，われわれはその瞬間，基数的効用理論に逆戻りすることになる。それでもいっときは，それで人々を納得させることはできるかもしれない。しかし将来，再び基数的効用理論の弱点を突く者が現れたとき，正義感だけを頼りとするわれわれの姿勢は，その批判に耐えられないかもしれない。それでは，アガソさんを助けることはできないのである。論理の弱さを，価値観によって補うことはできない。そのようなことをすれば，やがてその価値観が，自らを追い詰める弱点に変わるだろう。論理の弱さは，論理の強化によって克服しなくてはならないのである。

解決の可能性　では，どうすればよいか。今日にいたるも，完全な解答はまだ存在しない。しかし，次のような考え方があることは，ひとつ知っておいてよいだろう。すなわち，第三者が，ブレド氏とアガソさんの効用を比較することができないとすれば，ならば本人たちにちょくせつ，判断させたらよいのではないか，というものである。すなわち，本人たちに，自己と相手の状況

---

[4] 厚生経済学の第2定理は，ちょくせつには第1定理の逆，すなわち，すべてのパレート効率は競争均衡として達成されると主張するものであって，点Mから点Rへの移動を好ましいと主張するものではない。いかなるパレート効率も競争均衡として実現できるのであれば，競争の起点である初期保有量は任意でよいことになるから，たとえば，このように初期保有量（所得分配）を変更することもできるはずだと，一種の拡張解釈が行われるようになったのである。

を見比べて，自身が不公平な状況に置かれていると感じるか否かを，ちょくせつ判断してもらうのである。

　つまり，こうである。人々の関係が公平であるなら，誰も他人の境遇を見て羨ましいと思ったり，自分の不遇を嘆いたり，あるいは他人の持ち物や境遇を奪い取ってしまいたい，などとは思わないはずだろう。逆に，もしそのような気持ちにおそわれている人がいるとしたら，理由の適否はともかく，そこには何らかの不公平があると予感すべきだろう。

　そこで，自分がいま持っている財と，他人が持っている財を，そっくり交換することを想像してみよう。その結果，もし自分の効用水準が上がると感じたならば，それは，相手の境遇に一種の羨望を抱いていたことになるだろう。ということは，これも理由の適否はともかくとして，自分は相手と公平な立場にはないと感じていたことになるだろう。逆に，もし自分と相手の持ち物を想像的に交換してみても，何ら効用水準の上昇を感じないとしたら，自分と相手の境遇はほぼ同じだったことが判明して，改めて公平感を確認できるのではなかろうか。この状態，すなわち，自分と相手の財を想像的に交換しても効用水準が上昇しない状態を，無羨望の状態と表現する。そして，この無羨望の状態をもって，本人たちによって確認された公平性の状態と考えるのである。このような形で公平性を捉えれば，個人間効用比較を回避しながら，一人ひとりの内面的判断によって（すなわち，序数的効用理論の範囲内で），公平性の問題に取り組むことができるのではないだろうか。

無羨望状態の維持　このような考え方に立つとき，極めて興味深い結果をもたらすのが，じつはもっとも単純な形の均等配分なのである。これは初期保有量として，文字通り，同じ財を同じ数だけ配分することと考えてもよいし，同一の所得を与えることと考えてもよい。ここでは，前者のケースで考えてみよう。この初期配分状態は，図 13-7 の点 E に示されている[5]。第 1 財（リンゴ）の総量を X_1，第 2 財（ミカン）の総量を X_2 とすれば，点 E は文字通り，その半分ずつを 2 人に配分している点である。この場合，自分と相手の持ち分を想像的に交換してみても，中身に何の違いもないわけだから，トピア君もアガソさんも効用水準の変化を感じるはずがない。すなわち，このとき 2 人は相手に

---

[5] この図は，H. R. ヴァリアン『入門ミクロ経済学（原著第 9 版）』（佐藤隆三監訳，勁草書房，2015 年），592 ページの図に依拠し，それに若干の加筆を行ったものである。

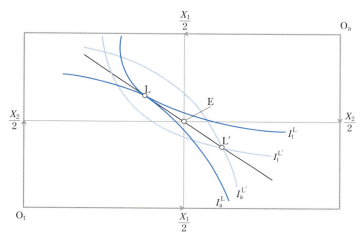

図 13-7 均等配分と無羨望状態

対して無羨望となり,その意味でこの2人は公平な状態にあると言ってよい。

　しかしながら,均等配分はかならずしも効率的な配分になるとは限らない。なぜと言って,トピア君もアガソさんも,リンゴとミカンの好みに違いがあるから,単純に同じ数だけもらっても,2人の効用水準が最大になるとは限らない。そこで,2人はリンゴとミカンをそれぞれ交換することにした。ただし,交換比率には2財の市場価格をそのまま使うことにしよう。そうすると,2人の均衡状態は,点Eを通過する予算線上に現れるはずだ。その均衡点を点Lで示すことにしよう。言うまでもなく,点Lはパレート効率点である。したがって,点Lは効率的な配分状態を表している。

　トピア君とアガソさんは,点Eで示される無羨望状態(公平な状態)から始めて,いったん点Lのパレート効率点に移動した。では,この移動によって,無羨望状態は壊れてしまうだろうか。それを確かめるために,点Lが示すそれぞれの持ち分を,2人のあいだで取り換えっこしてみよう。その結果,2人の効用水準が上昇するようであれば,羨望が生じていたことになり,公平性は崩されていたことになるだろう。しかし,もし効用水準が上昇しなければ,無羨望状態が維持されていたことになり,点Lは効率的であると同時に公平な

配分を意味することになるだろう。

　それぞれの持ち分を取り換えっこするには，2人の座標を入れ替えればよいが，それは点Lを点Eの反対側へ移動させることと同じである。その点を点L'としよう。このとき，点L'を通過する2人の無差別曲線がどうなるかいえば，図に明らかなように，点L'を通過する無差別曲線は，2人とも，点Lを通過する無差別曲線より下位のものになっている。ということはつまり，2人は相手の境遇に羨望しないということである。このように，均等配分から始めてパレート改善をはかった場合，得られる結果は，効率性と公平性をともに満たすものになるのである[6]。均等配分，あるいは所得の均等割りという，ある意味でもっとも単純な分配方法は，われわれの直観以上に，じつは優れた経済学的意味を持つ分配方式であると言ってよいのである。

　旅の終わりに　　以上で，ミクロ経済学をめぐる，われわれの旅を終えることにしよう。もちろん，この旅路はミクロ経済学をめぐる最初の旅路であって，名所，旧跡のほとんどを端折った初心者コースに過ぎない。しかし，いったんミクロ経済学の世界を垣間見た読者のみなさんは，この次はもっと自由に，もっと好きなところまで，自力で旅することができるはずである。

　原点を理解することの大切さ　　市場原理は決して万能ではない。市場がすべてを解決してくれるかのような流言は，誰が何と言おうと，経済学が支持しない。しかし，不十分な理解のまま直観的な市場批判を繰り返したり，感情的に市場を拒絶したりするだけでは，市場経済は少しも改善されない。近代社会が市場経済に託したものは何であったか，われわれは，まずこの原点を理解しなければならない。そして，その期待に現実の市場経済は答えてきたかどうか。われわれは，それを歴史に照らして，あるいは実証分析によって確認していかなければならない。そしてもし，市場経済が本来の道筋から外れているように見えるとしたら，その原因は何なのか，そして，どのようにしたら，市場を本来の姿に戻すことができるのか。それをわれわれは，経済学の知見に基づいて考えていかなければならない。取り組むべき課題は山のようにあり，時間的な

---

[6] 経済学では，このように，効率的にして，かつ公平な状態のことを，公正（fair）と表現する。しかし，一般的な議論では，フェア・プレイになぞらえて，競争条件が同等であることを公正と表現するものが多い。これは，かならずしも経済学的な意味での「公正」ではないので，注意する必要がある。

余裕はおそらくあまりない。

　経済に姿・形を与える学問　　しかし，千里の旅も初めの一歩からである。基礎的な準備に十分な時間をかけておけば，困難な旅にも耐えていくことができるだろう。経済学は，目で見ることも，手で触れることもできない「経済」という対象に，思考可能な姿と形を与えていく学問である。読者のみなさんが，日ごろの生活経験を理論的に考え，批判的に探究するための手がかりとして，経済学が少しでも役に立つことができれば，筆者としてこれに勝る喜びはない。

　確認問題 13-4　　図 13-5 をもとに，均等配分から始められたものではないパレート効率点では，羨望状態が生じうることを図を使って示せ。

第13章 練習問題

問題 I 次の文章が正しければ○，誤りであれば×をつけなさい。

1. 一方を不利にすることなく，他方を有利にするような資源配分をパレート効率という。
2. 一方を不利にすることなしには，他方を有利にすることができない状態を，パレート効率という。
3. パレート効率になれば，誰も不公平感を感じない。
4. 無差別曲線の交点から接点への移動は，かならずパレート改善をもたらす。
5. 厚生経済学の第1定理とは，競争均衡はパレート効率であるというものである。
6. 厚生経済学の第2定理とは，パレート効率は競争均衡であるというものである。
7. 厚生経済学の第1定理と厚生経済学の第2定理は，同じことを言っている。
8. 均等配分は無羨望基準を満たす。
9. 均等配分はパレート効率である。

問題 II 次の文章に描かれている状況を，ボックス・ダイアグラムを使って表しなさい。

Aさんは，第1財を6個，第2財を10個持っており，Bさんは，第1財を18個，第2財を2個持っていた。当初，Aさんは，Bさんの状態に羨望を感じることはなかった。BさんはAさんと物々交換することを強く求め，Aさんの満足度は変わらないが，Bさんの満足度があがるような交換が成立した。ところがその結果，AさんはBさんの状態に，いままでにない羨望を感じるようになった。

問題 III AさんとBさんに，2つの財の初期保有量を均等配分で与えたものとしよう。均等配分された数量をそれぞれ (O_1, O_2) とし，2財の価格を (P_1, P_2) としよう。均等配分を受けた後，AさんとBさんは交換によってパレート効率点へ移動し，2人の持ち分はそれぞれ，Aさんは (X_1^A, X_2^A)，Bさんは (X_1^B, X_2^B) になったものとしよう。このとき，AさんがBさんに羨望を抱くことはありえないことを証明しなさい。

〔ヒント〕 (X_1^A, X_2^A) の組み合わせは，Aさんの予算内で，Aさんの効用を最大にする組み合わせのはずだから，それでもAさんがBさんに羨望を抱くとしたら，それはBさんの組み合わせが，Aさんの予算では買えなかったことを意味する。それがありえないことを示せれば，AさんがBさんに羨望を抱くこともありえないことになる。

参考文献

　本書を読み終えた後，さらにミクロ経済学の学習をすすめるうえで，有益な本を何冊か紹介する。もちろん，これ以外にも読むべき本はたくさんある。読者は，1冊でも2冊でもいいので，ぜひ，読んでみてほしい。

【本書より少しやさしいテキスト】
伊藤元重『ミクロ経済学（第2版）』日本評論社，2003年
伊藤元重『はじめての経済学（上・下）』日経文庫，2004年
N. G. マンキュー『マンキュー経済学Ⅰ・ミクロ編（第3版）』東洋経済新報社，2013年
J. E. スティグリッツ・C. E. ウォルシュ『ミクロ経済学（第4版）』東洋経済新報社，2013年

【本書とほぼ同レベルのテキスト】
西村和雄『ミクロ経済学（第3版）』岩波書店，2011年
奥野正寛『ミクロ経済学入門』日経文庫，1990年
奥野正寛（編著）『ミクロ経済学』東京大学出版会，2008年
H. R. ヴァリアン『入門ミクロ経済学（原著第9版）』勁草書房，2015年
多和田眞『コア・テキストミクロ経済学』新世社，2005年
柳川隆・町野和夫・吉野一郎『ミクロ経済学・入門（新版）』有斐閣アルマ，2015年
R. S. ピンダイク・D. L. ルビンフェルド『ミクロ経済Ⅰ・Ⅱ』中経出版，2014年

【中級テキスト】
奥野正寛・鈴村興太郎『ミクロ経済学Ⅰ・Ⅱ』岩波書店，1985-88年
塩澤修平・石橋孝次・玉田康成（編著）『現代ミクロ経済学：中級コース』有斐閣，2006年

【少し角度を変えてミクロ経済学を考える】
杉本栄一『近代経済学の解明（上・下）』岩波文庫，1981年
井上義朗『コア・テキスト経済学史』新世社，2004年
井上義朗『二つの「競争」：競争観をめぐる現代経済思想』講談社現代新書，2012年

問題解答

第1章
【確認問題解答】
1-1 配分は allocation、分配は distribution。経済学では、配分は「資源配分」などのように、何かの活動を始めるために、資源などを「あてがう」という趣旨で、分配は「所得分配」などのように、その活動の成果を皆で「分け合う」という趣旨で、それぞれ使われることが多い。

1-2 略

1-3 略

【練習問題解答】
問題 I
1. 協業 2. (　　) の順に、ミクロ、マクロ
3. 合成の誤謬 4. 限界革命 5. (イギリスの) ジェヴォンズ、(フランスの) ワルラス、(オーストリアの) メンガー 6. (ワルラスから始まるのが) ローザンヌ学派、(メンガーから始まるのが) オーストリア学派、(マーシャルから始まるのが) ケンブリッジ学派 7. (ローザンヌ学派は) 一般均衡理論、(ジェヴォンズの系統は) 資源配分論または最適配分論 8. 新古典派経済学
9. J.S.ミル 10. 資本蓄積論

問題 II
ひとつの企業が賃金を引き下げた場合、その企業の利潤は増加するだろう。しかし、賃金引き下げがいっせいに行われると、経済全体の購買力が低下する結果、企業の売上が減り、利潤も減って、景気は全体的に悪化する可能性がある。

問題 III　略

第2章
【確認問題解答】
2-1 P_c から水平線を引き、需要量と供給量を比べると、P_a のときとは逆に、供給量よりも需要量の方が多くなる。これを超過需要という。超過需要は品不足の状態を意味するので、価格が全体的に上昇を始め、やがて均衡価格 P_e にもどる。

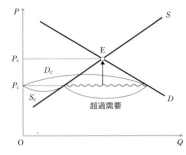

2-2 ① P_b' から水平線を引き、需要量と供給量を比べると、P_b' の下で現れるのは超過供給になるから、価格はさらに低下してしまい、均衡点から、ますます遠ざかってしまう。

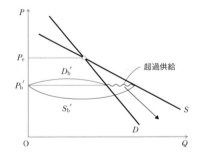

② 図参照。

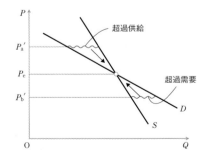

2-4 図参照。

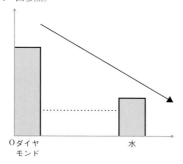

【練習問題解答】

問題 I

1. 代替財　2. 補完財　3.（　）の順に，超過供給，超過需要　4. 効率的　5. 効用　6. 限界効用　7. 追加的　8. 逓減　9.（　）の順に，総効用，総和
10. 「違う」に○

問題 II

1. 図参照。

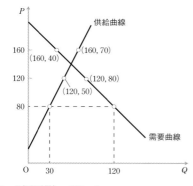

2. Q（需要量）$= 200 - P$
   Q（供給量）$= -10 + 0.5P$
3. 均衡価格 $= 140$，均衡数量 $= 60$
4. 超過需要 $= 60$

第3章

【確認問題解答】

3-2　パンの価格が 4,000 円になると，4 個目を買っても損失は発生しないので，トピア君は 4 個目も買おうとする。しかし，5 個目を買ってしま

うと，5 個目の（金額表示の）限界効用は 4,000 円よりも小さいので，損失を発生させてしまう。したがって，トピア君は，価格（4,000 円）と（金額表示の）限界効用が等しくなる 4 個で，需要量を決定する。

3-3　① 略
② 図参照。

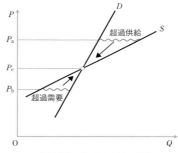

需要曲線の方が傾きが急な場合

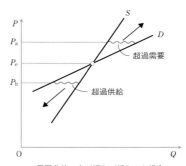

需要曲線の方が傾きが緩やかな場合

3-5　消費者は，同じ 1 円を使うなら，1 円当たりの限界効用が高いジャガイモを買った方が得だと考え，トマトの購入量を減らし，浮いたお金をジャガイモの購入に回して，ジャガイモの購入量を増やそうとする。その結果，ジャガイモの限界効用は低下し，トマトの限界効用は（購入量を減らした結果）上昇して，やがて（3-6）式に到達し均衡を回復する。

【練習問題解答】

問題 I

1. 効用価値論 → 無差別曲線論 → 顕示選好論
2. （　）の順に，限界効用，価格
3. 限界効用逓減の法則　4. 集計
5. （　）の順に，限界効用，価格

問題Ⅱ

答：ミカン8個，リンゴ7個，パン4個
解説：加重限界効用均等法則を使って解答する。まず，各財の限界効用をそれぞれの価格で割り算して，加重限界効用の表を作成すると，次表のようになる。

数量	ミカン	リンゴ	パン
1	11	10	7.4
2	10	9	7.2
3	9.5	8.25	7
4	9	7.75	6.5
5	8.2	7.5	6
6	7.8	7	5.6
7	7	6.5	5
8	6.5	5	4.8
9	5	4	4.6

加重限界効用が等しくなる組み合わせは，(ミカン，リンゴ，パン) ＝① (7個，6個，3個)，② (8個，7個，4個)，③ (9個，8個，7個) の3通りある。問題文は，購入金額の合計が3,400円になることを求めているから，それぞれの購入金額を求めると，①2,800円，②3,400円，③4,600円になるので，問題の条件を満たすのは②であることがわかる。

問題Ⅲ

答：3.
解説：
1. (3-4)，(3-6) 式を見れば，P_a が P_b の2倍であれば，MU_a も MU_b の2倍でないと，等式が成立しないことがわかる。ゆえに，この文章は正しい。
2. 同じく，P_a の値が2倍になったら，MU_a の値も2倍にならないと，等式が保てなくなる。ゆえに，この文章は正しい。
3. 限界効用逓減の法則から，限界効用を高めるには，需要量の減少が必要であるとはいえるが，限界効用と需要量が比例関係にあるとは限らないので，一般的にこのようには言えない。

補論

【確認問題解答】
補-1 図補-1における消費者余剰の大きさは，3個までの（金額表示の）限界効用－3個の支払代金となる。3個までの（金額表示の）限界効用 ＝1,000＋800＋600＝2,400円，3個の支払代金は 600×3＝1,800円なので，差し引き，2,400－1,800円＝600円になる。
一方，単純に総効用を最大にすると，それは5個全部を買った場合だから，その場合の総効用は（金額表示で）1,000＋800＋600＋400＋200＝3,000円。他方で，リンゴを5個買ったときの支払代金は 600×5＝3,000円。したがって，この場合の消費者余剰は，(金額表示の) 総効用－支払金額＝3,000円－3,000円＝0となって，明らかに，消費者余剰の最大値を下回る。

補-2 限界効用

補-3 $\lim_{x_B \to x_A} \dfrac{y_B - y_A}{x_B - x_A}$

補-4 ① $y = (2x+3)(2x+3)$ を合成関数と見なして（補-10）を適用すると，
$$y' = (2x+3)'(2x+3) + (2x+3)(2x+3)'$$
$$= 2(2x+3) + (2x+3)2$$
$$= 4x+6+4x+6$$
$$= 8x+12$$

② 円の面積 (S) の公式：$S = \pi r^2$
円周 (L) の公式：$L = 2\pi r$
半径がほんの少しだけ大きくなると，円の面積は，円周とほぼ同じ大きさだけ大きくなる。ということは，円の面積を半径で微分すると，それすなわち，円周の大きさになるはずである。じっさいに，円の面積を半径で微分すると，
$$\dfrac{dS}{dr} = \dfrac{d(\pi r^2)}{dr} = 2\pi r$$
となって確かめられる。

同様に，球の半径がほんの少しだけ大きくなると，球の体積は，その表面積分だけ大きくなる。したがって，球の体積を半径で微分すると，球の表面積になる。

球の体積 (V) の公式：$V = \dfrac{4}{3}\pi r^3$

球の表面積 (S_V) の公式：$S_V = 4\pi r^2$

$$\dfrac{dV}{dr} = \dfrac{d\left(\dfrac{4}{3}\pi r^3\right)}{dr} = 3 \times \dfrac{4}{3}\pi r^{3-1} = 4\pi r^2$$

補-5 総効用関数が次第になだらかになっていくということは，総効用関数の接線の傾きが次第に小さく（緩やかに）なっていくことを意味する。

総効用関数の接線の傾きは限界効用を表す。限界効用は逓減していくので，その大きさは次第に小さくなっていく。これが，総効用関数が次第になだらかになっていくことの理由である。

【練習問題解答】

1. $\dfrac{dy}{dx} = -2x$ 2. $\dfrac{dy}{dx} = 6x + 5$

3. $\dfrac{dy}{dx} = 10x - 6$ 4. $\dfrac{dy}{dx} = 24x - 15$

5. $\dfrac{dy}{dx} = -30x + 35$ 6. $\dfrac{dy}{dx} = x$

7. $\dfrac{dy}{dx} = 6x^2 + 6x + 4$ 8. $\dfrac{dy}{dx} = 9x^2 - 4x + 5$

9. $\dfrac{dy}{dx} = x^2 - x + 1$

10. $\dfrac{dy}{dx} = 10x^4 + \dfrac{4}{3}x^3 - 6x$

11. $\dfrac{dy}{dx} = 6ax^2 + 3b$ 12. $\dfrac{dy}{dx} = \dfrac{3b}{a}x - \dfrac{a}{3b}$

13. $\dfrac{dy}{dx} = 24x^3 - 12x^2 - 26x - 27$

14. $\dfrac{dy}{dx} = \dfrac{5}{2}x^4 - (4a+4)x^3 + \left(6a + \dfrac{3}{2}\right)x^2 - ax - a^2$

15. $\dfrac{dy}{dx} = 16x^3 + 72x^2 - 88x - 240$

解説：$u = (x+5)$, $v = (2x-4)$ として，合成関数と鎖法則の両方を使う。
$y = u^2 v^2$ となるので，
$y' = 2uu'v^2 + u^2 2vv'$
$\dfrac{dy}{dx} = 2u\dfrac{du}{dx}v^2 + u^2 2v\dfrac{dv}{dx}$
$= 2(x+5) \cdot 1 \cdot v^2 + u^2 2(2x-4) \cdot 2$
$= 2(x+5)(2x-4)^2 + 4(2x-4)(x+5)^2$
$= 2(x+5)(2x-4)((2x-4) + 2(x+5))$
$= 2(x+5)(2x-4)(4x+6)$
$= 8(x+5)(x-2)(2x+3)$

ここで止めてもよいが，展開すれば，答の式になる。

16. $\dfrac{dy}{dx} = 6x(x^2-2)^2(x^3+3)(2x^3 - 2x + 3)$

17. $\dfrac{dy}{dx} = 187x(3x^3 + 2x^2 + 3)^{186}(9x + 4)$

18. $\dfrac{dy}{dx} = 24x^2 + 80x + 68$

解説：$u = (2x+3)$ とすれば，
$y = u^3 + u^2 + u$
$y' = 3u^2 u' + 2uu' + u'$
$= 3(2x+3)^2 \cdot 2 + 2(2x+3) \cdot 2 + 2$
$= 6(2x+3)^2 + 4(2x+3) + 2$

これを展開すれば答の式を得る。

19. $\dfrac{dy}{dx} = 48x^5 + 120x^4 + 144x^3 + 96x^2 + 32x + 4$

解説：18. と同様にして解く。

20. $\dfrac{dy}{dx} = 3a^2(ax+b)^2 + 2ab(ax+b)$

解説：合成関数の微分として解く。少し慣れてきたら，その都度，$u = \cdots$ とせずに，ちょくせつ微分できるようにする。
$y = a(ax+b)^3 + b(ax+b)^2$
$y' = 3a(ax+b)^2 \cdot a + 2b(ax+b) \cdot a$
$= 3a^2(ax+b)^2 + 2ab(ax+b)$

これをさらに展開して，（ ）のない式にしてもよい。

21. $\dfrac{dy}{dx} = 4(x-1)^3 + 2(x-1)$

解説：問題の式のまま，合成関数の微分として計算してもよいが，
$x^2 - 2x + 1 = (x-1)^2$
なので，これを使って計算をさらに簡単にする。
$y = (x^2 - 2x + 1)^2 + (x^2 - 2x + 1)$
$= (x-1)^4 + (x-1)^2$
$\dfrac{dy}{dx} = 4(x-1)^3 \cdot 1 + 2(x-1) \cdot 1$
$= 4(x-1)^3 + 2(x-1)$

これをさらに展開して，（ ）のない式にしてもよい。

22. $\dfrac{dy}{dx} = -\dfrac{1}{x^2}$

解説：$y = \dfrac{1}{x} = x^{-1}$ として，普通に微分すればよい。
$\dfrac{dy}{dx} = (-1) \cdot x^{-1-1} = -\dfrac{1}{x^2}$

23. $\dfrac{dy}{dx} = -\dfrac{2}{x^3}$ 24. $\dfrac{dy}{dx} = \dfrac{2}{x^3}$

25. $\dfrac{dy}{dx} = -\dfrac{15}{x^4} + \dfrac{1}{2\sqrt{x}}$

問題解答

解説：$y = \dfrac{5}{x^3} + \sqrt{x} = 5x^{-3} + x^{\frac{1}{2}}$ として計算する。

$$\dfrac{dy}{dx} = (-3) \cdot 5 \cdot x^{-3-1} + \dfrac{1}{2} x^{\frac{1}{2}-1}$$

$$= -15x^{-4} + \dfrac{1}{2} x^{-\frac{1}{2}}$$

$$= -\dfrac{15}{x^4} + \dfrac{1}{2\sqrt{x}}$$

26. $\dfrac{dy}{dx} = \dfrac{19}{(2x+5)^2}$

解説：$y = \dfrac{3x-2}{2x+5} = (3x-2)(2x+5)^{-1}$ として計算する。

$$y' = 3(2x+5)^{-1} + (-1)(3x-2)(2x+5)^{-2} \cdot 2$$

$$= \dfrac{3(2x+5) - 2(3x-2)}{(2x+5)^2} = \dfrac{19}{(2x+5)^2}$$

27. $\dfrac{dy}{dx} = \dfrac{f'(x)g(x) - f(x)g'(x)}{g^2(x)}$

解説：$y = \dfrac{f(x)}{g(x)} = f(x) \cdot g^{-1}(x)$ として，これまで通りに計算する。

$$y' = f'(x) \cdot g^{-1}(x) + f(x) \cdot (g^{-1}(x))'$$

$$= \dfrac{f'(x)}{g(x)} - f(x) \cdot g^{-2}(x) \cdot g'(x)$$

$$= \dfrac{f'(x)}{g(x)} - \dfrac{f(x) \cdot g'(x)}{g^2(x)}$$

$$= \dfrac{f'(x) \cdot g(x) - f(x) \cdot g'(x)}{g^2(x)}$$

28. $\dfrac{dy}{dx} = 4(2x+5)(3x-4)(x+4)(9x^2+31x+4)$

解説：$(2x+5)^2 = u$, $(3x-4)^2 = v$, $(x+4)^2 = w$ とする。そうすると，

$$y = (2x+5)^2(3x-4)^2(x+4)^2 = uvw$$

となる。さらに，$uv = z$ とすれば，$y = zw$ になるから，$y' = z'w + zw'$

$$y' = z'w + zw'$$
$$= z'(x+4)^2 + (2x+5)^2(3x-4)^2((x+4)^2)'$$
$$= z'(x+4)^2 + 2(2x+5)^2(3x-4)^2(x+4) \quad ①$$

$z = uv$ だから，

$$z' = u'v + uv' = ((2x+5)^2)'(3x-4)^2$$
$$\qquad + (2x+5)^2((3x-4)^2)'$$
$$= 2(2x+5)2(3x-4)^2 + (2x+5)^2 2(3x-4)3$$
$$= 4(2x+5)(3x-4)^2 + 6(2x+5)^2(3x-4)$$

この結果を，①式に代入すれば，

$$y' = 4(2x+5)(3x-4)^2(x+4)^2$$
$$\qquad + 6(2x+5)^2(3x-4)(x+4)^2$$
$$\qquad + 2(2x+5)^2(3x-4)^2(x+4)$$
$$= 4(2x+5)(3x-4)(x+4)(9x^2+31x+4)$$

さらに展開してもよいが，ここまでとする。

29. $\dfrac{dy}{dx} = \dfrac{12(2x+5)(3x-4)(x^2+8x+8)}{(x+4)^3}$

解説：商の公式を適用してもよいが，

$$y = \dfrac{(2x+5)^2(3x-4)^2}{(x+4)^2}$$

$$= \left(\dfrac{(2x+5)(3x-4)}{x+4}\right)^2 \text{なので，}$$

$u = \dfrac{(2x+5)(3x-4)}{x+4}$ として，$y = u^2$ とすれば，計算を簡略化できる。すなわち，

$$\dfrac{dy}{dx} = 2uu'$$

u' の計算に商の公式を適用して，整理すれば，上式を得る。

30. $\dfrac{dy}{dx} = \dfrac{(ax+b)(acx+2ad-bc)}{(cx+d)^2}$

第4章

【確認問題解答】

4-1 固定費：2500，原材料単価：20，賃金：45，財の価格：100

4-2 図参照。

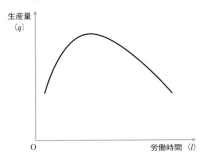

4-3 図参照。

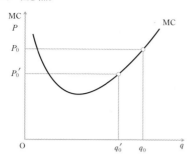

第5章

【確認問題解答】

5-1 (1) 図参照。

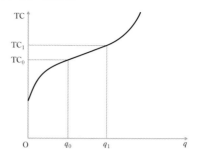

【練習問題解答】

問題 I
1. 総費用　2. 人件費　3. 変動費　4. 限界生産力　5. 限界費用　6. 限界費用　7. 生産者余剰　8. 供給量　9. 平均費用　10. 変動費総額

問題 II
1. b.　2. b.　3. b.　4. a.　5. b.　6. b.
7. b.　8. a.

問題 III
1. $\dfrac{d\pi}{dq} = P - \left(u + w\dfrac{dl}{dq}\right) = 0$

解説：最大化条件は，利潤関数を生産量で微分し，イコール 0 と置くことで得られる。

2. $u + w\dfrac{dl}{dq}$ の部分

3. 1. の条件は，次式のように変形される。

$P = u + w\dfrac{dl}{dq}$

この式の左辺が価格，右辺が限界費用を表すから，価格＝限界費用の関係を確認できる。

4. 生産者余剰最大化は，この式を q で微分してゼロと置くことで得られる。

$\dfrac{d(PS)}{dq} = P - \left(u + w\dfrac{dl}{dq}\right) = 0$

この式は，1. の利潤最大化条件式と同じである。

5-1 (2) 固定費：25

限界費用関数：$\dfrac{dC}{dq} = 6q^2 - 6q + 4$

5-1 (3) 平均費用関数：$\dfrac{C}{q} = 2q^2 - 3q + 4 + \dfrac{25}{q}$

5-1 (4) 略

5-2 (1) 図参照。

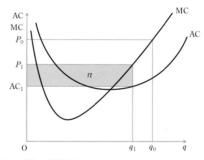

5-2 (2) 図参照。

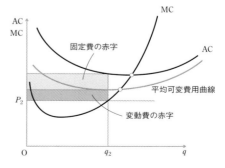

【練習問題解答】

問題 I
1. 限界費用 2. 平均費用 3. 接線 4. 最低点 5. 損益分岐点 6. 操業停止点

問題 II
1. $AC(q) = q^2 - 3q + 6$
2. $MC(q) = 3q^2 - 6q + 6$
3. $q = 4$

解説：$P = MC$ を使って解く。
$$30 = 3q^2 - 6q + 6$$
$$q^2 - 2q - 8 = 0$$
$$(q-4)(q+2) = 0$$
$q = -2,\ 4$　$q > 0$ より，$q = 4$ を得る。

4. 利潤 = 80

解説：$P = 30$, $q = 4$ より，売上金額は，
$$P \times q = 30 \times 4 = 120$$
$q = 4$ のときの平均費用は，1. の式に $q = 4$ を代入して，
$$AC(4) = 4^2 - 3 \times 4 + 6 = 10$$
したがって，
$$TC(4) = AC(4) \times q = 10 \times 4 = 40$$
ゆえに，
$$\pi = Pq - TC = 120 - 40 = 80$$

問題 III
1. 利潤 = 72

解説：まず，限界費用関数と平均費用関数を求める。
$$MC(q) = q^2 - 4q + 6$$
$$AC(q) = \frac{1}{3}q^2 - 2q + 6$$
次に，$P = MC$ の関係を使って，供給量を求める。
$$18 = q^2 - 4q + 6$$
$$q^2 - 4q - 12 = 0$$
$$(q-6)(q+2) = 0$$
$q = 6, -2$ となるが，$q > 0$ から，$q = 6$
$q = 6$ のときの売上金額は，
$$価格 \times 供給量 = 18 \times 6 = 108$$
$q = 6$ のときの平均費用は，
$$AC(6) = \frac{1}{3} \times 6^2 - 2 \times 6 + 6 = 12 - 12 + 6 = 6$$
したがって，総費用は，
$$平均費用 \times 供給量 = 6 \times 6 = 36$$
利潤 = 売上金額 - 総費用 だから，
$$利潤 = 108 - 36 = 72$$

2. 利潤 $= -\dfrac{8}{3}$（赤字）

解説：1. と同じ手続きで解く。
$P = MC$ を使って，
$$q^2 - 4q + 6 = 2$$
$$(q-2)^2 = 0$$
$$q = 2$$
$q = 2$ のときの売上金額は，$2 \times 2 = 4$
$q = 2$ のときの平均費用は，
$$AC(2) = \frac{1}{3} \times 2^2 - 2 \times 2 + 6 = \frac{10}{3}$$
したがって，総費用は
$$\frac{10}{3} \times 2 = \frac{20}{3}$$
ゆえに，利潤は，
$$4 - \frac{20}{3} = -\frac{8}{3}$$

3. $P = 3$

解説：損益分岐点で，平均費用曲線と限界費用曲線は交わる。このことから，
$$AC(q) = MC(q) : \frac{1}{3}q^2 - 2q + 6 = q^2 - 4q + 6$$
$$\frac{2}{3}q^2 - 2q = 0$$
$q = 0, 3$　$q > 0$ より，$q = 3$
$q = 3$ のとき，$AC(3) = MC(3) = 3$
この値が損益分岐点の価格になる。

4. この企業には固定費がないので，平均費用曲線と，平均可変費用曲線は，同じものになる。したがって，損益分岐点と操業停止点は一致する。

問題 IV
1. $MC(q) = \dfrac{dC}{dq} = u$　　図参照。

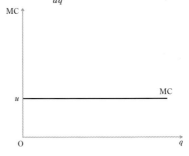

2. $AC(q) = \dfrac{C}{q} = u + \dfrac{v}{q}$　図参照。

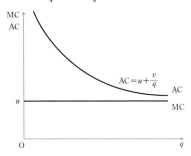

3. 図参照。

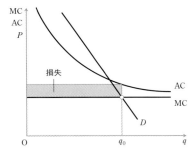

解説：需要曲線と限界費用曲線の交点で，価格（＝限界費用）と生産量を決定しようとすると，限界費用よりも，平均費用の方が大きいために，影をつけた部分が，利潤ではなく赤字（負の利潤）として実現することになる。

第6章

【確認問題解答】

6-1　図参照。

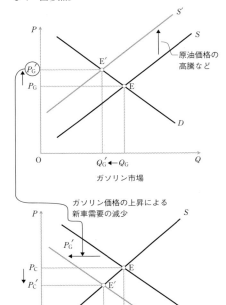

6-2　超特価セールをしている店が遠く，時間や交通費がかかる（条件⑤が満たされない），超特価製品が，他社製品とくらべて品質等に劣る（条件③が満たされない），など。

6-3　図参照。

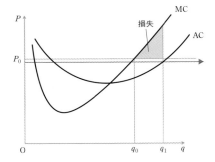

解説：価格を P_0 よりほんのわずかでも引き下げれば，無限大の需要増加を得られるが，生産量を増加させれば，同時に限界費用も増加する。その結果，q_0 以降（P_0 よりも低い価格であれば，それよりわずかに手前の生産量以降）では，限界費用が価格を超過してしまうので，生産量を増やせば増やすほど，損失が大きくなる。ゆえに，完全競争下の企業は，無限大の需要に直面していても，価格＝限界費用となる生産量を超える生産を行おうとはしないのである。

【練習問題解答】

 問題 I

1. シフト　2. 右方または下方　3. 減少
4. 増加　5. 資源移動の無費用性　6. 参入
7. 水平　8. ゼロ　9. 平均費用曲線
10. 最小最適規模

 問題 II

答：価格 $= 10$，生産量 $= 6$

解説：完全競争市場下における長期均衡では，各企業とも，最小最適規模を実現する。最小最適規模は平均費用曲線の最低点，または平均費用曲線と限界費用曲線との交点として与えられる。ここでは，後者に従って，解答を記す。

平均費用曲線：$\mathrm{AC}(q) = \dfrac{1}{2}q^2 - 6q + 28$

限界費用曲線：$\mathrm{MC}(q) = \dfrac{3}{2}q^2 - 12q + 28$

$\dfrac{1}{2}q^2 - 6q + 28 = \dfrac{3}{2}q^2 - 12q + 28$

$q^2 - 6q = 0$

$q(q-6) = 0$ より，$q = 0, 6$ ただし，$q > 0$ だから，$q = 6$

価格は，$q = 6$ のときの限界費用に等しいので，

$P = \mathrm{MC}(6) = \dfrac{3}{2} \times 6^2 - 12 \times 6 + 28 = 10$

 問題 III

1. $\mathrm{AC}(q) = aq^2 + bq + c$
   $\mathrm{MC}(q) = 3aq^2 + 2bq + c$

2. $q_e = -\dfrac{b}{2a}$

解説：問題 II に従う。

$aq^2 + bq + c = 3aq^2 + 2bq + c$
$2aq^2 + bq = 0$
$q(2aq + b) = 0$

$q > 0$ より，$q = -\dfrac{b}{2a}$

3. a：限界費用曲線の形状から，$a > 0$

b：$a > 0$ とすると，1. の $q = -\dfrac{b}{2a}$ が正値となるためには，$b < 0$

c：$q = -\dfrac{b}{2a}$ の時の価格（＝限界費用）を求めると，

$P = \dfrac{-b^2 + 4ca}{4a} > 0$

$a > 0$ より，$P > 0$ となるためには，
$c > 0$

第 7 章

【確認問題解答】

7-1　価格が限界費用を上回る部分の合計

7-2　$P' = (1 + \tau)\mathrm{MC}$　税率については，図参照。

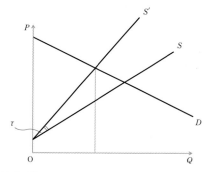

7-3　略

7-4　図参照。

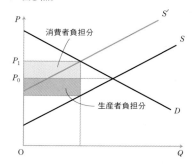

【練習問題解答】
問題Ⅰ
1．社会的余剰　2．死重的損失または超過負担
3．従価税　4．規模の経済性または収穫逓増
5．規模に関する収穫逓増　6．収穫一定　7．非排除性　8．公共財　9．外部不経済または負の外部性　10．課税

問題Ⅱ　略
問題Ⅲ　図参照。

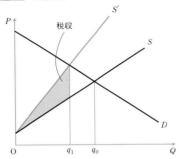

第8章
【確認問題解答】

$$8\text{-}1\quad e = \left| \dfrac{\dfrac{\Delta Q}{Q}}{\dfrac{\Delta P}{P}} \right| = \left| \dfrac{\dfrac{100}{500}}{\dfrac{100}{1000}} \right| = \left| \dfrac{0.2}{0.1} \right|$$

$$= 2.0$$

$$8\text{-}2\quad e = \left| \dfrac{\dfrac{\Delta Q}{Q}}{\dfrac{\Delta P}{P}} \right| = \left| \dfrac{\dfrac{P}{Q}}{\dfrac{\Delta P}{\Delta Q}} \right| =\text{を使う。まず}$$

$Q = 600 - \dfrac{1}{2}P$ を $P = \cdots$ の式に直す。

$P = 1200 - 2Q$

この式から，$\left| \dfrac{\Delta P}{\Delta Q} \right| = 2$ となる。

あとは，各 P の値に対応する Q の値を求めて，弾力性の公式に代入すればよい。

$P = 800$ のとき，$Q = 200$
$P = 600$ のとき，$Q = 300$
$P = 400$ のとき，$Q = 400$

そうすると，

$$P = 800 \text{ のとき，} e = \left| \dfrac{\dfrac{800}{200}}{2} \right| = 2$$

$$P = 600 \text{ のとき，} e = \left| \dfrac{\dfrac{600}{300}}{2} \right| = 1$$

$$P = 400 \text{ のとき，} e = \left| \dfrac{\dfrac{400}{400}}{2} \right| = 0.5$$

【練習問題解答】
問題Ⅰ
1．（　）の順に，価格，需要量　2．（　）の順に，税収，税率　3．（　）の順に，所得，需要量　4．弾力的　5．非弾力的　6．無限大
7．ゼロ　8．緩やかな　9．1　10．消費者

問題Ⅱ
1．超過負担＝50
解答：需要曲線，供給曲線は，通常 $Q = \cdots$ の形で与えられるが，図に描くときは，価格（P）を縦軸にとるのが一般だから，まず，$P = \cdots$ の形に直してから，解答を始める。

　需要曲線：$P = 1200 - 2Q$
　供給曲線：$P = -400 + 2Q$

この式から，課税前の均衡点は，$P = 400$，$Q = 400$ と求められる。
そこに従量税20が課せられる。これは供給曲線に加わる形になるから，課税後は，

　需要曲線：$P = 1200 - 2Q$
　供給曲線：$P = -400 + 2Q + 20 = -380 + 2Q$

になる。課税後の均衡点を求めると，$P = 410$，$Q = 395$ になる。
超過負担は，従量税率×均衡数量の減少分×1/2 になるので，これを計算すると，

$20 \times 5 \times 1/2 = 50$

2．需要の価格弾力性 $= \dfrac{1}{2}$

解説：需要の価格弾力性

$$= \left| \dfrac{\dfrac{\Delta Q}{Q}}{\dfrac{\Delta P}{P}} \right| = \left| \dfrac{\dfrac{P}{Q}}{\text{需要曲線の傾き}} \right|$$

問題解答　271

需要曲線の傾き $= -2$

課税前の均衡点における $\dfrac{P}{Q} = \dfrac{400}{400} = 1$

したがって，$= \left| \dfrac{\dfrac{P}{Q}}{需要曲線の傾き} \right| = \left| \dfrac{1}{-2} \right|$

$= \dfrac{1}{2}$

3. 消費者帰着分 $= 10$，生産者帰着分 $= 10$

解説：課税前の均衡価格は，$P = 400$，課税後の均衡価格は $P = 410$。したがって，消費者帰着分は $410 - 400 = 10$，生産者帰着分は，これを税額 20 から引く。したがって 10。

問題 III 図参照。

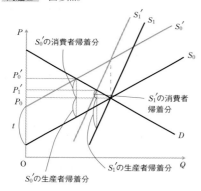

第9章

【確認問題解答】

9-2 表 9-1 で，Q を 11 万個から 12 万個に増やす時，価格は 1 個 95 円から 90 円に値下げする。そうすると，まず，90 円で 1 万個増産することから 90 万円の追加収入が発生するが，5 円の値下げは 11 万個についても適用されるので，5 円 × 11 万個の減収分をそこから差し引かなくてはならない。ゆえに，

90 万円 $-$ (5 円 × 11 万個) $= 35$ 万円

12 万個から 13 万個に増やすときも同様に，

85 万円 $-$ (5 円 × 12 万個) $= 25$ 万円

になる。

9-4 略

【練習問題解答】

問題 I

1. 限界収入 2. ( ) の順に，切片，2 倍
3. 価格 4. 限界費用 5. 1 6. ナッシュ均衡
7. 逆向き推論法，または，後ろ向き帰納法
8. 無限回繰り返しゲーム

問題 II

1. $\mathrm{MC}(Q) = 20$

$\mathrm{AC}(Q) = 20 + \dfrac{500}{Q}$

$\mathrm{MR}(Q) = 100 - 4Q$

下図参照。

2. 価格 $= 60$，生産量 $= 20$　下図参照。

解説：生産量は限界収入と限界費用が等しくなるところで決まるから，

$\mathrm{MR}(Q) = \mathrm{MC}(Q)$

$100 - 4Q = 20$

$Q = 20$

$Q = 20$ を需要関数に代入すれば，$P = 60$ を得る。

3. 独占利潤 $= 300$　図参照。

解説：利潤は完全競争の場合も，独占の場合も，利潤 $=$ (価格 $-$ 平均費用) $\times$ 生産量で求められるので，ここでは，平均費用の値を知る必要がある。$Q = 20$ のときの平均費用は，

$\mathrm{AC}(20) = 20 + \dfrac{500}{20} = 45$

したがって，

利潤 $= (60 - 45) \times 20 = 300$

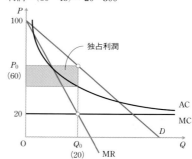

問題 III

1. $(A, B) = (a, b)$

A \ B	a	b
a	②, 1	①, ②
b	1, 0	0, ①

2. (A, B) = (a, a), (b, b)

A＼B	a	b
a	③, ②	1, 1
b	1, 1	②, ③

3. (A, B) = (b, c)

A＼B	a	b	c
a	0, 5	6, 7	5, ⑧
b	②, 4	⑦, 4	⑥, ⑤
c	1, 3	5, 0	4, ④

第10章

【確認問題解答】

10-1　本のページ数は基数。本の章を表す数値は序数。ただし，章の数（全10章など）は基数。

10-2　$\left|\dfrac{-1}{2}\right| = \dfrac{1}{2}$

10-3　$X_1 \cdot X_2 = 40$ で，$X_1 = 2$ であれば，$X_2 = 20$ になる。

解説：限界代替率は，無差別曲線の接線の傾きの絶対値であり，接線の傾きは微分で求めることができるから，無差別曲線の式を，まず，$X_2 = \cdots$ の形になおし，これを X_1 で微分する。その結果，求められるのは，無差別曲線の接線の傾きなので，X_1 の値を指定してあげれば，その時の具体的な接線の傾きが求められるので，その絶対値をとれば，限界代替率の値が求められる。

$X_2 = \dfrac{40}{X_1}$ なので，これを X_1 で微分すると，

$\dfrac{dX_2}{dX_1} = -\dfrac{40}{X_1^2}$

$X_1 = 2$ をこれに代入すれば，

$\dfrac{dX_2}{dX_1} = -\dfrac{40}{2^2} = -10$

これが接線の傾き（符号がマイナスになっていることを確認せよ）である。これの絶対値をとって，

MRS $= |-10| = 10$

10-4　略

【練習問題解答】

問題 I

1. ○　2. ×　3. ×　4. ×　5. ×　6. ×
7. ○　8. ×

問題 II

1. $X_2 = \dfrac{32}{X_1}$

解説：無差別曲線の関数式は，$U = 32$ として，効用関数を $X_2 = \cdots$ の形に直すことで得られる。

2. MRS $= \left|-\dfrac{32}{X_1^2}\right| = \dfrac{32}{X_1^2}$

解説：限界代替率は，$\left|\dfrac{dX_2}{dX_1}\right|$ だから，1. の関数式を X_1 で微分し，その絶対値をとればよい。

$\dfrac{dX_2}{dX_1} = -\dfrac{32}{X_1^2}$

3. $X_1 = 2$，MRS $= 8$

解説：効用関数の式に，$X_2 = 16$ を代入すると，

$16 X_1 = 32$

$X_1 = 2$

MRS $= \dfrac{32}{X_1^2} = \dfrac{32}{4} = 8$

4. $X_1 = 4$ のとき MRS $= \dfrac{32}{X_1^2} = \dfrac{32}{16} = 2$

ゆえに，MRS は 8 から 2 に低下している。

問題Ⅲ 図参照。

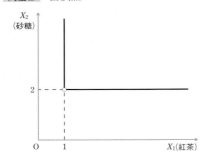

第11章

【確認問題解答】

11-1 予算制約は，$2000 \geq 100X_1 + 50X_2$ なので，これを変形して

$X_2 \leq 40 - 2X_1$

したがって，予算制約の範囲は，図のようになる。

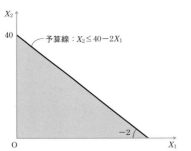

11-2 消費者均衡点において，限界代替率と相対価格は等しい値（絶対値）になるので，

限界代替率（MRS）= 2

11-3 投資の機会がこの3つに限定されているとすれば，このなかでもっとも潜在的な収益率が高いのは，国債の120万円になるから，これが機会費用に該当する。

120万円 /1億円 = 1.2％

他の資産運用による収益率が，この値に及ばなければ，機会費用を償ったとはいえなくなる。

11-4 図参照。

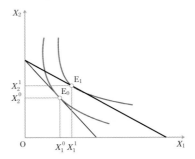

11-5 図参照。

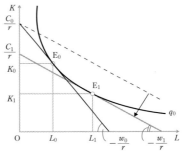

解説：当初の均衡点は E_0。ここから賃金率が w_0 から w_1 へ下落し，r は変わらなかったと仮定する。これにより，等費用線はいったん，図中の点線のような位置になるが，生産量 q_0 を実現するうえでは，（賃金が下がったことによって）全体的に費用を引き下げることができるので，等費用線を，この傾きのまま下方へシフトさせ，再び等量曲線と接するところまで下げる。新しい均衡点は E_1 であり，E_0 と比べると，労働投下量が L_0 から L_1 まで増え，資本投下量は，利子率一定であっても，K_0 から K_1 まで減少している。その結果，総費用は C_0 から C_1 に低下している。

【練習問題解答】

問題Ⅰ

1. 予算線　2. 接点　3. 相対価格　4. 機会費用　5. 傾き　6. 等量曲線　7. 技術的限界代替率　8. 等費用線　9. 生産要素の相対価格　10. 規模に関する収穫一定

問題Ⅱ
1. 図参照。

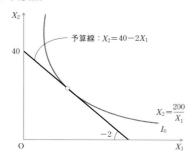

解説：予算線は，予算制約 $100X_1 + 50X_2 = 2000$ より，
$$X_2 = 40 - 2X_1$$
になる。
また，効用関数を無差別曲線の形に改めると，
$$X_2 = \frac{200}{X_1}$$
になる。
無差別曲線が予算線に接するように描くことで，消費者均衡の状態を描くことができる。

2. $X_1 = 10$, $X_2 = 20$
解説：限界代替率＝相対価格の関係を使う。
$$\text{限界代替率(MRS)} = \left| \frac{dX_2}{dX_1} \right| = \left| -\frac{200}{X_1^2} \right|$$
$$= \frac{200}{X_1^2}$$
相対価格（絶対値）＝ 2
$\frac{200}{X_1^2} = 2$ より，
$X_1 = 10 (X_1 > 0)$
ゆえに，$X_2 = 20$

3. $X_1 = 20$, $X_2 = 20$, $U = 400$
解説：まず，新しい予算線はすぐに求められる。
すなわち，
$50X_1 + 50X_2 = 2000$ より，
$X_2 = 40 - X_1$
新しい均衡点における効用関数（無差別曲線）は，差し当たり $X_1 \cdot X_2 = U$ とおく。
この無差別曲線と予算線は 1 点で接する。これは，無差別曲線と予算線の交点が 1 つしかないことを意味する。つまり，予算線から求めた X_2 を，無差別曲線に代入して X_1 を求めたとき，解は 1 つしか出てこないはずである。このことを利用する。
予算線から求めた X_2 を，無差別曲線に代入すると，
$$X_1(40 - X_1) = U$$
$$X_1^2 - 40X_1 + U = 0$$
この式の解が 1 つになるということは，解の判別式が 0 になることを意味する。すなわち，2 次方程式の解の公式によれば，
$$X_1 = 20 \pm \sqrt{20^2 - U}$$
$\sqrt{\ }$ の中が何らかの値をとると，X_1 の値は 2 つになって，予算線と無差別曲線が接するという条件を満たさなくなる。したがって，$\sqrt{\ }$ の中の値は 0 になる。つまり，
$$U = 400$$
である。
ゆえに，$X_1 = 20$ となり，$X_2 = 20$ になる。

問題Ⅲ
1. 図参照。

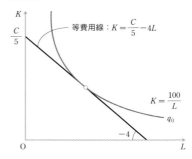

解説：縦軸に K，横軸に L をとる。そうすると，
等費用線は，$K = \frac{C}{5} - 4L$
等量曲線は，$K = \frac{100}{L}$
になる。これを等費用線に等量曲線が接するように描く。

2. 資本＝20 単位，労働力＝5 単位
解説：技術的限界代替率＝生産要素の相対価格の関係から，
$$\text{技術的限界代替率} = \left| \frac{dK}{dL} \right| = \left| -\frac{100}{L^2} \right|$$
$$= \frac{100}{L^2}$$

生産要素の相対価格 = $\left| -\dfrac{w}{r} \right| = |-4| = 4$

$\dfrac{100}{L^2} = 4$

$L^2 = 25$

$L = 5 \quad (L>0)$

$K = \dfrac{100}{L},\ L = 5$ より,

$K = 20$

3. $C = 200$

解説：$C = 5K + 20L$ に $K = 20,\ L = 5$ を代入すれば,
$C = 200$

【確認問題解答】

11-補-1　20

第12章

【確認問題解答】

12-1　図参照。

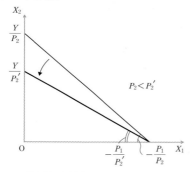

12-2　①，②　図参照。

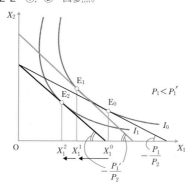

解説：第1財の価格が P_1 から P_1' へと上昇すると，予算線の傾きは急になる。その結果，均衡点は E_0 から E_2 へシフトする。これをスルツキー分解するには，価格が上昇した後の，傾きの急な予算線を平行移動して，元の無差別曲線 I_0 と接する位置にまで戻す。このとき，予算線を上方へシフトさせる理由は，第1財の価格上昇に伴って，実質所得は低下しているので，それをいったん打ち消すためには，所得を引き上げる形をとる必要があるためである。シフトさせた予算線と無差別曲線 I_0 との接点を E_1 とすれば，E_0 から E_1 までが代替効果，E_1 から E_2 までが所得効果ということになる。第1財の需要量でいえば，X_1^0 から X_1^1 までが代替効果，X_1^1 から X_1^2 までが所得効果である。

12-3　図参照。

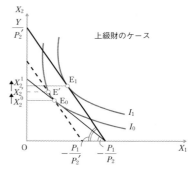

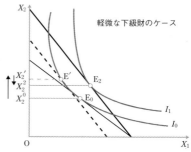

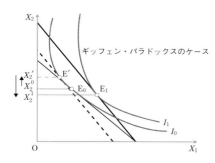

12-4　図参照。

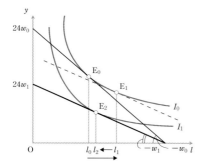

解説：賃金が下落すると，予算線の傾きは緩やかになる（切片の位置も低くなる）。その結果，均衡点は E_0 から E_2 へ移動して，結果的に余暇がより多く選好されるようになり，その分，労働供給が減少することになる。スルツキー分解をすると，E_0 から E_1 にかけての代替効果では，賃金の低下により機会費用が小さくなった（労働しないことの代価が安くなった）余暇が，l_0 から l_1 へと増加しているが，所得の低下を補おうとする所得効果については，l_1 から l_2 へ余暇が減少（労働供給が増加）している。しかし，このケースでは，所得効果が代替効果を上回らなかったため，結果的には，余暇がより多く選好され，その分，労働供給が減少している。

【練習問題解答】
問題 I
1. （　）の順に，傾き，位置　2. （　）の順に，名目，実質　3. 下落　4. 代替効果，所得効果　5. 増加　6. 下級財または劣等財
7. ギッフェン・パラドックス　8. 増加
9. 後方屈折型労働供給曲線　10. 余暇

問題 II　279 ページ末の図参照。
問題 III
1. 図参照。

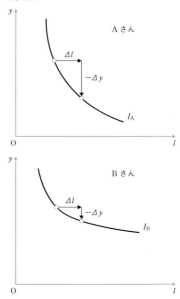

2. 図参照。

解説：A さんは，賃金が上昇しても余暇をあまり減らそうとしない。すなわち，労働量をあまり増やそうとしない。したがって，A さんにおける，労働供給の賃金弾力性は小さい。これに対して，B さんは，賃金が上昇すると余暇を大きく減らし，労働量を大きく増やそうとする。したがって，B さんにおける，労働供給の賃金弾力性は大きい。しかし，両者とも，賃金が高くなるに従い，賃金が労働供給を増加させる力は低下していくことが予想される。すなわち，労働供給の賃金弾力性には逓減の傾向があると予想される。一般的に考えて，初めから弾力性の値が小さければ，それだけ早く弾力性ゼロの状態に（すなわち，労働供給曲線が垂直になる状態）に，到達することが予想される。この推論が正しいとすれば，A さんの方が，B さんよりも，労働供給曲線が後方に屈折しやすいと考えることができる。

第13章

【確認問題解答】

13-1 こちらが欲しいものを相手が持っており、かつ、相手が欲しいものをこちらが持っていること。これを欲望の二重の一致という。

13-2 ① 点A = aから点Dへの移動は、アガソさん、トピア君の両方にとって、効用の改善になる。したがって、これもパレート改善である。ただし、トピア君にとって点Dは、点Cより効用水準が低いので、点A = aから点Dへの移動はパレート改善にはなるが、点Cへ移動する場合ほど、好ましいものではない。アガソさんについても同様のことがいえる。また、いったん点Dに移動したら、そこからのいかなる移動も、トピア君かアガソさんの（あるいは両方の）効用水準をかならず引き下げてしまうので、点Dはパレート効率点である。

② いずれも不可能である。

13-4 図参照。

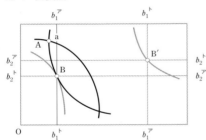

解説：図13-2の点A = aから始めて点Bへ移動した場合を考える。点A = aは明らかに均等配分ではない。点Bはパレート効率点だが、点Bにおけるトピア君とアガソさんの持ち分を、そっくり入れ替えてみると点B′のようになる（トピア君の持ち分を $b_1^{ト}$, $b_2^{ト}$, アガソさんの持ち分を $b_1^{ア}$, $b_2^{ア}$ などと表し、2人の持ち分を取り換えると、点B′になる）。点B′を通過するトピア君の無差別曲線は、明らかに点Bを通過する無差別曲線より上位に位置するので、トピア君は潜在的に、アガソさんの持ち分の方を欲している。つまり、羨望状態になっている。

【練習問題解答】

問題Ⅰ

1. × 2. ○ 3. × 4. × 5. ○ 6. ○
7. × 8. ○ 9. ×

問題Ⅱ 図参照。

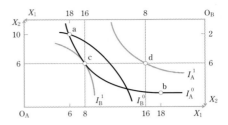

解説：問題文に与えられている最初の状態は、図中の点aで示される。すなわち、Aさんは $(X_1, X_2) = (6, 10)$、Bさんは $(X_1, X_2) = (18, 2)$ という組み合わせを持っている。この組み合わせを、2人のあいだで入れ換えた点が点bである。Aさんにとって、点bは点aを通るのと同じ無差別曲線 I_A^0 上の点だから、AさんはBさんに対して無羨望の状態にある。

次に、Bさんが交換を強く求め、Aさんの満足度は変わらないが、Bさんの満足度があがるような交換とは、たとえば点aから点cへの移動によって示される。これは、2人にとってパレート改善になっている。点cにおいて、Aさんの持ち分は $(X_1, X_2) = (8, 6)$、Bさんの持ち分は $(X_1, X_2) = (16, 6)$ になる。この組み合わせを入れ換えた点が点dである。このとき、点dを通るAさんの無差別曲線は I_A^1 であり、これはAさんにとって I_A^0 よりも効用水準の高い無差別曲線である。したがって、Aさんは、交換後のBさんに羨望を感じている。

つまり、この交換はAさんの効用水準を下げはしないが、それでもAさんは、できることなら、Bさんの持ち分を所有したいと感じているのである。

問題Ⅲ

均等配分された初期保有量の価値は、Aさん、Bさんともに、$P_1 O_1 + P_2 O_2$ で表される。図13-7にあるように、Aさん、Bさんとも、パレート改善の過程では、同じ予算線上の上を移動するだけだから、パレート効率点においても、所有財の価値総額は、初期保有量の価値と同額になる。すなわち、

$$P_1 X_1^A + P_2 X_2^A = P_1 O_1 + P_2 O_2 \qquad ①$$

$$P_1 X_1^B + P_2 X_2^B = P_1 O_1 + P_2 O_2 \qquad ②$$

パレート効率に達している以上，Aさんも，Bさんも，この予算と価格の下では，もっとも効用が高くなる財の組み合わせ選択しているはずである。しかるに，ここでAさんと，Bさんの持ち分を交換した結果，AさんがBさんに羨望を抱くとしたら（つまり，Bさんの組み合わせ (X_1^B, X_2^B) を所有した方が，Aさんの効用を高めるとしたら），その組み合わせは，Aさんには，買うことのできなかった組み合わせでなければならない（そうでなければ，Aさんは (X_1^A, X_2^A) ではなく，(X_1^B, X_2^B) を買っていたはずである）。

「買うことができなかった」ということは，その組み合わせを買おうとすると，予算をオーバーしてしまうということである。では，実際にそうなるかというと，Aさんが，(X_1^B, X_2^B) の組み合わせを買った場合の金額は，$P_1 X_1^B + P_2 X_2^B$ になるが，これが予算オーバーだとすると，次のような関係が成立することになる。

$$P_1 X_1^B + P_2 X_2^B > P_1 O_1 + P_2 O_2 \qquad ③$$

しかし，③は明らかに②に矛盾する。したがって，このような事態，すなわち，均等配分から出発してパレート効率を達成したときに，相互に羨望が残る事態は生じないのである。

第12章．問題Ⅱの解答図

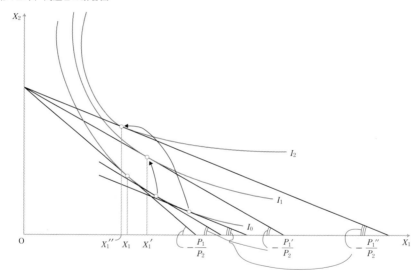

索　引

あ　行

アリストテレス　2

イギリス経験主義　124
1次微分　69
一般均衡理論　9
インフレ　4

ヴィーザー（F. v. Wieser）　9
ウィクスティード（P. H. Wicksteed）　9
後ろ向き帰納法　178

おうむ返し戦略　177
オーストリア学派　9
温暖化　137

か　行

外部経済　138
外部性　138, 139
　　正の——　138
　　負の——　138
外部不経済　138, 139
下級財　230, 231
加重限界効用均等法則　42, 183, 204
寡占　133, 159, 172
価値　22
貨幣　4
貨幣の限界効用　41
環境税　139, 154
間接税　127, 138
完全競争市場　112, 159
完全競争論　160

機会の平等　136
機会費用　214
企業　71
技術革新　111
技術的限界代替率（MRTS）　213, 218

稀少資源の最適配分　9
稀少性　25
基数的効用理論　184, 195
ギッフェン財　231
ギッフェン・パラドックス　231
規模に関する収穫一定　133, 220
規模に関する収穫逓減　133, 220
規模に関する収穫逓増　133, 220
規模の経済性　133, 163, 218, 220
規模の不経済　133
逆向き推論法　178
供給曲線　15, 82, 103
　　一企業の——　102
　　市場全体の——　102
供給の価格弾力性　147
供給量　81
恐慌　7
均衡　37
均衡価格　16
均衡状態　16
均衡数量　16
均衡量　16
近代経済学　8, 32, 71
近代市民社会　113
近代社会　241
均等配分　256
金融　4

クールノー（A. A. Cournot）　161
鎖法則　61, 62
繰り返しゲーム　176
　　無限回——　177
　　有限回——　178

景気　4
経済　1
経済学　2
『経済学原理』　9
『経済学の理論』　7

契約曲線　248
ケインズ（J. M. Keynes）　11
ケインズ経済学　11, 240
ゲーム理論　160, 172, 195
結果の平等　136
限界革命　8
限界原理　7
限界効用　9, 28, 47
　　——逓減　106
　　——逓減の法則　28, 34, 47, 196
限界収入　164
限界生産力　77, 78, 89
　　資本の——　218
　　労働の——　218
限界代替率　193, 203
　　——逓減の法則　193
限界費用　79, 81, 90, 164
　　——曲線　81, 82, 92, 96, 103
　　——逓増　106
原材料費　73, 78, 89
顕示選好理論　33
ケンブリッジ学派　9, 124

項　59
公益主義　196
交換　1, 242
　　——価値　23
公共財　135
公正　258
合成関数　60
厚生経済学の第1定理　252
合成の誤謬　6, 11
行動　176
公平　136
公平性　195
効用　27
効用価値論　25, 33, 182
効率的　18, 120
『国富論』　7
『国民経済学原理』　7
個人の需要曲線　38
固定費　73, 79, 84, 89
古典派経済学　7, 10, 23, 240
『雇用・利子および貨幣の一般理論』　11

さ 行

サービス　14
財　14
最小最適規模　120
最小値　51
最大化　63
最大値　51
産業　4
参入　115
参入障壁　170

ジェヴォンズ（W. S. Jevons）　7
資源　17, 113
　　——の初期保有量　253
　　——配分　241, 245, 252
資産格差　136
市場経済　2
市場構造　114
市場の効率性　195
市場の失敗　132
市場メカニズム　13, 17, 106
死重的損失　132, 140, 154, 171
実質所得　224
しっぺ返し戦略　177
シフト　109, 115
資本　212
資本主義　119
資本主義経済　7
資本蓄積論　7
『資本論』　8
社会的選択理論　241
社会的余剰　126, 130, 140, 182
収穫逓減　133
　　資本の——　219
　　労働の——　219
収穫逓増　133
従価税　127
集計　38
囚人のジレンマ　172
十分条件　203
従量税　127, 139
需要曲線　15, 37
　　個別の——　117

市場の―― 38
需要の価格弾力性 146
需要量 36, 48, 203
純粋競争 124
『純粋経済学要論』 7
使用価値 22
上級財 229
消費 1
消費者均衡 37, 49, 203
消費者余剰 48, 125, 129, 182
情報 4, 113
序数的効用理論 185, 195
所得格差 136, 254
所得効果 227
　　負の―― 231
所得再分配政策 196
所得分配 241, 252
新オーストリア学派 9, 171
人件費 73, 78, 89
新古典派経済学 10, 32, 108, 240
新自由主義 9
人的資源 113

推測的相互依存関係 172
スミス（A. Smith） 7
スルツキー分解 227

生産 1
生産者 71
生産者余剰 84, 125, 130, 165
税収 130
税収の税率弾力性 147
静態論 171
制度派経済学 240
製品差別化 113, 116, 160
世界恐慌 10
接線 53, 94
　　――の傾き 91
選択上無差別 187
戦略 176
　　――的行動 160

操業停止点 102
総効用 28, 49

相対価格 203
総費用 88
総費用関数 89
総費用曲線 89
租税の帰着 154
損益分岐点 102

た 行

代替効果 227
代替財 15, 110
大陸合理主義 124
短期 74, 123
弾力性分析 10
弾力的 151

チェンバリン（E. H. Chamberlin） 160
地球環境問題 137
逐次手番ゲーム 172
蓄積 1
超過供給 17, 251
超過需要 20, 251
超過負担 132
長期 74
直接税 127

追加的 28

帝国主義 7
デフレ 4

投下労働時間 23
導関数 57
同時手番ゲーム 172
等生産量曲線 212
動態論 171
等費用線 214
等量曲線 212
独占 133, 159
独占的競争論 160
独占理論 160
取引費用論 241

な 行

ナッシュ均衡 176

2 次微分　69

は 行

ハイエク（F. A. v. Hayek）　9, 124
排出量取引制度　137
配分　2
　　――の効率性　252
バブル　4
パレート（V. Pareto）　9
パレート改善　245
パレート効率　247
パレート最適　247

非競合性　134
非弾力的　152
必要条件　203
非排除性　134
微分　57, 91
　　――法　50

不完全競争市場　160
不況　4
複占　159
物価　225
プラトン　2
プレーヤー　176
分業　3
　　――と協業　3
分配　1, 2
　　――の公平性　252

平均可変費用曲線　102
平均費用　85
　　――曲線　93, 94, 96
ベーム=バベルク（E. v. Böhm=Bawerk）　9
ベンサム（J. Bentham）　196
変動費　73, 78, 89

補完財　15
ボックス・ダイアグラム　244

ま 行

マーシャル（A. Marshall）　9
マーシャルの三角形　195

マクロ経済学　3, 4, 11
マルクス（K. H. Marx）　8, 119
マルクス経済学　8, 23, 240
マルサス（T. R. Malthus）　7

ミーゼス（L. v. Mises）　9
ミクロ経済学　3, 4, 11
水とダイヤモンドのパラドックス　25
ミル（J. S. Mill）　7
無差別曲線　185, 189
　　――分析　9
　　――論　33, 183
無羨望　256

名目所得　224
メカニズム　4
メンガー（C. Menger）　7

や 行

余暇　233
予算線　200
余剰分析　10, 126, 195

ら 行

リカード（D. Ricardo）　7
利己的　17
利潤　72, 82, 83, 84, 98, 118
　　――最大化　72, 82
利得　174
流通　4

劣等財　230
レモン市場の原理　135

労働価値説　23
労働供給曲線　232
労働量　212
ローザンヌ学派　9, 124
ロビンズ（L. Robbins）　9
ロビンソン（J. V. Robinson）　160

わ 行

ワルラス（M. E. L. Walras）　7

著者紹介

井上　義朗（いのうえ　よしお）

1962 年　千葉県に生まれる
1984 年　千葉大学人文学部卒業
1991 年　京都大学大学院経済学研究科博士課程修了，
　　　　　経済学博士
　　　　　千葉大学法経学部を経て
現　在　中央大学商学部教授

主要著書

『「後期」ヒックス研究――市場理論と経験主義』日本評論社，1991 年
『市場経済学の源流――マーシャル，ケインズ，ヒックス』中公新書，1993 年
『エヴォルーショナリー・エコノミクス――批評的序説』有斐閣，1999 年
『コア・テキスト経済学史』新世社，2004 年
『二つの「競争」――競争観をめぐる現代経済思想』講談社現代新書，2012 年
など。

読む ミクロ経済学

2016 年 9 月 25 日 ⓒ		初　版　発　行
2019 年 6 月 10 日		初版第 2 刷発行

著　者　井上義朗
　　　　　　　　　　発行者　森平敏孝
　　　　　　　　　　印刷者　杉井康之
　　　　　　　　　　製本者　米良孝司

【発行】　　　　　株式会社　新世社
〒151-0051　東京都渋谷区千駄ヶ谷 1 丁目 3 番 25 号
編集 ☎ (03)5474-8818(代)　サイエンスビル

【発売】　　　　　株式会社　サイエンス社
〒151-0051　東京都渋谷区千駄ヶ谷 1 丁目 3 番 25 号
営業 ☎ (03)5474-8500(代)　振替 00170-7-2387
FAX ☎ (03)5474-8900

印刷　ディグ　　　　　製本　ブックアート
《検印省略》

本書の内容を無断で複写複製することは，著作者および出版者
の権利を侵害することがありますので，その場合にはあらかじ
め小社あて許諾をお求め下さい。

ISBN 978-4-88384-242-1

PRINTED IN JAPAN

サイエンス社・新世社のホームページのご案内
http://www.saiensu.co.jp
ご意見・ご要望は
shin@saiensu.co.jp　まで。